# 顾客参与、团队学习与技术创新绩效的关系研究

张言彩 著

本书得到教育部哲学社会科学研究基金会"顾客参与、团队学习和技术创新绩效:一项基于制造企业的实证研究"(12YJC630299)的资助

科学出版社

北 京

## 内 容 简 介

随着开放式创新理念日益深入人心,顾客在企业技术创新活动中的重要性不断提升,加之顾客参与对技术创新绩效影响显著,因而基于开放式创新视角的考虑,探讨顾客参与对技术创新绩效的影响是相关研究向前发展的必然趋势。本书以我国制造业企业为研究对象,通过实地访谈和问卷调查,收集了211家制造业企业的数据,将企业规模、学习环境、顾客特征、竞争环境和研发投入水平等作为控制变量引入,对构建的顾客参与与创新绩效的结构方程模型进行检验,其结果发现顾客参与的两个维度与技术创新绩效的两个维度存在直接的作用关系,同时,顾客参与的各维度通过团队学习间接影响技术创新绩效。

本书可供顾客参与、技术创新绩效理论与实践研究人员参阅,也可供制造型企业制定技术创新绩效提升策略的管理人员阅读。

**图书在版编目(CIP)数据**

顾客参与、团队学习与技术创新绩效的关系研究/张言彩著.
—北京:科学出版社,2017.10
ISBN 978-7-03-053939-7

Ⅰ.①顾⋯　Ⅱ.①张⋯　Ⅲ.①顾客–影响–制造工业–企业绩效–研究　Ⅳ.①F416.4

中国版本图书馆 CIP 数据核字(2017)第 165440 号

责任编辑:魏如萍 / 责任校对:彭珍珍
责任印制:吴兆东 / 封面设计:无极书装

---

科 学 出 版 社 出版
北京东黄城根北街 16 号
邮政编码:100717
http://www.sciencep.com

**北京厚诚则铭印刷科技有限公司** 印刷
科学出版社发行　各地新华书店经销

\*

2017年10月第 一 版　开本:720×1000 B5
2024年 1 月第三次印刷　印张:11 1/4
字数:230 000
**定价:78.00 元**
(如有印装质量问题,我社负责调换)

# 作者简介

张言彩，淮阴师范学院经济与管理学院副院长、教授，2008年获得南京理工大学经济与管理学院博士学位；2010年进入对外经济贸易大学国际商学院博士后流动站，2013年出站；2012年赴澳大利亚西悉尼大学商学院做为期半年的访问学者。主要从事顾客价值创造、区域创新能力等方面的研究。主持教育部课题1项、市厅级项目6项，出版学术专著2部，发表学术论文50余篇。江苏省高校"青蓝工程"优秀青年骨干教师培养对象，淮安市"十百千人才培养计划"第三层次人才培养对象，多次获得江苏省教育厅和淮安市政府颁发的优秀成果奖。

# 前　　言

通过文献检索我们发现，关于顾客参与对技术创新绩效的影响的研究，尤其是基于制造业企业的实证研究，还显得较为零散，相应的影响机制问题也没有得到解决。与此同时，当顾客参与活动发生时，顾客和企业研发人员就会组成一个团队来相互学习并联合解决开发活动中的相关问题，换言之，顾客参与和团队学习之间存在着某种天然联系，然而这种联系目前还没有得到有关文献的实证支持。进一步，不少团队学习的文献都指出团队学习和技术创新绩效之间也存在着必然联系。可见，在考察顾客参与对技术创新绩效的影响机制时，团队学习的概念应该受到高度重视。本书以我国制造业企业为研究对象，从维度层面，对顾客参与、团队学习和技术创新绩效之间的复杂关系进行实证分析。

本书的研究成果对深化制造业企业对技术创新绩效影响因素的正确认识，指导它们进行有效的技术创新管理，为企业发挥顾客参与对技术创新绩效的积极驱动作用提供理论依据；并且使制造业企业将顾客参与、团队学习和技术创新绩效纳入整体框架进行更为科学的管理提供可能，为有效提升这些企业的技术创新绩效乃至持续竞争优势提供新思路。

本书的出版要感谢淮阴师范学院经济与管理学院的常军、孟桃和王从盛几位老师，作为本书的合作者，常军老师写作了本书的第2、3章，孟桃老师负责本书第5、6章的写作，王从盛老师负责本书第4、7、11章的写作，作者张言彩写了第1、8、9、10章并做了全书统稿工作。作为课题组的主要参与者，他们还参与了问卷的设计和讨论、发放和回收，并对收回的数据进行了初步的分析。

还有很多需要感谢的同学，张毅、马双、邱琪、姚山季等同学与作者进行了多方面问题的讨论，开拓了作者的视野，并对研究工作提出诸多建议，在此表示感谢！

本书的出版还要感谢相关机构的支持，首先要感谢教育部哲学社会科学研究基金会，特别是"顾客参与、团队学习和技术创新绩效：一项基于制造企业的实证研究（12YJC630299）"研究项目的资助；感谢科学出版社魏如萍编辑的辛勤劳动。

# 目　　录

# 第1章 绪 论

## 1.1 研究背景

作为培育与提升核心竞争能力的重要战略路径，技术创新对于任何企业的发展来说都意义重大（傅家骥，1998；陈劲等，2004）。2004年，普华永道咨询公司对全美407位首席执行官进行的调查显示，正是技术创新，而不是其他因素，赋予了企业强大的竞争优势。因此，长期以来，与企业技术创新相关的研究问题为国内外学者所重点关注。随着外部环境的日益变化，技术创新活动正在从封闭走向开放（Chesbrough et al.，2006），作为企业重要的利益相关者，供应商、顾客及科研机构等外部主体参与创新，甚至独立开展创新活动的现象越来越普遍，跨边界的技术创新理论与实践大量涌现（刘寿先，2009）。然而，需要特别指出的是，在当今的顾客中心时代，顾客的个性化需求趋势愈发明显，尤其是在制造行业中，顾客总是希望企业根据自己的要求进行生产，他们与企业合作事宜频繁，很多时候还会主动进行新产品开发，因而在企业众多利益相关者的创新参与活动中，顾客参与新产品开发（为便于行文，统一称为"顾客参与"）的战略价值正在受到高度重视，这已经在Bonner和Walker（2004）及Fang等（2008）的研究中得到体现。实践中，如IBM公司、惠普公司、耐克公司、海尔集团及联想集团等，先后建立了顾客参与系统，鼓励顾客的创新参与活动，提升了企业创新绩效。

随着开放式创新理念日益深入人心，顾客在企业技术创新活动中的重要性不断提升，加之顾客参与对创新绩效影响显著（Amabile et al.，1988；Fang，2008；Bonner，2010；李霞，2010），因而基于开放式创新视角的考虑，探讨顾客参与对技术创新绩效的影响是相关研究向前发展的必然趋势。然而，通过文献检索我们发现，关于该主题的研究，尤其是基于制造企业的实证研究，还显得较为零散，相应的影响机制问题也没有得到解决。与此同时，当顾客参与活动发生时，顾客和企业研发人员就会组成一个团队来相互学习并联合解决开发活动中的相关问题（Gerwin，2004；姚山季和王永贵，2010）。换言之，顾客参与和团队学习之间存在着某种天然联系，然而这种联系目前还没有得到有关文献的实证支持。进一步，不少团队学习的文献（Lynn，1999；Chan，2003；Wong，2004；孟银桃，2010）都指出团队学习和技术创新绩效之间也存在着必然联系。可见，在考察顾客参与对技术创新绩效的影响机制时，团队学习的概念应该受到高度重视。综上，以顾客参与特征最为明显的制造企业为研究对象，本书将深入探讨顾客参与、团队学习及技术创新绩效之间的复杂影响关系，这不仅可以：①强化顾客参与理论和团队学习理论及其在企业技术创新领域的应用；②拓展并深化国内外制造企业技术创新绩效提升和管理的相关理论；③从更为全面的视角，将团队学习理论和顾客参与、技术创新理论进行有机结合，打开顾客参与影响技术创新绩效的"黑箱"。而且更为重要的是，本书也必将产生如下应用价值：①深化制造企业对技术创新绩效影响因素的正确认识，指导它们进行有效的技术创新管理，为企业发挥顾客参与对技术创新绩效的积极驱动作用提供理论依据；②使制造企业将顾客参与、团队学习和技术创新绩效纳入整体框架进行更为科学的管理提供可能，为有效提升这些企业的技术创新绩效乃至持续竞争优势提供新思路。

## 1.2   研究意义

随着企业创新从封闭走向开放，传统的技术创新绩效提升手段面临越来越大的挑战（Kara and Kaynak，1997），顾客参与企业对技术创新绩效的积极影响正在显现（Paoli and Prencipe，1999；李霞，2010；姚山季和王永贵，2011）。同时，团队学习在顾客参与影响技术创新绩效的关系中也显得越来越重要。概括而言，目前国内外相关研究的现状和发展趋势主要体现在如下几个方面。

（1）顾客参与概念的维度界定和测量标准还没有形成统一，进而就这些维度对技术创新绩效的差异化影响也没有达成共识。企业新产品开发活动中的顾客参与研究起步不久，学者们对顾客参与的维度界定和测量尚未形成一致。例如，Ritter和Walter（2003）是从新产品开发的四个阶段，即构思产生、产品概念开发、标准建立及标准测试来进行维度界定与测量的。Fang等（2008）则是从信息提供和共同开发的维度来进行界定和测量的。Bonner（2010）指出顾客参与来源于组织沟通研究领域，它所包含的维度是直接参与和联合问题解决，并从这两个维度进行测量。企业技术创新绩效的测量指标也没有通用模式，在Brouwer和Kleinknecht（1999）的研究中，其使用了专利申请、新产品开发速度、创新产品成功率等维度进行测量。Alegre等（2006）及Alegre和Chiva（2008）使用创新效益（替换淘汰的产品、新产品系列扩展、发展环境友好产品、市场占有率、国内外新市场开拓等）和创新效率（平均开发时间、工作时间数、平均成本、满意度等）进行测度创新，并认为顾客导向对它们的影响存在差异。刘寿先（2009）则是从渐进性创新和激进性创新的维度进行测量的，他指出企业社会资本对这两个维度的影响也存在差异。鉴于顾客参与和技术创新绩效多维度构成的事实，顾客参与各维度将会对每个维度的技术创新绩效产生怎样的影响仍然是一个亟待解决的问题，这是当前研究向前发展的趋势。

（2）团队学习视角下顾客参与对技术创新绩效的间接影响还未受到应有关注。Buiten和Christopher（1998）的研究表明顾客参与可以使最终产品的新颖程度大为增强。以美国von Hippel教授为代表的学者则更倾向于使用用户创新的概念来研究顾客参与问题，并指出许多新型商业产品的创新思想最早来源于顾客，而不是制造商（von Hippel，2016；Shah，2000）。李霞（2010）指出用户参与产品开发中的用户特性和制造商特性对技术创新绩效有着积极影响。姚山季和王永贵（2011）认为b-b情境下顾客参与和技术创新绩效之间存在正相关关系。事实上，必须指出的是，顾客参与不仅对技术创新绩效存在直接影响，基于团队学习的考虑，更有可能存在间接影响（姚山季和王永贵，2010），这是因为一旦发生顾客参与活动，顾客不仅会对企业表现出强烈的维持长期关系的意愿，而且还会与企业研发人员组建开发团队、相互学习，从而开展创新活动。换言之，顾客参与和团队学习之间存在着紧密关系（Gerwin，2004），并可能会对技术创新绩效产生影响。因此，从团队学习视角来探讨顾客参与对技术创新绩效的间接影响机制问题也是当前研究向前发展的方向。

（3）顾客参与背景下团队学习概念的维度界定与测量标准还没有形成统一，进而顾客参与对团队学习的影响还没有得到应有关注。当前，学术界对团队学习的概念界定已经达成如下共识：是一种过程；包含着变化的产生；是团队成员行为和认知共同发挥作用的结果；目的是使团队保持良好生存并健康和谐发展（孟银桃，2010）。进一步，就其维度组成和测量而言，主要从四个角度进行，即认知角度（李明斐等，2010）、结果角度（Argote，2013；Ellis et al.，2003）、过程角度（陈国权，2007）及行为角度（Edmondson，1999a；Gibson and Vermeulen，2003）。实际上，在团队学习能力和学习绩效的影响因素研究中，团队组成、团队结构、组织文化、团队氛围等因素（Robbins and Finley，1998；王重鸣，2001；Hoegl and Parboteeah，2006）受到了高度关注，但目前就顾客参与对团队学习影响的相关研究还较为少见。可见，在团队学习视角顾客参与研究日益兴起的前提下，对团队学习进行维度界定和测量并考虑顾客参与对其影响也是将来的发展趋势。综上，在考虑团队学习的基础上，就顾客参与影响技术创新绩效的机制进行系统剖析必将是国内外相关理论探索和实证研究向前发展的趋势。

## 1.3 研究目标

本书的研究目标主要包括：①相关概念的维度界定与测量模型构建。合理界定顾客参与及顾客参与背景下团队学习等概念的内涵和关键组成维度，并就这些概念开发出适合我国国情的、具有良好信度和效度的测量模型。②系统剖析顾客参与对技术创新绩效的影响。通过理论分析与实证检验，系统剖析顾客参与各维度对技术创新绩效各维度的差异化影响及可能的影响机制，以便更全面地理解顾客参与对技术创新绩效的影响。③全面探讨顾客参与对团队学习的影响。借鉴组织学习和市场营销领域的相关理论与研究，全面探讨顾客参与对团队学习的影响及可能的影响机制，以便为国内外的相关理论与实践提供有益补充。④深入探索团队学习的中介作用。深入探索团队学习各维度在顾客参与和技术创新绩效关系中的可能中介作用，以便更深刻地理解顾客参与的技术创新绩效影响。

## 1.4 研究内容

本书以我国制造企业为研究对象，拟从维度层面，对顾客参与、团队学习和技术创新绩效之间的复杂关系进行实证分析，如图1-1所示。同时，本书还将企业规模、学习环境、顾客特征、竞争环境和研发投入水平等作为控制变量而引入。

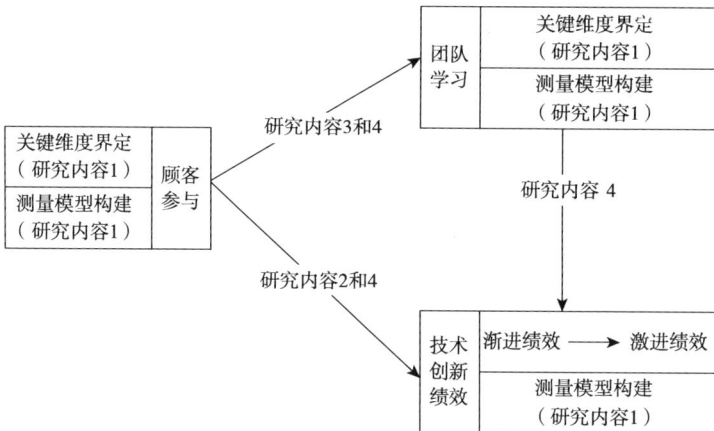

图 1-1 本书的研究内容

具体而言，研究内容主要包括以下几个方面。

（1）顾客参与、团队学习等概念的维度界定和测量模型构建。首先，借鉴Fang等（2008）和Carbon（2009）等关于顾客参与主题的研究，本书认为当存在顾客参与时，顾客不仅为企业提供信息和知识，而且还会与企业联合设计、开发新产品，甚至率先测试、使用新产品。换言之，顾客在参与过程中的介入程度和角色承担可能存在差别。基于上述考虑，并结合文献回顾、专家座谈和企业深度访谈等，本书将充分挖掘顾客参与的内涵，系统剖析其关键组成维度，构建测量模型。其次,借鉴Gerwin(2004)及姚山季和王永贵(2010)的研究,本书将团队学习的概念引入顾客参与的技术创新绩效影响研究领域。根据文献回顾、专家座谈与企业访谈和调研等,本书力图将团队学习概念认知角度、结果角度、过程角度及行为角度的维度界定和划分方法进行整合,以深入探讨和验证顾客参与背景下团队学习的内涵和关键维度组成,并构建测量模型。最后,技术创新绩效的评价维度相当广泛,如创新效益和创新效率(Alegre et al., 2006; Alegre and Chiva, 2008)及创新环境支持绩效、交互学习绩效、资源集成绩效等(李随成和姜银浩, 2011)。然而,Valle和Vázquez-Bustelo(2009)及刘寿先(2009)等的代表性研究一致认为可以从渐进性创新和激进性创新的视角来界定企业技术创新的维度,所以,本书将在文献回顾、专家及企业访谈等的基础上,拟从渐进性创新绩效和激进性创新绩效这两个方面来考察技术创新绩效,明确其维度构成,构建测量模型。

(2)顾客参与各维度对技术创新绩效各维度差异化的直接影响及可能的间接影响机制研究。以往研究(如Li and Calantone, 1998; Bonner, 1999; 姚山季和王永贵, 2010)在探讨顾客参与对创新绩效的直接影响时,往往都只是关注笼统影响。考虑到顾客参与和技术创新绩效都是多维度概念的事实,从维度层面来探讨相应的差异化影响就显得非常必要。进一步,鉴于渐进性创新绩效和激进性创新绩效都是顾客参与活动带来的重要技术创新绩效影响,而且渐进性创新还可能会对激进性创新产生一定影响(刘寿先, 2009),本书将在维度划分的基础上,通过文献回顾和理论推演,一方面,构建顾客参与各维度对技术创新绩效各维度差异化的直接影响模型;另一方面,构建顾客参与可能通过渐进性创新绩效对激进性创新绩效产生间接影响的机制模型,并基于制造企业的实地调研收集相关数据以验证假设,据此提出理论意义与管理策略等。

(3)顾客参与各维度对团队学习各维度差异化的直接影响及可能的间接影响机制研究。以往研究(如Robbins and Finley, 1998; 王重鸣, 2001; Hoegl and Parboteeah, 2006)都直接或间接探讨了团队构成、团队结构等对团队学习能力或绩效的影响。显然,在企业开展技术创新活动的背景下,由顾客和企业研发人员所组成团队的学习行为必然会受到顾客参与活动的影响。考虑到顾客参与和团队学习都是多维度概念的事实,从维度层面来探讨相应的差异化影响也显得非常必要。因此,在对顾客参与、团队学习组成维度进行合理划分的基础上,通过文献回顾和理论推演,本书将构建顾客参与各维度对团队学习各维度产生直接影响或间接影响机制的理论模型,并基于正式制造企业调研收集数据以验证假设,提出相应理论意义与管理策略等。

(4)团队学习在顾客参与和技术创新绩效关系中的中介效应研究。如上所述,一旦企业发生顾客参与活动,顾客不仅会对企业表现出强烈的共同开发和维持长期关系的意愿,而且还会与企业研发人员组建团队、开展学习活动以进行技术创新（Gerwin，2004），从而有利于创新活动开展和技术创新绩效提升。换言之，团队学习在顾客参与和技术创新绩效的关系中可能起着中介作用。因此，在对顾客参与、团队学习和技术创新绩效组成维度进行划分的基础上，通过文献回顾和理论推演，本书将构建顾客参与各维度通过团队学习各维度对技术创新绩效各维度产生间接影响的机制模型，并基于制造企业的正式调研收集数据以验证假设，提出相应理论与管理策略等。

## 1.5 研究思路、研究方法与技术路线

本书将按照图1-2所示的研究思路、研究方法与技术路线逐步实施。

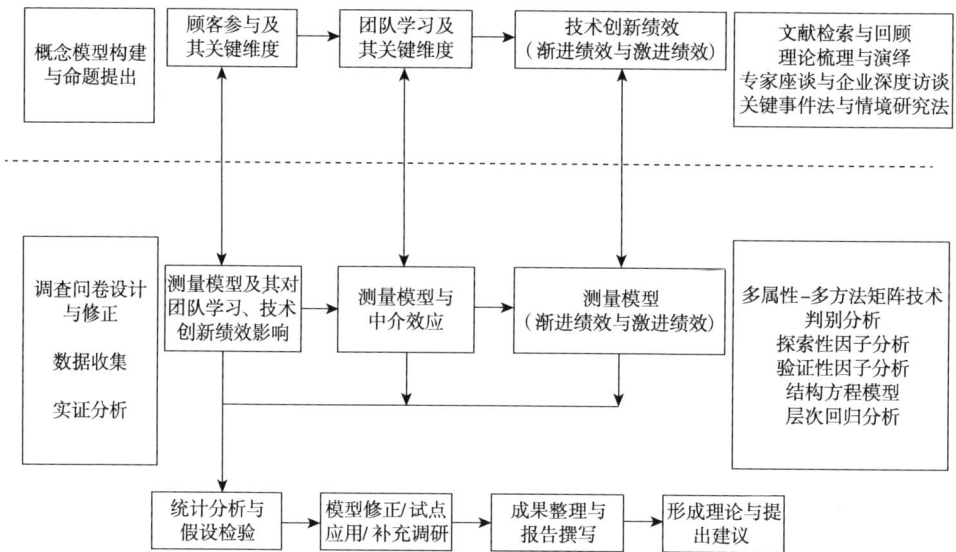

图 1-2 研究技术路线图

# 第 2 章  顾客参与研究现状

## 2.1  顾客参与的概念

尽管很多国外学者基于自身的研究视角和目的对顾客参与概念进行了界定，但至今尚未达成统一认识。梳理现有文献我们发现，对顾客参与概念的界定主要存在两类视角：一类是从行为角度来描述顾客参与，认为参与是与服务的生产和传递相关的顾客行为。Silpakit 和 Fisk（1985）用顾客"精神上"、"智力上"、"实体上"及"情感上"的具体行为和投入来描述顾客参与。Kelly 等（1990）认为顾客参与行为可通过获取服务相关信息或发挥实质的努力等形式表现。Dabholkar（1990）认为顾客参与是顾客卷入服务的生产与传递过程中的程度，涉及被动地涉入服务传递过程或主动地合作生产服务产品。Cermak 等（1994）认为顾客参与是顾客的特定行为，反映顾客的实际行为涉入。Rodie 和 Kleine（2000）及 Anitsal 和 Flint（2006）从行为视角将顾客参与定义为在服务的产生或传递过程中，顾客提供的活动或资源，包含心理上、身体上，甚至是情感上的付出。Auh 等（2007）和 Etgar（2008）将顾客视为合作生产者，将顾客参与定义为服务过程中的顾客实际配合行为。Payne 等（2008）将顾客参与视为一种合作生产、共同创造的行为。Fang 等（2008）将其视为新产品开发中的顾客扮演的角色、作用和贡献。Gruen 等（2000）指出，顾客参与衡量的是顾客在企业中的贡献程度，以使用企业的产品、服务或者活动的频度高低来反映顾客在服务中的贡献程度。Claycomb 等（2001）也强调顾客参与不仅是顾客在服务中的表现行为，更多的是他们在服务中所担任的角色和所发挥的作用。Namasivayam 和 Hinkin（2003）认为顾客参与是指在生产过程中的顾客角色，不论是服务还是有形产品。该定义将参与从单一的服务领域扩展到服务和产品领域。另一类视角区别于行为或状态的描述，Lloyd（2003）从结果的角度认为顾客参与是顾客在服务过程中做出的所有贡献，最终会影响他们所接受的服务和服务质量。

## 2.2  顾客参与的维度

随着对顾客参与内涵研究的深入,大多学者都认为顾客参与是一个高阶结构,并依据自身的研究背景和研究角度对顾客参与进行了多维度划分。Silpakit和Fisk(1985)在对顾客参与概念的界定中就将顾客参与划分为三个维度,即精神方面的投入、体力方面的投入和情绪方面的投入。具体而言,精神方面的投入指顾客在信息和心智上所做的努力;体力方面的投入包含有形实物和无形的体能劳力;情绪方面的投入指顾客在参与活动中态度和情感上的付出。与Silpakit和Fisk(1985)研究中对顾客参与的情绪维度划分相一致地,Rodie和Kleine(2000)也指出,当顾客感知参与行为可获得高水平收益时,就会付出较多的情绪劳力。Kellogg等(1997)依照一般服务产品的生产流程,从服务前的准备,服务中的交流和关系建立,到最后服务传递中的信息反馈,将顾客参与划分为事前准备、建立关系、信息交换行为、干涉行为四个维度。在进一步的研究中,Youngdahl等(2003)对此划分法进行了跨文化的实证检验,结果证明了其有效性。Bettencourt(1997)在研究中发现,顾客在服务中扮演着赞助者、人力资源与企业顾问三种角色,并会依据不同的角色而相应产生三种自愿性表现行为,即忠诚、合作行为和信息分享。这同时也构成了顾客参与的三个维度,其中忠诚可以看做顾客对服务结果的行为反应,表现为积极的口碑宣传;合作行为是指顾客有利于良好服务传递的行为;信息分享是指顾客积极且有责任性地与组织进行信息沟通。Ennew和Binks(1999)提出顾客参与包括三个广泛的维度,即信息分享、责任行为和人际互动,包含顾客间的互动。这种划分的创新点在于发现了服务过程中提供者和顾客行为的共同要素,更能体现服务的交互本质。Claycomb等(2001)将顾客参与划分为三个维度,即出席、信息提供和共同生产。Lloyd(2003)也从三个层次划分顾客参与,即付出努力(perceived effort)、工作认知(task definition)和信息搜寻(information-Seeking)。付出努力是指顾客投入服务中的努力程度;工作认知是指顾客对工作步骤、使用该服务的相关知识和难易程度等方面的认识;而顾客搜寻信息是为了了解服务的本质以及顾客在服务传递中的角色。此外,Hsieh等(2004)认为在服务传递过程中,顾客会以四种形式参与服务过程,即时间、努力程度、信息供应和共同制造。

尽管各学者对顾客参与进行了不同维度的划分,但对比这些划分后我们发现,很多维度在内涵上、实质上存在较大的相似度。例如,很多学者提到了信息交换、信息分享维度;Bettencourt(1997)提到的合作行为维度同Ennew和Binks(1999)提到的责任行为与Claycomb等(2001)及Hsieh等(2004)划分的共同生产维度类似。此外,尽管学者们对顾客参与划分的依据不同,但都认同顾客参与是一个多维度变量。

## 2.3　顾客参与的水平

Mills和Morris（1986）依据服务交互的本质从维持关系互动、任务互动和人际关系互动三个层次对服务过程进行考察，并依据这三个互动层次对顾客参与水平进行了划分：如果服务组织的任务互动和人际互动特征明显，即顾客必须参与服务的生产过程才能完成服务过程，则属于参与程度较高的行业，如教育事业、法律顾问、工程公司等；若其互动的目的主要是维持关系，且通常有明确的程序以规范生产和消费行为，则属于参与程度一般的行业，如年度体检、理发等；若顾客本身的活动要求较低，则属于参与程度较低的行业，如银行、零售业等。Hyman（1990）认为顾客参与可以划分为高、中、低三个层级，他指出处于高层级参与的顾客通常对服务过程有较大影响力和控制力，他们通常搜集了解各种信息后再作决定，并影响其他顾客，甚至影响卖方行为；处于中间层级参与的顾客只是明确知道自己的需求，而商家仍是整个服务过程的主导者；而最低层级参与的顾客只是被动地接受服务，对整个服务过程没有任何的控制。Binter等（1997）根据Hubber（1995）的研究归纳出顾客的投入包括信息、努力和实物等。例如，在接受美发服务时，顾客的投入包括，信息方面，顾客需要告知发型师自己对发型的要求；努力方面，顾客需要付出时间来等待发型师完成服务；实物方面，顾客必须亲自出席等。这一类顾客必须实际且与服务提供者共同创造服务，称为高度的顾客参与。在此状态下，顾客成为强制性的生产角色，如果不能实现该角色，将会影响服务的结果。例如，教育、训练及塑身，若顾客不好好学习、练习及合理正确地饮食并配合运动，单靠服务提供者无法达到预期的目标。

## 2.4　顾客参与的前因研究

关于影响顾客参与的前因要素，学者们主要从两个层面要素来探讨。组织层面要素包含了组织社会化、组织支持；顾客层面要素包含了产品知识、内外控和涉入水平。以下将按照组织层面要素、顾客层面要素及文化要素对影响顾客参与的前因进行综述。

1）顾客的组织社会化

由于不适当的顾客参与可能会造成对服务效率、服务品质的不利影响，还可能影响服务提供者的专业技能，使服务提供者产生负面情绪，Kelly等（1992）提出顾客的组织社会化程度越高，顾客就越满意，由此顾客也会愿意在服务传递过程中提供自身资源，因而顾客的组织社会化可以有效地管理顾客的资源投入。Kelly等（1990）强调将组织社会化过程作为顾客学习参与角色的手段，服务组织应通过向顾客提供低廉的价格、有效的服务传递方式或流程、更大程度的顾客定制化，以及顾客对服务传递过程较大的控制力等鼓励手段，让顾客充分地进行参与活动，扮演好"部分员工"的角色。Claycomb等（2001）实证评价了顾客的组织社会化对顾客参与有显著的正向影响。顾客的组织社会化程度越高，消费者越能了解组织的价值观和期望，并获得员工及其他顾客互动活动所需的知识和能力，从而提高顾客的参与意愿。

2）组织支持

顾客感知的组织支持是指顾客关系组织是否重视他们的投入与关心他们的存在（Eisenberger et al.，1990）。Binter等（1990）指出组织的支持行为包含公平的人际对待、维持承诺、有效补救、提供可靠服务和对特殊要求的员工做出的回应。Bettencourt（1997）在研究中指出顾客感知的组织支持在满意度与承诺上和参与、合作有直接的正相关关系。Yoon等（2004）的研究显示，来自组织的支持可以间接地影响顾客对服务员工的工作质量的感知，组织支持和顾客参与会影响员工的服务努力和工作满意度，进而影响顾客感知到的服务品质。

3）产品知识

Rodie和Kleine（2000）提出，透过Kelly等（1992）的组织社会化可提升顾客的参与能力。他们认为，顾客若要参与服务的生产和传递过程，其自身必须拥有一些相关资源，才能扮演合乎企业期望的理想顾客角色。Rodie和Kleine（2000）的研究中提到了有关顾客参与能力的观点，顾客的角色发生根本性转变，他们越来越多地介入企业的价值创造活动中，持续不断地表现出与企业共同创造个性化产品或服务的能力。而在最广泛的意义上，能力包含了所有直接关联的资源，如知识、技术、经验、活力、努力、金钱和时间等，而这些混合的资源则会构成顾客能力而影响其参与行为。

4）内外控

Bendapudi和Leone（2003）在实证研究中发现，个体差异性会影响个体接受职责的意愿，并提出内外控这一构念，他们认为可以以此来检验某些顾客在"合作"中是否容易受到参与行为的影响。Andreasen（1983）则认为源于心理学的内外控会影响顾客的参与意愿，以及顾客对服务结果的归因倾向，因而，内外控可被用于预测人们对整体环境的掌控程度。也就是说，一个人将事件的原因和控制归属于自身的力量抑或是外部的环境。内控者相信成功源于自身的努力，失败也是个人的责任；外控者则不相信成功或失败与个人能力或努力有关。Silpakit和Fisk（1985）指出不同人格特质对服务组织的看法也不同，相比外控的人而言，当内控者参与程度越高时，越有可能将失败归因于自己，而非组织。Matzler等（2005）提出顾客的人格特质会影响顾客的参与意愿，进而影响其对服务的整体满意度。

5）涉入水平

涉入水平反映了个体差异，是原因或动机的变数，会影响顾客的购买与沟通行为。Cermak等（1994）的实证研究结果强调，应将涉入视为状态或态度，而将参与比拟为实际的行为涉入。Silpakit和Fisk（1985）认为由于服务业的特殊性质，即生产与消费同时进行，心理涉入会激励生理（行为）涉入（如顾客参与行为）。Gabbott和Hogg（1999）研究了服务消费中的顾客涉入，实证研究发现涉入度对了解顾客服务性消费行为有某种程度的帮助，而Matthing等（2004）则提出经由顾客涉入进行服务创新的观点。

6）文化

除上述组织层面和顾客自身要素会影响顾客参与外，也有学者认为宏观环境中的文化要素会影响顾客的参与行为。例如，Lloyd（2003）检验了文化对顾客参与的影响，认为文化要素可以通过感知风险、内外控对顾客参与产生间接的正面影响。尽管Youngdahl等（2003）也预见文化是影响顾客参与的要素，认为顾客参与是一种社会行为的表现，理应随着国家文化的差异而有所不同，但其实证研究结果并未支持他们的观点，结果显示顾客参与行为在不同文化导向的背景下没有表现出差异性。

## 2.5 顾客参与中的心理契约

心理契约这一概念最先出自社会心理学，后来被组织行为学家借用而引入管理学领域，其指在雇佣关系中，组织与员工事先约定好的内隐的未说出来的各自对双方所怀有的各种期望。这个定义获得了多数心理契约研究学者的认可和支持。这种观点强调组织和员工之间内隐的主观信念、期望。但是这一定义将心理契约同时定位于个体和组织层面上，就会产生不同层次期望的比较问题，如何体现组织的期望给实证分析带来了困难。而Rousseau（1974）的研究代表了新旧观念的分水岭，将心理契约的研究范围从两个层面（个体和组织）的双边关系转到单一层面的个体上，将心理契约狭义地界定为在组织与员工互动关系的情境中，员工个体对相互之间责任与义务的知觉和信念系统。这种观点的最大特点就是重视感知的作用，将研究焦点放在更为具体的个体上，认为组织作为契约关系中的一方，其作用在于提供形成心理契约的背景和环境，为实证分析提供了可能性。依据双方关系的不同类型，心理契约可以划分为交易心理契约和关系心理契约。这两个维度的观点被学者们广泛应用，并得到了其他相关研究的支持。

虽然人们已经认识到心理契约的重要性，但对心理契约及其管理意义的认识还很少。心理契约概念最初用来描述雇员的工作关系，但现在已一般化地用来描述许多关系，如房东和租户间的关系、咨询员与客户间的关系、夫妻间的关系。

在上述关系中，除了丈夫和妻子的关系外，都可以归于顾客参与的心理契约研究范畴。Blancero和Ellram（1997）将心理契约用于战略伙伴关系研究。他们认为，心理契约是双方持有的互惠协议的感知。这一概念能够投射到其他关系当中，包括买方与供应商之间的关系。在"买方–供应商"关系中，供应商努力工作满足消费者的服务期望和要求，然后期望能从这些消费者中得到持续的业务。针对这一观点，有学者也指出，战略供应商伙伴是建立在相互期望、互利合作的互惠关系，这其中就蕴含着心理契约，只是没有使用心理契约这一专门术语而已。有研究表明，在"买方–供应商"这一框架中，企业（雇员）与内部顾客间存在重要的心理契约，同时，它对内部服务传递具有支撑作用。随着心理契约研究范围的不断拓展，这一概念也可以应用到企业与外部顾客之间的关系中。Eddleston等（2002）的研究发现，顾客接触人员会面临与顾客的许多心理契约，存在从非连续的交易契约到常客的关系契约。Zweig和Aggarwal（2005）的研究揭开了心理契约影响品牌关系的序幕，他们的研究发现在品牌关系中，消费者也必然存在对品牌的心理契约，违背消费者心理契约将会导致消费者终止品牌关系。此外，国内一些学者在营销情境中的心理契约相关研究方面也做了一些有益探索。罗海成（2006）就顾客忠诚背后的心理契约机制进行了探索性的研究，测量了营销情境中顾客对维修服务的心理契约感知，验证了顾客忠诚背后确实存在心理契约机制的作用。同时，他还开发了应用在营销情境中的心理契约量表。

事实上，心理契约的理论基础主要是社会交换理论，其主要内容为：个人基本是以自我为中心的，其需求和动机有很大的个体差异；人与人之间的互动是在进行交换行为，可以是有形的，也可以是抽象的；在交换过程中，每一个个体都有追求利润最大化的动机。这表明，互惠性是心理契约的关键要素。同时，根据Kotler（1994）对市场营销核心概念就是交换的论述，心理契约可以应用到营销情境当中。此外，Blancero和Ellram（1997）指出，由于"雇员–雇主"情境中的实证文献验证了心理契约在其关系中的发展，所以可以预期心理契约也将在营销关系中出现，企业与顾客之间也同样存在经济契约之外的心理契约，且具有扩展性质。

根据前述研究者们对心理契约的界定，其本质是正式契约之外，一方对另一方隐含的、非正式的期望。在顾客与企业的互动环节中，顾客除了关注购买商品或享受服务的价格、质量保证等明文规定的经济契约，还有一些潜在的期望，如服务接触人员良好的服务态度、人格的尊重、人际关怀等，这些内容非文字化、没有标准、无法量化，却是人之常情，这些经济交易之外的内容并没有体现在交易合同中，只是一种隐约感知到的含蓄承诺，这些构成了企业与顾客间的心理契约内容。与经济契约相同，心理契约也有内容和过程之分，经济契约更强调内容，心理契约则更强调过程，"内容"说明交换的是什么，而"过程"则说明如何交换。

在顾客购买服务中，过程产出服务是顾客购买服务的基本目的，然而，作为"过程"的服务交互将是评价作为"内容"的过程产出的重要因素。因而，在顾客与企业交互情境下，心理契约会对其消费行为产生深刻影响，并进而影响顾客感知结果。

## 2.6 顾客参与的结果研究

对顾客参与结果的研究，主要从以下两个方面进行综述。

1）顾客参与对服务质量的影响

关于顾客参与对服务质量的影响，不同学者有不同的观点。Kelly等（1990）提到在服务过程中，由于在服务传递前，顾客被要求以分享信息或付出精力的方式参与其中，所以信息和精力的付出会影响顾客对服务质量的评价。Bowers等（1990）将顾客视为企业的"临时员工"，认为通过定义顾客工作、训练顾客执行工作和奖励顾客三个步骤可以提高顾客参与程度。由于前两个步骤使顾客清晰地知道自己在服务过程中该做什么及如何去做，将会在很大程度上影响参与的效果。Bettencourt（1997）对二者关系也持有相同观点，认为由于顾客经常为自己感知的服务质量付出努力，顾客参与和感知服务质量正相关。Ennew和Binks（1999）认为，服务传递结果取决于顾客和服务提供者的行为，顾客的积极参与让服务提供者更加了解他们的需求和环境，顾客因此获得更加适合自身需求的服务和更好的服务质量，针对英国的银行与小型企业进行的实证研究结果也支持顾客参与和服务质量正相关的结论。此外，File等（1992）和Bitner等（1997）的研究结论也表明顾客参与对服务质量会产生积极影响。

然而也有学者提出了不同的看法。Silpakit和Fisk（1985）认为由于服务质量是对服务提供者表现的一个衡量，而顾客参与使顾客感知到的服务绝大多数是由自身完成的，所以顾客参与和服务质量呈现一种负相关的关系。与此相一致地，Lloyd（2003）通过对旅游和电话银行两个行业的实证研究对比发现，顾客参与和服务质量负相关。

2）顾客参与对顾客满意的影响

自20世纪80年代初，Bateson（1985）及Mills和Morris（1986）最先提出"顾客参与和顾客满意的增加有关"的观点以来，学者们在这方面进行了大量的探索性和实证性研究，关于顾客参与是直接影响顾客满意还是间接影响顾客满意至今还未取得一致意见。Kelly等（1990）发现在银行交易行为中，顾客对自己投入多少的程度与满意程度呈正相关关系。Reichheld和Sasser（1990）提出，同顾客建立有效的买卖参与关系对顾客满意度、忠诚度及其维持均有显著贡献，组织绩效得以改善。Cermak等（1994）通过实证研究发现顾客参与和满意度正相关。Kellogg

等（1997）认为顾客参与本质上就是追求其自身满意的过程，实证研究表明事前准备、建立关系和信息交换与满意度呈正相关。van Raaij和Pruyn（1998）认为由于顾客参与可以带来感知控制感的增加，控制感上升则责任上升，由此带来满意度增加。Ennew和Binks（1999）的实证研究结果指出，由于顾客实际参与服务的生产过程，对服务有更实际、正确的预期，有助于缩小服务质量期望和认知之间的差距，达成顾客满意。随着研究的深入，有学者认为顾客参与和顾客满意之间的关系并不显著。File等（1992）在对23家法律机构中使用财产规划服务的顾客的实证研究表明，顾客参与和满意度间的关系不显著。Claycomb等（2001）理清顾客参与对顾客满意的影响关系，他们认为在合作生产状态下，自我服务偏见（self-serving bias）会影响顾客对服务满意度的归因，在这种额外心理机制的影响下，当服务结果比预期好时，顾客参与对满意度有消极影响；当服务结果比预期差时，顾客参与对满意度不会产生影响。Yen等（2004）基于公平理论，从服务失败的角度对顾客参与和顾客满意的关系进行了研究，认为随着参与程度的提高，顾客在参与活动中的投入和付出也随之增加，因而高参与度的顾客会将服务失误的责任更多地归因于服务提供者，也就是说，对于高参与度的顾客来说，服务失败会加剧这类顾客对组织的不满意度。

## 2.7　顾客参与国内研究现状

国内针对顾客参与的研究起步较晚，大都局限于介绍国外研究成果和对该理论的初步探讨，很少有文献做较为深入和系统的研究，且相关实证研究非常缺乏。彭艳君（2008）综述了西方学者有关顾客参与基本理论及其影响方面的一些研究成果。范秀成和张彤宇（2004）就顾客参与对服务的影响问题进行了探讨，分析了顾客参与对服务企业绩效存在的直接和间接影响，认为一方面顾客作为资源投入可以直接驱动组织绩效，另一方面顾客参与可以驱动服务质量和顾客满意，降低服务获取成本，进而驱动组织绩效。陈荣秋（2005）提出了"全面顾客参与"的概念，之后，张祥和陈荣秋（2006）在"全面顾客参与"概念基础上提出了顾客参与链，并系统地分析了顾客参与价值创造的各阶段的活动和方法。张广玲和余娜（2006）认为在服务过程中顾客感知的员工权利影响着顾客参与行为。张若勇等（2007）从服务过程中知识转移的角度，指出顾客参与有利于顾客知识转移，进而提升服务创新绩效。有关顾客参与和顾客满意关系的研究，一些国内学者也做了有益尝试和探索。例如，望海军和汪涛（2007）探讨了顾客参与、感知控制与顾客满意的关系，关注感知控制在顾客参与和顾客满意关系中所发挥的作用，认为顾客参与水平越高，顾客的控制感知水平越高，则能获得更高的满意度。汪涛和望海军（2008）探讨了顾客参与对顾客满意的影响，运用情景实验法进行实证研究，研究结果表明顾客参与本身不是顾客满意的直接动因。

## 2.8　顾客参与的测量维度

顾客参与是顾客在服务接触中的一种行为，这种行为对顾客后续的满意、忠诚及再次购买都会产生较大的影响，要深入地分析顾客的参与行为，首先需要了解顾客参与的构成和维度。对于理论研究而言，识别顾客参与的维度是一切相关研究的基础，在此基础上才能有力地探讨顾客参与和顾客满意、顾客忠诚、顾客购买决策等概念的关系，深入地刻画顾客的消费行为。深入地分析顾客参与行为对企业有重要的意义。对于服务供应者而言，尤其需要重视顾客的参与行为。

随着学者们对顾客参与研究的不断深入，已经积累了一些关于顾客参与测量维度的研究成果，但是这些研究还没有得到大多学者的认可，这些量表的外部效度受到学者们的质疑。以往关于顾客参与维度的研究所基于的行业有银行业、旅游业、商业等，还没有对制造业企业中的顾客参与行为进行系统的研究。考虑到所研究行业的特殊性，既往的量表的外部效度不高，我们有必要重新审视顾客的参与测量。

前面的文献综述，对顾客参与的定义做了明确的界定，即顾客参与是指在服务过程中顾客所有与服务相关的行为的总和。从这个定义我们可以看出，顾客参与是一种行为，这种行为直接影响服务传递过程。已有研究涉及的行业包括银行、干洗、餐饮、通信、美容美发、健身。Churchill（1979）认为开发一个营销概念的测量方法，应该包括以下环节：第一，回顾已有文献；第二，与学术专家和实务人员讨论；第三，详细说明概念的范围；第四，形成测项和量表；第五，收集资料；第六，对量表的品质（measurement properties）进行评估。德威利斯等（2004）总结了量表编制的步骤：第一，清楚地决定想要测量什么；第二，建立一个题项库；第三，决定测量的模式；第四，让专家评价最初的题项库；第五，考虑确认题项的包含性；第六，在一个试测样本中测试题项；第七，求题项值；第八，优化量表长度。石贵成等（2005）认为实证过程可以采纳当前西方研究中常用的几个步骤，即测量发展、受试行业与品牌选择、数据收集、数据质量、测项纯化、因子分析、因子命名、因子信度和效度检验。

## 2.9　国内外研究成果述评

通过以上对顾客价值、顾客参与理论研究现状的总结，我们可以看出，现有的研究成果为本书奠定了重要的理论基础，提供了有益的借鉴之处，同时也存在进一步的研究空间。本书总结国内外对顾客价值、顾客参与及其相关理论的研究成果，做出如下总体评述。

（1）对顾客参与的研究尚处于探索阶段。国外有关顾客参与的研究尚属较新的课题，对顾客参与的界定尚未达成一致观点，针对顾客参与维度的划分也存在争议。同时，在已有的有关顾客参与的研究中，大多文献将顾客参与作为单一维度变量，探讨顾客参与程度高低对创新结果的影响。事实上，顾客参与是一个多维构念，对顾客参与进行分维度研究才能使相关研究结果更加精准。此外，目前国外对顾客参与的研究还不完善，而国内的研究更加欠缺，国内有关顾客参与的研究才刚刚起步，内容比较零散，有较多问题值得深入探讨。虽然国外关于顾客参与的研究比国内早了20多年，但有关顾客参与方面的实证研究还很匮乏（Dong et al.，2008），正如Meuter等（2005）通过对1979~2000年有关顾客参与文献的回顾，发现已有的23项顾客参与研究中，仅有3项涉及实证研究，这可能缘于顾客参与过程至少涉及企业与顾客两方创造主体，且参与过程并不发生在真空中，会受到具体情境的影响，从而使对顾客参与过程的观察和调研可能存在某些不确定性。此外，尽管已有国外的相关研究可加以借鉴，但我们通过梳理文献发现，宏观环境的文化是影响顾客参与的重要因素之一，显然，中国消费环境、顾客消费心理和西方顾客相比具有一些独特性，如高度的风险规避、面子与从众等都会对消费者的参与意愿与参与活动产生影响，使国外提出的理论模型在中国的可行性尚需验证，因而，以中国消费者为对象开展顾客参与的研究很有必要。

（2）缺乏从交互视角来研究影响顾客参与的前因。在有关影响顾客参与前因的研究中，已有的文献研究主要从组织和顾客两个层面进行探讨。其一，是组织层面的要素，如组织社会化。所谓组织社会化就是个体适应并进而欣赏组织的价值、规范需要的行为模式的过程，其目的是使消费者更了解组织的规范。尽管一些学者（如Claycomb et al.，2001）的研究表明，组织社会化对顾客参与有正向促进作用，但该要素仅仅强调了企业的主动角色，将顾客视为被动的接受者；类似地，组织支持也基于企业的视角，倾向于将顾客看做企业"部分员工"，主张以管理员工的方式管理顾客，人力资源理论虽然为探讨顾客参与前因和方式提供了可行的诠释视角，但顾客毕竟不是员工。员工受招募合同的约束，工作本身可以有趣，也可能只是为实现其他生活目的而必须忍受的任务。而顾客本身没有类似约束，顾客参与产品和服务的生产或消费，动机上带有较强的自愿性质，因而，组织层面的要素虽然都是影响顾客参与的必要条件，却忽视了顾客是参与价值创造、保证自己满意的重要角色。其二，是顾客层面的要素，如产品知识、消费个人特质（内外控、自治导向）等，这些要素会影响顾客的参与行为，但这些要素与顾客自身特点和经历密切相关，如产品知识同顾客的年龄、消费经历等相关，往往不是企业所能影响和控制的。而环境类要素在很大程度上会刺激和驱动消费者的参与动机及参与行为。社会心理学的观点认为，个体的内在特质是创造性行为的动力来源，但这种参与创造的行为必须在社会环境中或一定的情境下展开。更为重要的是，这种影响作用不但表现在企业为顾客提供的物质环境或要素（如人员、场地、设备等）上，更体现在其对消费者个体的心理环境的构建和影响上。促进性的环境有助于增强个体的创造性发挥，进而实现预期的参与结果；而在阻碍性的环境下，即使消费者自身有较高的参与动机，其创造性也不一定会得到很好的发挥，便不会获得满意的参与结果。可以说，消费者感受到的心理环境可能是促使其参与行为产生的重要原因。同时，企业有可能通过情景操控来营造有利于顾客进行参与创造活动的环境，对消费者个体感受到的心理环境施加影响，培养顾客对参与活动的认识，鼓励其参与创造的积极性。因而，从顾客与企业交互的角度来分析和探讨影响顾客参与的前因要素对企业的实践更有现实指导意义，为顾客参与的促进、干预和管理提供机会。

（3）缺乏对顾客参与和顾客价值间关系的研究。顾客价值被视为竞争优势的来源，是顾客消费行为追求的最大化目标。学者们通过对顾客价值的大量研究得出基本结论，即如果企业提供比竞争对手更加优异的顾客价值，就能获得顾客满意。我们通过梳理文献发现，已有的相关顾客价值研究多是强调企业在顾客价值创造中的主导作用，关注企业如何通过企业资源能力为顾客创造价值。这一研究思路限制或忽视了消费者的主动作用，将其视为价值的被动接受者。事实上，随着消费者主权的到来，理论界的营销范式也由产品导向范式转向了服务导向范式，认为顾客不仅是价值的仲裁者，还是价值的共同创造者。与此相一致地，在企业界，顾客作为一种隐性资源正受到越来越多的企业关注，恰当地利用顾客能力可以为企业带来巨大的竞争优势。而顾客参与正是企业在产品和服务过程中利用顾客能力，并创造独特竞争力的一种重要途径。尽管已有学者开始关注顾客参与对价值创造的影响，并指出其未来发展的强大趋势，认为让顾客成为合作生产者有助于顾客价值的创造（Prahalad and Ramaswamy，2000；Lusch et al.，2006），遗憾的是，绝大多数相关研究仍处于观点的争鸣和思辨阶段，尚未有人对顾客参与和顾客价值的关系做深入探讨。具体来说，顾客对生产过程和服务的介入使企业更高效地服务于顾客的个性化要求，并创造出更多的顾客体验机会，那么，参与创造活动会给予他们哪些价值回报？现有有关顾客参与和顾客价值的研究均未对此展开论述，也未有实质性的经验研究和定量研究。但正因为如此，顾客参与对顾客价值创造的影响才需要更多的学者投入研究兴趣，理论联系实际，以构建并检验更充实的共同创造理论。

# 第3章 团购网站的顾客参与与顾客价值的关系

## 3.1 研究背景

随着经济和社会的不断发展，企业越来越重视顾客在企业发展中的重要地位，关于顾客方面的研究成为国内外学者研究的热点，而顾客参与就是其中不可忽视的重要部分。例如，苹果公司对顾客参与投入甚多，采用了多种方法来促进顾客的反馈，除了提供极易发现与使用的线上反馈页面，苹果的顾客支持社区网站也提供了一个论坛，让顾客和其他顾客及苹果公司讨论有关苹果产品的种种问题。

自从顾客价值概念出现以来，它就成为学者们研究的重点问题。由于市场竞争的不断加剧，企业唯有彻底意识到把顾客需求放在首位，才能从根本上提升顾客价值和顾客满意度，才能为企业赢得更大的市场，而顾客参与是提升顾客价值的重要方法。因此，本章研究以团购网站为背景，探讨顾客参与及其构成维度对顾客价值的影响。

团购就是团体购物，简单来说是指把有相同需求的消费者联合起来，加大与商家的谈判能力，以求得最优价格的一种购物方式。而团购网站就是为消费者提供的团购平台。团购网站最早出现在美国，是2008年由安德鲁创立的Groupon网站。它在当时取得了巨大的成功，并迅速成为一种风靡全球的新型电子商务网站。团购网站在被引入中国后也得到迅速发展。2011年，中国电子商务研究中心对中国团购网站进行了细致的分类，其中包括独立的团购平台（如美团网、窝窝团），B2C自建的团购平台（如淘宝、聚划算），团购导航类网站（如团800），等等。顾客参与概念自提出后备受关注，是学者们研究的重点，但到目前为止尚未形成统一的概念。例如，Rodie和Kleine（2000）认为，顾客参与是在服务的生产与传递过程中，顾客提供的活动或资源，包含了心理上、身体上甚至是情感上的付出。国内学者刘文波和陈荣秋（2009）则认为顾客参与是顾客在购买和消费产品与服务的过程当中，在情感、行为和精力等方面的付出。顾客价值的概念在20世纪80年代由国外学者提出，发展至今还没有对其普遍认同的定义。Woodruff（2005）曾表示顾客价值是顾客在一定的使用情境中对产品属性、产品功效及使用结果达成（或阻碍）其目的和意图的感知偏好和评价，即利益与付出间的权衡。陈韦江（2013）则认为顾客价值是在既定情景中顾客消费产品或服务所获得的综合体验价值与综合付出价值的比较。

## 3.2 研究模型

### 3.2.1 变量测量

国外学者Lloyd（2003）提出将顾客参与划分为三个维度，即工作认知、付出努力与信息搜寻。彭艳君和景奉杰（2008）则将顾客参与划分为事前准备、信息分享、合作行为与人际互动四个维度。本章研究借鉴Lloyd、彭艳君和景奉杰等学者的观点，将顾客参与的维度划分为工作认知、信息搜寻、付出努力与人机交互（human-computer interaction）。针对本书的具体内容，工作认知是指顾客是否了解团购网站的使用流程、团购网站提供的产品或服务种类、网站的安全性与可靠性及使用难易程度等；信息搜寻是指顾客搜寻有关团购网站的信息等；付出努力是指顾客在团购网站时花费的时间和精力等；人机交互是指顾客与团购网站自身的互动，包括用户能否轻松找到所需要的服务内容、各项服务功能是否容易操作等。

吸取前人的研究经验得到本章研究需要的测量指标如表3-1所示。

表 3-1 团购网站中顾客参与对顾客价值影响测量

| 变量 | 编码 | 测量项 |
| --- | --- | --- |
| 顾客价值 | CV1 | 团购网站提供的产品和服务满足了我的需求 |
| | CV2 | 团购网站为我提供了真实可靠的信息 |
| | CV3 | 使用团购网站能为我提供便利，节省金钱 |
| | CV4 | 使用团购网站，节约了我消费的时间和精力 |
| | CV5 | 团购网站提供的服务能够让我感到满意 |
| | CV6 | 使用团购网站，让我感到心情愉快 |
| | CV7 | 使用团购网站，能够给我带来社会认同感 |
| | CV8 | 使用团购网站，能够让我有成就感 |

续表

| 变量 | | 编码 | 测量项 |
|---|---|---|---|
| 顾客参与 | 工作认知 | TD1 | 我了解团购网站的操作流程 |
| | | TD2 | 我了解团购网站提供的产品和服务的种类 |
| | | TD3 | 我了解如何在团购网站上查找所需要的信息 |
| | | TD4 | 我了解团购网站的可靠性和安全性 |
| | | TD5 | 我了解团购网站所提供信息的准确性和及时性 |
| | 信息搜寻 | IS1 | 我在使用团购网站时会搜寻他人使用情况 |
| | | IS2 | 我会搜寻不同团购网站进行对比 |
| | | IS3 | 我会搜寻团购网站提供的具体服务内容 |
| | | IS4 | 我会搜寻团购网站如何满足我的需求的信息 |
| | 付出努力 | PE1 | 在使用团购网站时，我花费了较少的精力 |
| | | PE2 | 在使用团购网站时，我花费了较少的时间 |
| | | PE3 | 在使用团购网站时，我会专注于每项操作和各个环节 |
| | 人机交互 | III1 | 在使用团购网站服务时，我能轻松找到所需要的服务 |
| | | HI2 | 我在使用团购网站时，操作简单方便 |
| | | HI3 | 团购网站提供易懂的操作指南和功能演示 |
| | | HI4 | 团购网站设计简洁明了，视觉上具有吸引力 |
| | | HI5 | 我在使用团购网站时，遇到问题会及时反馈 |

## 3.2.2 研究假设

关于顾客参与对顾客价值的影响国内外学者早已有所研究。例如，国内学者王跃（2013）曾以自助服务技术下的网络银行为背景，通过实证研究发现顾客参与及其各项维度对顾客价值的影响是显著的。因此，基于前人的研究及本书的研究目的，现提出以下研究假设。

$H_{3-1}$：工作认知对顾客价值具有正向的影响。

$H_{3-2}$：信息搜寻对顾客价值具有正向的影响。

$H_{3-3}$：付出努力对顾客价值具有正向的影响。

$H_{3-4}$：人机交互对顾客价值具有正向的影响。

图3-1描述了团购网站中顾客参与对顾客价值的影响。

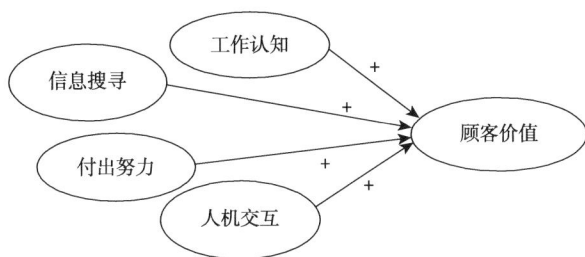

图 3-1 团购网站中顾客参与对顾客价值的影响

## 3.3 数据的收集和描述性统计分析

### 3.3.1 数据的收集

我们以使用过团购网站的群体作为研究对象,通过问卷星等网络平台得到有效问卷140份,同时发放纸质问卷30份,最终收回问卷25份,回收率为83.3%。通过对得到的问卷进行细致的筛选,剔除无效问卷4份,剩余有效问卷161份,问卷有效率达89.4%。

### 3.3.2 描述性统计分析

此次调查中,性别分布如表3-2所示,其中男性占44.72%,女性占55.28%,女性所占比例略高;年龄分布如表3-3所示,21~30岁的人所占的比例最高,达到52.80%,然后是20岁及以下,接着是31~40岁,说明使用团购网站的人群年轻化,这与年轻人易于接受、尝试新鲜事物,能够较好地进行操作使用有着密切的关系;职业分布如表3-4所示,学生所占比例最高,为43.48%,这说明学生是团购网站的使用主体,是其发展过程中重要的组成部分;教育程度分布如表3-5所示,本科及大专学历所占比例最高,为63.35%,这部分群体因教育程度较高,容易接受新事物、学习新东西,所以也就比较容易接受和使用团购网站;月收入分布如表3-6所示,2000元以下与2001~4000元所占比例较高,分别为39.13%和37.89%,这是因为学生作为团购网站的使用主体,收入较低;网站浏览占时分布如表3-7所示,大部分人的使用时间在1~3年,所占比例为52.17%,而这与团购网站在近些年才发展壮大,成为网络消费的主体有关。

表 3-2 性别分布

| 性别 | 频数 | 百分比/% |
| --- | --- | --- |
| 男 | 72 | 44.72 |
| 女 | 89 | 55.28 |
| 总计 | 161 | 100.0 |

表 3-3　年龄分布

| 年龄 | 频数 | 百分比/% |
|---|---|---|
| 20 岁及以下 | 30 | 18.63 |
| 21~30 岁 | 85 | 52.80 |
| 31~40 岁 | 25 | 15.53 |
| 41~50 岁 | 12 | 7.45 |
| 51 岁及以上 | 9 | 5.59 |
| 总计 | 161 | 100.0 |

表 3-4　职业分布

| 职业 | 频数 | 百分比/% |
|---|---|---|
| 学生 | 70 | 43.48 |
| 公务员或企事业单位人员 | 20 | 12.42 |
| 公司职员 | 45 | 27.95 |
| 个体工商业者 | 16 | 9.94 |
| 其他 | 10 | 6.21 |
| 总计 | 161 | 100.0 |

表 3-5　教育程度分布

| 教育程度 | 频数 | 百分比/% |
|---|---|---|
| 高中及以下（含中专） | 44 | 27.33 |
| 本科/大专 | 102 | 63.35 |
| 硕士及以上 | 15 | 9.32 |
| 总计 | 161 | 100.0 |

表 3-6　月收入分布

| 月收入 | 频数 | 百分比/% |
|---|---|---|
| 2000 元及以下 | 63 | 39.13 |
| 2001~4000 元 | 61 | 37.89 |
| 4001~6000 元 | 24 | 14.91 |
| 6001 元及以上 | 13 | 8.07 |
| 总计 | 161 | 100.0 |

表 3-7　网络浏览占时分布

| 网络浏览占时 | 频数 | 百分比/% |
|---|---|---|
| 1 年以下 | 38 | 23.61 |
| 1~3 年 | 84 | 52.17 |
| 3~5 年 | 30 | 18.63 |
| 5 年以上 | 9 | 5.59 |
| 总计 | 161 | 100.0 |

使用SPSS软件对测量变量进行描述性统计分析如表3-8所示。

表 3-8　测量变量的描述统计

| 维度 | 测量项 | $N$ | 极小值 | 极大值 | 均值 | 标准差 | 方差 |
|---|---|---|---|---|---|---|---|
| 顾客价值 | CV1 | 161 | 1 | 5 | 2.298 14 | 0.911 25 | 0.830 37 |
| | CV2 | 161 | 1 | 5 | 2.341 61 | 0.849 59 | 0.721 81 |
| | CV3 | 161 | 1 | 5 | 2.180 12 | 0.904 70 | 0.818 49 |
| | CV4 | 161 | 1 | 5 | 2.099 38 | 0.879 05 | 0.772 73 |
| | CV5 | 161 | 1 | 5 | 2.428 57 | 0.950 41 | 0.903 28 |
| | CV6 | 161 | 1 | 5 | 2.447 20 | 0.983 72 | 0.967 71 |
| | CV7 | 161 | 1 | 5 | 2.832 30 | 0.920 68 | 0.847 65 |
| | CV8 | 161 | 1 | 5 | 2.888 20 | 0.952 24 | 0.906 76 |
| 工作认知 | TD1 | 161 | 1 | 5 | 2.298 14 | 0.924 78 | 0.855 21 |
| | TD2 | 161 | 1 | 5 | 2.329 19 | 0.897 04 | 0.804 68 |
| | TD3 | 161 | 1 | 5 | 2.285 71 | 0.980 74 | 0.961 85 |
| | TD 4 | 161 | 1 | 5 | 2.590 06 | 0.873 86 | 0.763 63 |
| | TD 5 | 161 | 1 | 5 | 2.472 05 | 0.919 51 | 0.845 49 |
| 信息搜寻 | IS1 | 161 | 1 | 5 | 2.552 80 | 1.062 64 | 1.129 20 |
| | IS2 | 161 | 1 | 5 | 2.378 88 | 1.008 93 | 1.017 94 |
| | IS3 | 161 | 1 | 5 | 2.391 30 | 0.985 45 | 0.971 10 |
| | IS4 | 161 | 1 | 5 | 2.391 30 | 1.034 64 | 1.070 48 |
| 付出努力 | PE1 | 161 | 1 | 5 | 2.490 68 | 0.953 05 | 0.908 30 |
| | PE2 | 161 | 1 | 5 | 2.490 68 | 1.034 31 | 1.069 79 |
| | PE3 | 161 | 1 | 5 | 2.552 80 | 0.977 39 | 0.955 29 |
| 人机交互 | HI1 | 161 | 1 | 5 | 2.341 61 | 0.965 91 | 0.932 99 |
| | HI2 | 161 | 1 | 5 | 2.267 08 | 0.889 96 | 0.792 02 |
| | HI3 | 161 | 1 | 5 | 2.242 24 | 0.883 08 | 0.779 83 |
| | HI4 | 161 | 1 | 5 | 2.341 61 | 0.933 21 | 0.870 88 |
| | HI5 | 161 | 1 | 5 | 2.341 61 | 1.086 30 | 1.180 05 |

## 3.4　基于结构方程模型的实证分析

### 3.4.1　问卷的信度和效度检验

1）信度分析

信度（reliability）即可靠性，是指采用同一方法对同一对象进行调查时，问卷调查结果的稳定性和一致性，即测量工具（问卷或量表）能否稳定地测量所测的事物或变量。克龙巴赫 $\alpha$ 系数是目前最常用的信度统计量，当 $\alpha$ 值越高，变量的测量项目的结果越趋一致，即问卷信度越高。本章研究通过SPSS 22.0对问卷总体检验其信度并得到如表3-9所示结果。

表 3-9　可靠性统计量

| 克龙巴赫 α 系数 | 基于标准化项的克龙巴赫 α 系数 | 项数 |
| --- | --- | --- |
| 0.907 | 0.908 | 25 |

由表3-9可以看出，本问卷基于标准化项的克龙巴赫α系数为0.908，我们一般认为系数大于0.7即表明问卷设计好，所以本问卷具有较高的可信度。

2）效度分析

效度（validity）即有效性，它是指测量工具或手段能够准确测出所需测量的事物的程度，我们常用因子分析测量效度。

在进行因子分析前，先进行KMO（Kaiser-Meyer-Olkin）样本测度和Bartlett球形度检验，以检验各衡量项之间是否具有相关性。只有当因子间具有较高的相关性，即KMO度量值大于0.7时，才适合做因子分析。本章研究通过SPSS 19.0进行检验，结果如表3-10所示。

表 3-10　KMO 和 Bartlett 球形度检验

| 取样足够度的 KMO 度量 | | 0.842 |
| --- | --- | --- |
| Bartlett 球形度检验 | 近似卡方 | 1 681.044 |
| | df | 300 |
| | Sig. | 0.000 |

由表3-10可以看出，本问卷的KMO的值为0.842，很适合做因子分析。同时Bartlett球形度检验近似卡方的结果是1 681.044且显著，也可以说明是适合做因子分析的。

在对因子的信度和效度检验指标进行模拟运算时，我们发现有些变量的组合效度不够。因此，我们对变量进行修正，删除测量项CV1、CV2、CV3、CV5，调整后再次运算的结果如表3-11所示。

表 3-11　因子的信度和效度检验指标

| 因子 | 组合信度 | 平均变异抽取 | 克龙巴赫 α 系数 |
| --- | --- | --- | --- |
| 工作认知 | 0.846 | 0.524 | 0.774 |
| 信息搜寻 | 0.826 | 0.543 | 0.723 |
| 付出努力 | 0.839 | 0.636 | 0.771 |
| 人机交互 | 0.849 | 0.588 | 0.766 |
| 顾客价值 | 0.820 | 0.534 | 0.705 |

如表3-11所示，从上述因子的组合信度均高于0.5并且克龙巴赫α系数也都高出0.7，可以看出表中所示因子信度内部一致性良好；同时从平均变异抽取值都超

过0.5得出本章研究所使用的变量具有足够的聚合效度。因此，问卷数据通过了信度和效度检验，数据质量得到保障并且可用于结构方程的因果关系检验。

### 3.4.2　结构方程的因果关系检验

运用SmartPLS软件构建的结构方程运行结果如表3-12所示。

表 3-12　基于 SmartPLS 软件的结构方程实证检验结果

| 假设 | 系数 | 标准误差 | $t$ 统计值 |
|---|---|---|---|
| $H_{3-1}$: 工作认知→顾客价值 | 0.207 | 0.095 | 2.176*** |
| $H_{3-2}$: 信息搜寻→顾客价值 | 0.281 | 0.088 | 3.200*** |
| $H_{3-3}$: 付出努力→顾客价值 | 0.276 | 0.092 | 2.984*** |
| $H_{3-4}$: 人机交互→顾客价值 | −0.012 | 0.098 | 0.117 |

\*\*\*表示 $t$ 统计值在 0.01 水平上显著

通过表3-12的数据可以发现，工作认知、信息搜寻和付出努力在0.01水平上显著。我们可以由此得出结论：在团购网站中，工作认知和信息搜寻显著影响顾客价值，付出努力较为显著地影响顾客价值，而人机交互对顾客价值产生无影响。

在团购网站中，人机交互之所以对顾客价值不产生影响，是因为使用团购网站的人们看中的是网站所提供产品和服务的好坏。团购网站更多的时候是扮演一个中介的角色，把店家和产品通过本网站提供给顾客，而顾客最终获得的是直接的服务，而不是网站本身。在这种情况下，人机交互就显得不那么重要。而且随着科技的高速发展，网站本身的建设也日渐完善，足以满足顾客的需求，不同团购网站间的差异也在缩小，人机交互往往会被忽视。

## 3.5　建议与对策

基于我们的研究结论，团购网站的发展应该做到以下几方面。

第一，团购网站应努力加强对本网站的宣传力度，让更多的人、更加深入地了解和使用团购网站，提高网站的认可度，即工作认知。网站可以利用QQ、微博、微信、百度等平台进行推广宣传，也可以与合作商家进行辅助宣传。只有人们了解团购网站的产品和服务种类，团购网站的安全性、可靠性增强，网站信息的准确性和及时性提高，才能让人们觉得使用团购网站是便捷、安全、可靠和实用的。

第二，团购网站应提高人们搜寻相关信息的便利性。人们搜寻团购网站的相关信息是为了更好地了解该团购网站，获得该团购网站所提供的产品和服务的信息，以及该网站怎样满足自身需求的信息。因此，团购网站应该在其网站首页简洁明了地列出产品和服务的相关信息，去掉烦琐的搜索过程，方便人们获取和使用信息，同时还要完善搜索渠道，防止钓鱼网站等恶意侵犯，保护用户和网站利益免受伤害。

第三，优化网站的操作流程，使顾客可以轻松获得所需要的服务内容，节约用户的时间、精力成本。随着电子商务的不断发展，团购网站上的产品和服务的种类也在逐渐增加。这在丰富用户选择的同时，也增加了人们在选择时所花费的时间和精力。所以网站要平衡好两者的关系，实现顾客利益的最大化，同时还要改善网站的连接速度和响应速度，这就需要软件工程师付出更多的努力，对网站代码进行重新设计整合，页面反应迅速也会增加顾客的心理体验。

第四，团购网站还可以优化网站的界面设计，彰显其独特性，增强视觉吸引力，为顾客提供便捷的操作服务和愉悦的感官体验。网站丰富对产品和服务的展示，利用多种展示方法，增强其对顾客的吸引力。同时，团购网站还可以增添与顾客的互动区域，多收集用户意见，与用户多交流，增加顾客和网站的互动，建立良好的顾客关系并及时反馈顾客信息，提高顾客满意度。

# 第 4 章　团队和团队学习

## 4.1　团队的概念

在过去的数十年中，人们越来越强调组织的灵活性、创新及学习等问题。与之相应，组织采用了更为扁平、分散的结构来应对组织及其所处环境的不确定性。团队在这种扁平化结构中扮演了重要角色（Mcintyre and Salas，1995；Mohrman et al.，1995）。事实上，团队被组织用于完成复杂任务，同时保持灵活性以处理不可预见的环境变化（Goodman et al.，1988；Beekun，1989）。在对团队进行的研究中，首先需要明确团队的定义。

Hackman认为，团队是一些工作任务相互依赖的个体的集合，他们共同对团队的结果负责。团队内和团队外的人都把这个群体视作一个完整的实体，该实体扎根于一个更大的社会系统（如业务单元或企业）中。团队中成员的关系可以跨越组织结构中的界限，如跨部门、跨地区的人可以组成一个团队。Katzenbach和Smith（1994）指出"团队就是由少数有互补技能，愿意为了共同的目的、业绩目标和方法而相互承担责任的人们组成的群体"。其特别强调了团队成员的互补性，并且认为25人以上的团队已经失去了一些团队属性，实质上已经分化为一个个更小的团队。Cohen和Bailey（1997）把工作团队定义为这样的群体：成员间相互依赖、为共同的目标彼此负责，并意识到他们是一个团队。Salas、Dickinson、Converse与TannenbalLrn把团队定义为：包含两人或两人以上，相互发生作用，动态地、相互依赖地、适应性地朝共同看重的目标而努力，每个人在其中都承担某个具体角色或履行一定的功能[①]。

可以看到，前人对"团队"的界定并不完全相同，一些学者强调要有明确的团队边界，而一些学者认为意识到团队的存在、有团队归属感即可，还有一些学者强调互补性是形成团队的关键。Salas等（1992）的定义更强调团队成员个体的独特角色，每个人都对集体成就有一份自己的贡献。总的来说，学者们在团队目

---

① 转引自 Zaccaro 等（2001）。

标和共同责任方面形成了较为一致的看法：只有具有共同目标并为该目标共同负责，成员之间发展出有机的相互联系，才由"群体"转变为"团队"。举例来说，如果同一个部门中的员工，在不同的项目上工作，各自独立，不对结果共同承担责任，从而不具备相互依赖性，也就不属于一个团队。

综上所述，由于研究视角的差异，学者对团队概念界定时，强调的侧重点有所不同。团队涵盖了以下几个关键要素：①团队成员在2人以上；②团队成员知识、技能互补，彼此协调、相互依赖，互补性和依赖性有利于实现团队成员的整体绩效优于所有单个团队成员绩效之和，即团队可以实现"1+1＞2"的效应；③团队成员具有共同信念和价值观；④团队成员信息沟通与知识共享；⑤团队成员之间彼此担负责任；⑥团队成员有着明确的共同目标（此要素是团队存在的核心）。

## 4.2 团队的分类

团队类型可以通过几个维度来划分，即功能、时间、领导。从功能维度，可以划分为跨职能的（cross functional）、单职能的（single functional）；从时间维度可以划分为时限性的（time 1imited）和长期性的（enduring）；从领导维度可以分为有领导的（manager-led）和自我管理的（self-led）。将这些不同维度进行组合，可以得到各种类型的团队。根据Cohen和Bailey（1997）的分类方法，可以把团队分为四类，即工作团队、平行团队、项目团队、管理团队。

工作团队是负责生产产品或提供服务的持续工作单位，其成员关系通常是稳定的，成员多半是全职的，成员身份有明确的定义。一般来说，工作团队受其领导者指挥，由领导者决定做什么、如何做、谁来做。近年来，自我管理的分权型团队逐渐增多，团队成员参与团队的决策。

平行团队用于解决问题和改进绩效，通过把不同工作单元或不同职务的人聚集在一起，执行常规组织不易胜任的任务。他们平行于正式的组织结构，一般来说，只向上层提出建议，权威性有限。

项目团队为某个项目而成立，具有时限性。他们的工作成果是一次性的，如为公司开发新产品或新服务、开发信息系统等。大多数项目团队的任务需要应用大量的知识与专业技能。项目团队往往由来自不同部门的员工组成，从而使项目可以吸收各个领域的专家，获得更多支持。例如，新产品开发团队从市场、工程、生产等部门吸收成员。

管理团队协调其下级单位，并在相应权限内进行指挥。管理团队对组织的整体绩效负责，其权威性根源于成员在组织中的地位。

Hellriegel和Reyer（2000）将团队划分为如下几种：①机能型团队（功能团队）；②问题解决型团队，问题可能涉及一种产品的研发、一个新的市场销售活动等；

③交叉机能团队（功能交叉团队），以信息流动为特征的工作环境迫使企业的成员加强合作，此类型团队是由数个功能团队中的一部分人组成的团队，该类型团队中的成员既要完成来自功能交叉团队的任务，还要完成所在的功能团队的任务；④自我管理团队；⑤虚拟团队，是利用网络技术把实际分散的成员联系起来，以实现一个共同目标的工作团队。综上所述，由于不同学者划分标准的不同，团队类型有所不同。

尽管团队类型有多种，但在与他人共处的情境中，影响人们行为的社会心理机制是相同的，因此Edmondson（1999a）认为团队类型不会引起学习行为的显著差异。

为了应对企业的竞争，团队的使用迅速扩大。例如，82%以上的公司的员工报告指出，他们都使用过团队工作方式（Gordon，1992）。在过去的几十年，团队工作已经在很多企业中受到重视（Osterman，1994）。当今，团队工作和管理方式的兴起，在复杂的市场竞争中发挥着越来越突出的作用，团队工作对组织产生的积极影响已经受到许多研究和实践的支持。团队工作的优点有如下几点：①团队工作可以增加组织的灵活性，使组织更加自如地适应快速变化的外部环境，满足顾客的需求，有效地完成任务，实现绩效目标；②团队工作可以促进企业提高创新能力和质量意识（Lambert and Peppard，1993），从而更好地促进产品的开发、服务设计和生产；③团队成员知识、技能互补，彼此协调，相互依赖，团队工作有利于实现"1+1＞2"的效应，实现更高的绩效；④团队工作为团队成员创造条件，可以帮助团队成员实现自我目标和自我价值，提高团队成员的组织承诺（Cohen and Bailey，1997）；⑤团队能够激发团结精神，增加凝聚力，提高团队成员的士气；⑥团队有助于集体学习，即团队学习（Senge，1990）。这是团队工作的一个重要作用，团队作为组织最基本的学习单元，将不同的员工结合在一起，使团队成员之间相互合作与交流，在团队成员之间充分共享知识和信息，能够减少团队成员之间的信息不对称，增进团队成员之间相互协作、支持和知识共享。

## 4.3 团队研究模型

团队的研究，往往遵循"输入—过程—输出"这一框架，如图4-1所示。

"输出"通常是团队的有效性（effectiveness），评价团队有效性的指标主要有：①团队的产出/生产力（output/productivity），包括数量、质量、响应时间、速度、客户满意度、创新等；②团队对其成员产生的影响，包括员工的态度、满意度、组织承诺、对管理层的信任感及出勤率、流动率等；③团队的生存与发展能力（Guzzo and Dickson，1996）。

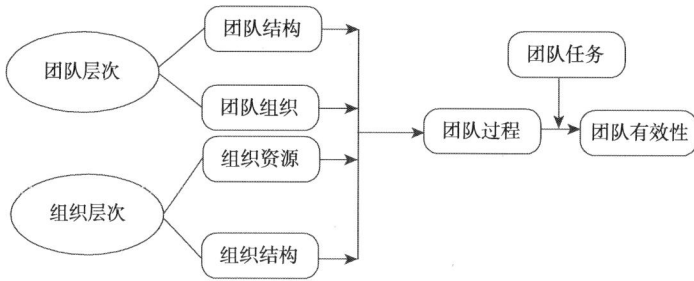

图 4-1 "输入—过程—输出"团队模型

"输入"变量是可能对团队有效性产生影响的各种变量，可以分为团队层次的和组织层次的，如团队结构（异质性、成员技能、成员加入组织的时间长短、任职长短等）、团队的组织（目标的清晰度、工作规范、团队规模、领导）、组织资源（培训、技术咨询）等。输入变量首先影响团队过程（包括团队中的公开交流、冲突等），进而影响团队有效性。任务的性质会发生缓冲作用，如任务的复杂性、相互依赖性、环境的不确定性等。团队特征是被研究较多的输入变量，与团队有效性的关系如表4-1所示。

表 4-1 团队特征与团队有效性

| 团队特征 | 主要理论成果 |
| --- | --- |
| 团队构成 | 与个体类似，当团队有更多的自我管理、参与性，工作更加多样化、更有价值时，成员会感到工作更有趣，团队有更强的责任感和主人翁精神 |
| 相互依赖 | 相互依赖性存在于任务、目标、反馈等当中，增强共同责任感、对团队成就进行奖励都能够增强激励作用 |
| 环境 | 好的培训、管理体系的支持，团队之间的沟通与协调能提高团队有效性 |
| 团队过程 | 团队效能感、团队成员的相互支持、团队内部良好的沟通与协作能预测团队有效性，应避免团队中不劳而获、"搭便车"的现象 |
| 团队设计 | 异质性、灵活性、规模等对团队有效性有影响 |

Cohen和Bailey（1997）提出了团队研究的一个启发式模型，如图4-2所示。在该模型中，有效性由环境因素、设计因素、群体过程及群体心理特质共同决定。环境因素是指组织所在的外部环境，如行业特点或环境的动荡性。设计因素是指任务、团队、组织当中可以直接受管理者操控的、以改良业绩为目标的因素，如工作任务的自主权、相互依赖性。团队设计包括团队规模、存在期限、人口统计学变量、多样性等。组织背景的设计包括激励体系、监督、培训及资源等。团队过程是指诸如沟通、冲突等发生在团队内外的互动过程。团队心理特性是指团队成员对事物的共同看法、信仰或者情感气氛（emotional tone），团队行为规范、内聚力、团队心智模式都属于这个范畴。有效性的结果是绩效、态度及行为指标等。

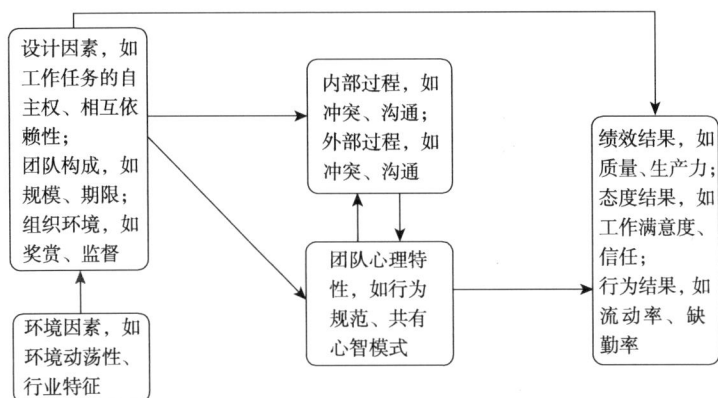

图 4-2　Cohen 总结的团队研究模型

该模型指出：①设计因素是影响团队有效性的主要因素；②关键性的团队过程在团队内部、外部都会发生；③团体作为一个社会实体，其行为会受到成员心理特性的影响。

## 4.4　团队学习的概念

### 4.4.1　团队学习的两种观念

团队存在于组织中，团队学习的研究是组织学习的分支。因此，理解"团队学习"的概念，要从"学习"与"组织学习"谈起。人们逐渐认识到，个人与组织学习的速度，将成为唯一的可持续竞争优势。与之相应的，关于组织学习的研究高速增长，理论界出现了两种描述组织学习的观点，分别是"结果观"与"过程观"。

1）组织学习的结果观

Levitt和March认为组织学习是组织达到的一种状态[①]。组织不是为了学习而学习，组织学习是为了实现组织目标而采取的行动，如为了提高管理效率而制定的制度规范。他们把组织学习定义为"对过去进行反思，从而形成指导行为的组织规范"。

2）组织学习的过程观

组织学习的过程观是目前组织学习理论研究中较为主流的观点。Argyris、Schon、Edmondson、Senge等都是这一观点的代表人物，国内学者陈国权和马萌（2000）等也都认同组织学习是一种过程。例如，Argyris与Schon把学习定义为

---

① 转引自 Edmondson（1999a）。

"发现错误、改正错误的过程"[①]。Gibson和Vermeulen（2003）把学习行为定义为实验、反思式沟通及编码的循环。他认为只有通过学习，才能产生非常规问题的解决方案。为解决问题，人们需要寻找方案、选择方案并付诸实施，因而学习行为包括多个彼此依赖的活动。陈国权等（2000）认为，组织学习是指组织不断努力改变或重新设计自身以适应不断变化的环境的过程，是组织的创新过程。刘璇华等（2002）把组织学习定义为组织及其成员对存在于组织内外的知识加以吸收、传播、运用、创造和记忆，使组织适应不断变化的环境的过程。

### 4.4.2　团队学习定义

传统组织学习的文献，将团队学习视为个体学习与组织学习的对接口和桥梁，是实现组织学习的重要途径，个体的知识和经验首先被团队成员验证和综合，转化成团队的知识和规范，最后导致组织学习的产生。圣吉（2002）认为团队学习是组织修炼的最基本形式，能有效地提升组织学习能力，第一次在公司环境下提出了团队学习的概念，团队学习存在于组织之中，是学习型组织的一个重要特点。随着学习相关理论、学习型组织的发展以及实践的不断深入，团队学习作为组织学习的一个重要维度，逐渐成为研究的热点。

现有组织学习的研究主要有两种不同的方式，学习被定义为一个过程或者一个结果（Edmondson and Moingeon，1996；Edmondson，2007）。团队学习的研究者大多采用了"过程观"。Gibson和Vermeulen（2003）回顾了Argyris、Schon、Argote等诸多研究者的理论，指出团队的学习包含多个相互关联、相互依赖的行为。首先，团队需要通过探索或实验产生关于改进工作的点子，团队成员通过这些新的想法寻找潜在的提高绩效的方法；其次，团队对提出的方案要达成共识；最后，这些知识还要可执行，需要转化为相应的决策和行动。通过编码记录团队讨论的问题与结论，使隐性知识显性化，使知识、想法等与实践活动接轨，也使团队能够反思到底学到了什么。概括起来，典型的团队学习是个过程，其中包括了"试验探索—反思沟通""融合见解—编码记录"。

Edmondson（1999a）将团队的学习定义为一个反思、行动的持续过程。团队学习行为就是团队所从事的一整套加工数据，从而调整自身、进行改进的活动，其特征是提出问题、寻求反馈、试验、对结果进行反思、讨论出现的各种错误或者非预期的结果。其中，团队反思（team reflection）是指成员共同反省团队的目标、战略、过程，重新审视团队和组织所在的环境，并相应进行调整的过程（West，2002）。

荷兰学者van Offenbeek（2001）将团队学习描述为一个循环的团队过程，他

---

① 转引自 Edmondson（1999a）。

认为五种学习活动共同构成了团队的学习，分别是信息获取、信息分配、对信息进行收敛思考、对信息进行发散性思考、存储及再使用信息。这五种活动的作用各不相同，不能相互替代，应平衡地组合起来。

本章研究从"过程观"和"结果观"对团队学习的定义予以归纳，如表4-2所示。

表4-2 团队学习的定义

| 研究者 | 定义 |
|---|---|
| 过程观 | |
| Senge（1990） | 团队学习是发展团队成员整体搭配与实现共同目标能力的过程 |
| Edmondson（1999b） | 团队学习是一个反思、行动的持续、动态过程 |
| Argyris（1995） | 团队学习是团队成员间获取（acquire）知识、分享（share）知识和整合（combine）知识的活动 |
| Huber（1991）；van Offenbeek（2001） | 团队学习是包括信息获取、信息分享、信息解释、信息储存、信息再利用的过程 |
| Edmondson 和 Feldman（2002） | 团队学习是一个持续、动态过程，包括了团队成员采取行动（action）、给予或获得反馈（give/receive feedback）、做出变化（change）、适应（adjust）、改进（improve）或改变他们的行为（change their behaviors） |
| Wilson 等（2007） | 团队学习包括团队成员对知识进行存储(storage)、分享(sharing)和查漏补缺(retrieval) |
| 陈国权（2007） | 团队学习是指为了使团队保持良好的发展，团队成员不断获取知识、改善行为、优化团队体系的过程 |
| 结果观 | |
| Argyris（2003）；Ellis 等（2003） | 团队学习的目的在于团队成员及团队水平上的知识、技能和绩效的改变 |

## 4.5 团队学习的影响因素

Argyris、Nonaka、Takeuchi等研究人员纷纷指出，在现代组织中团队是创造知识最有效的工具，Trist、Barnforth、Hackman、Oldham等从社会技术系统理论的角度，Gladstein、Hackman从团队设计理论的角度出发都认为团队在获取、共享和综合知识方面发挥关键作用[1]。因此，理解团队学习具有重要的意义。一些学者甚至认为"只有团队能够学习，整个组织才能学习"（圣吉，2002）。

一些团队能够打破常规，创造新的解决方案、提升他们的有效性；而一些团队却拘于以往的行为模式，不能找到显著优于过去的新途径与方法（Argote and Ingram，2000；Edmondson，1999b；Edmondson and Feldman，2002）。能使团队进行适应性调整并得到绩效改进的过程不是自动的（Gibson and Vermeulen，

---

[1] 转引自 Gibson 和 Vermeulen（2003）。

2003），换句话说，团队学习不是自动产生的（Edmondson，1999b）。研究者们关注到底哪些因素影响了团队的学习，具有哪些特征的团队能够更有效地进行学习。

近年来，国外学者的研究表明影响团队学习的关键因素主要有团队目标、团队结构、团队领导、任务类型，除了这些受到管理者团队设计影响的因素，组织环境及Cohen和Bailey（1997）所指出的成员心理特性对团队学习行为也有重要影响。以下分别阐述以往研究形成的关于团队学习的主要影响因素。

### 4.5.1　团队目标

心理学家Locke和Latham（1990）提出目标设置理论。该理论认为，人们的行为由目标和志愿所驱动，具体、有难度的目标能带来高绩效。恰当的目标设置是对个体及团队的有效激励手段。当目标明确、有难度，以及人们对目标有承诺，能得到实现目标进展中的反馈，有较高的自我效能感，并且知道如何实现目标时，目标的激励效果最稳定（Durham et al.，2000）。

清晰的目标能带来更好的绩效，它为团队提供了关注焦点及努力的方向，激励人们寻找实现该目标的策略。已有大量目标设置理论相关研究表明，在个体层次上清晰的目标与业绩有显著的相关关系（O'Leary-Kelly et al.，1994）。学习行为不是自发产生的，由于它需要付出努力，必须有能够激发人们学习行为的东西。一个有强大驱动力的共同目标，能对团队产生激励作用，使群体能够进入合作学习的过程。在学习当中，一个好的目标让人感到有意义、有价值，并且具备恰当的挑战性，能激起对其可实现性的适度紧张，又不会导致过度担心和无助感，达成该目标能帮助团队或组织获得成就感。

已有大量研究可以证实目标的激励力量（Locke and Latham，1990）。在团队学习中，学者指出，目标必须得到清晰的定义，以确保所有团队成员理解该目标。

### 4.5.2　团队结构

团队结构是团队研究中重要的变量之一。社会心理学和群体过程的有关文献指出，团队结构的设计会影响信任、团队的创造力、成员之间的互动关系（Gibson and Zellmer-Bruhn，2002）以及一致意见的形成过程（Knight et al.，1999），这些都与学习行为有关。Edmondson（1999a）在其提出的团队学习模型中明确指出团队设计因素（团队结构）会影响团队学习。

在团队结构中，团队成员的异质性是研究的热点之一。实证研究检验了团队成员人口统计学上的异质性与团队有效性之间的关系。成员背景差异化的团队与背景相似的团队在团队过程中的表现是不同的。差异化的团队中，信息、观点多样化，团队互动及综合认知能力更强，团队具备更强的创造力、更优的信息处理及更高质量的决策（如McGrath，1964）。另外，背景、观点的差异化又有可能影响沟通与团队的整体和谐（Zenger and Lawrence，1989），导致较低的内聚力、较低的相互理解水平（Miller and Zurada，1998）。

Gibson和Vermeulen（2003）在对5个制药厂156个团队数据进行分析后提出，异质性不仅仅意味着成员个体之间的异质性，即使两个团队的团队成员有相似的异质化结构，团队成员间的不同组合也使这两个团队的异质性有不同的含义，这就是他们所提出的"子群"（subgroup）。子群对团队学习也有重要影响，适度的子群结构对团队学习行为有积极作用；而当子群结构过于极端化时，团队内的沟通、互动会走向僵化，对生产率有负面作用，学习行为受阻。Gibson与Vermeulen（2003）认为当积极的外部领导鼓励、团队授权，以及有效的知识管理系统等条件同时存在时，团队学习行为会受到激发。

### 4.5.3　组织环境

团队学习与团队所处环境有关。团队所在的组织环境能够激发或者阻碍团队的学习行为（Gibson and Vermeulen，2003），会影响团队进行学习的意愿和能力（Gladstein，1984）。有激励作用的、使人感到安全的环境能触发团队的学习并使他们提高绩效。团队成员感受到的来自组织的支持有利于创建心理安全感并提升团队效能，从而鼓励团队进行学习（Edmondson，1999b）。

支持性的组织环境为团队提供进行改良的自由，让团队对其自身绩效负责，鼓励团队充分发挥潜力，它给团队有力的信号，使团队感到寻找创新解决方法的行为在组织中很有价值、能得到组织的认可（Lee et al.，2001）。我国学者研究指出，支持性组织气氛通过创造合作和开放的氛围，能够加强团队协作和成员沟通（张震等，2002）。

团队的外部领导（团队汇报工作的对象）在激励学习行为上发挥重要作用。外部领导可以使团队清楚它的绩效如何，鼓励该团队共同反思、重新评估团队工作方法。当团队感到其外部领导对他们的工作感兴趣时，更乐于在跨团队过程中公开交流、相互支持及讨论战略等（Gladstein，1984）。Manz和Sims（1987）指出外部领导最重要的行为就是促进团队的自我观察、自我评估、自我加强。这些行为可以促使团队重新思考，进而改变、提升绩效。Gibson和Vermeulen（2003）对外部领导的鼓励和团队学习行为的关系进行了实证检验，发现那些能受到外部领导鼓励的团队，表现出更积极的学习行为；组织中的知识管理系统能帮助团队保存、交流他们的发现与想法；拥有知识管理系统的团队能够更积极地寻找新方法、新的解决方案，表现出更积极的学习行为（Gibson and Vermeulen，2003）。

根据上述理论，组织支持是影响团队行为的重要变量。尽管本书更关心团队领导对团队的影响，但团队领导和团队都不可能脱离组织而存在，因此，本书把组织支持作为模型中直接影响团队学习行为的变量之一。

### 4.5.4  心理安全

关于心理安全的研究最早可以追溯到Schein和Bennis（1965）在组织变革理论中所讨论到的如何促进变革。他们认为，如果要让个体感到变革是安全的并进而产生变革行为，就有必要创造以心理安全为特征的工作环境。心理安全感能够克服人们的自我防御和"学习性焦虑"（即实际结果不支持预期所产生的阻碍有效学习行为的情绪）[1]。

Katzenbach在《团队的智慧》一书中有如下描述，支持了团队心理安全的存在性。"如果集体中的人们对一个胆怯的人最初试着大胆讲话和做事给予重视，他们就给了他积极的支持，鼓励他继续干下去。……要是有人冒风险揭开了一个团队中承担人际风险是安全的。人们每天的工作中，与其他人打交道、变动、不确定性或者不明确性都会使人面临各种人际风险。学习性的行为也会带来风险，如提出问题可能被视为无知，承认错误（引起对错误的关注）并寻求帮助可能被认为无能，进行批判、反思会被认为消极，寻求反馈可能被视作打扰、影响他人。尽管这些行为与创新、高绩效等人们所期待的结果很有关系，但采取这些行为会对个人带来一些风险，如被视为无知、无能或者具有破坏性。

Edmondson（1999a）认为只有在人们感到安全的氛围下，才能产生积极的学习行为和创新。由于该项研究很好地支持了心理安全感在团队学习模型中的作用，Edmondson和Feldman（2002）围绕心理安全这一问题进行了系列研究。其在后续研究中，进一步明确了心理安全感的概念、关于心理安全感的理论研究框架和研究意义。更具体地来说，心理安全感可以描述在工作环境中个体所感知到的人际风险将带来的后果。由于提出问题、寻求反馈、报告错误或提出新的想法等行为，人们会承担一定人际风险，此时人们对他人可能会有的反应做出某种预测，越能肯定自己不会被误解、受到嘲讽或受到其他不利影响，就表明心理安全感越高（Edmondson and Feldman，2002）。

其他涉及心理安全的研究中，Kahn（1990）曾将其描述为"不担心自我形象、地位、经历有可能带来的负面影响，而能够展示自我、做自己的事"。Kahn认为心理安全感是塑造人们在组织中如何扮演自身角色的三种心理条件之一。West（2002）提出了一个重要的影响组织革新的因素——"安全参与"（participative safety），即团体氛围是否使人们在提出新的观念或者向现有实践提出挑战时不感到受威胁。由于革新、创造性的思维往往与既定的常识相悖，或者与普遍接受的

---

① 转引自 Edmondson（1999a）。

观点相冲突，所以推行的时候常常很困难，只有在充满了信任、温暖、参与意识以及能够自由交流信息的工作环境中才能自然发生。

Gibson和Vermeulen（2003）认为高异质性的团队可能缺乏学习行为中所必需的心理安全；而在有子群存在的团队中，成员感到能从与自己相似的子群中获得支持，从而感到提出新的想法、表达不同的观点是安全的（Crott and Wernner, 1994；Lau and Murnighan, 1998）。在这样的团队中，人们知道他们有持一致观点的同伴，或者至少有人能够支持、理解自己的想法，即使不是完全同意式的支持，但至少不会让他因自己的行为感到尴尬或认为自己受到嘲笑；当其他成员这样做的时候，也更有可能对其给予支持。West（2002）在群体创新的研究综述中指出能够持续发展组内安全（intragroup safety）的群体更具创造力和创新性。组内安全是指群体成员在其同伴在场时，尤其是在群体互动中的心理感受或心理安全感。可以通过鼓励积极的团队情感、对冲突进行建设性管理、创造安全的学习氛围来发展组内安全。

心理安全并不意味着一个温暖的环境、工作伙伴成为亲密朋友，也不是说没有压力或问题，它描述了一种氛围，在这种氛围下，大家为能早期发现问题、达成共同目标而专注于进行有建设性的讨论而非自我保护。

心理安全感在合作性工作中有重要作用，尤其是那些面临变革和不确定的工作团体，他们需要一起学习，心理安全感有着重要的促进作用。因此，心理安全感对理解团队学习有重要的研究意义。

## 4.6 团队学习的阻碍因素

Edmondson和Feldman（2002）研究得出结论，引起团队学习失败的原因通常有如下四个方面：①缺少反思（lack of reflection）。缺乏或缺少反思，团队学习将很难产生。②无效的团队讨论（ineffective team discussion）。如果团队成员之间缺乏心理安全，导致团队成员心理"自我防卫"，团队成员可能有意地忽略重要的信息，甚至为了保护自己现有的地位，而不愿意指出团队中存在的问题，团队成员的讨论将会缺乏效率，甚至是无效的。③缺少行动（lack of action）。虽然团队有时会有一定程度的反思，由于缺少行动，这不足以打破团队中现有的常规和限制（Gersick and Hackman, 1990）。④缺乏授权或授权不足（insufficient in power）。在团队中，缺乏授权同样不利于团队学习的进行。团队成员在团队相互作用的过程中，倾向讨论共享信息却不能达成一致的意见（Stasser and Titus, 1985）。Wittenbaum（2000）提出了团队信息共享偏见（collective information sharing bias, CIS bias）。团队信息共享偏见会导致团队学习缺乏有效性。Argyris和Schon（1996）总结出在团队学习中的一种心理防卫机制并将其称为"防卫原则"，这种心理机制一方面阻碍了团队成员检验真实想法的过程；另一方面不利于信息和其他知识被其他成员共享，缺乏信息共享阻碍了团队学习的过程。因此，"防卫原则"是团队学习的最大障碍。

还有一些学者从其他角度进行了分析，总结了团队学习的其他阻碍因素，主要有如下几个方面：①团队学习中团队成员的"囚徒困境"现象；②团队成员"搭便车"行为（"偷懒"行为），在参与深度访谈及讨论时，部分团队成员选择规避实质性的问题，不参加实质性的讨论，坐享别人的成果；③缺乏沟通，一方面，由于等级森严与封闭性，团队成员之间缺乏沟通，另一方面，在中国文化背景下，由于需要维持良好的人际关系，团队成员不愿意沟通交流；④心智偏爱，在团队学习中团队成员倾向于听与自己观念相同的意见，不同意见会被过滤掉，这种排他性心理模式阻碍了信息、知识的分享；⑤隐性知识难以显性化（牛继舜，2004；徐玲和潘和平，2005）。在团队学习的过程中可能还存在其他一些阻碍因素，如急于寻求结果，缺乏必要的支持等方面。因此，团队成员需要全面和认识和把握团队学习的阻碍因素，为团队学习创造有利的条件。

## 4.7    团队领导与团队学习

每个团队都至少会有一个领导对其团队过程乃至团队绩效有影响作用（Lowe et al.，1996）。Zaccaro等（2001）指出决定团队有效性的三个关键因素：一是团队能否整合成员的个人行动；二是团队在协同行动中的适应能力；三是团队领导，这是最为关键的。但这并不是说团队有效性都能由领导作用来解释。除了团队领导，成员的能力与技能也解释了团队有效性的大部分差异。另外，领导有效性并不一定就转化为团队有效性，团队构成、环境及资源的限制可能抵消领导的影响。

### 4.7.1    团队领导的重要作用

团队领导是一个团队沟通的枢纽。对内，团队领导制定成员的任务目标，并发挥协调、整合目标的作用；对外，团队与外界的沟通（尤其是正式沟通）离不开团队领导，其能力、影响力等关系到组织对团队的支持是否到位（Tesluk and Mathieu，1999）。团队领导驱动成员们达成目标、完成组织使命；团队领导的协调是解决团队问题、团队冲突的主要途径之一，其能力素质、领导风格是团队能否良好运转的重要因素；领导能够将团队工作结构化，给下属提供个性化的关怀以及为下属树立榜样，从而影响下属乃至整个团队的行为。团队的绩效测评主要由团队领导进行（王重鸣，2001）。Tannenbaurn等（1955）指出团队领导对所有与团队创新有关的因素都能发挥作用，尤其是在明确目标、鼓励参与、坚持追求品质及支持创新等方面尤为显著[①]。

### 4.7.2 团队领导与团队过程

大多数研究团队绩效的模型都把团队过程作为中介变量，试图说明在特定环境下什么样的领导行为最适合。如图4-3所示，Zaccaro等（2001）提出的研究框架认为领导过程通过四种团队过程来影响团队的有效性，包括认知、动机、感情及协调。组织内外部环境与团队的特性对这些效应有缓冲作用。领导与团队过程有交互作用。在类似军队这种层峰结构较强的组织中，绩效差异能够更多地归结于领导的因素。当越来越多的组织从传统层峰结构转移为基于团队的结构，团队过程对领导及组织的有效性的影响就越来越大（Zaccaro et al.，2001）。

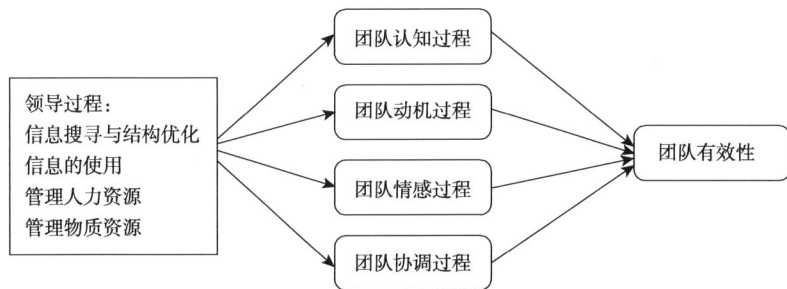

图 4-3 Zaccaro 等研究团队有效性的理论框架

### 4.7.3 团队领导角色

很多团队领导的研究都是关于单个领导的，然而领导也可以由更多人承担，包括正式指派的和团队内部自然涌现的。即使在没有正式领导的自我管理团队中，领导也很重要。研究表明，如果完全没有领导，这些团队成功的可能性会较低（Cohen and Bailey，1997）。West和Markiewicz（2003）用领导角色清晰度来描述成员对其团队内部领导角色的认识，他认为如果对领导角色缺乏清晰的认知，或者形成了有冲突的认知，会对团队创新造成负面影响。无论团队类型与团队任务如何，明确团队中的领导角色是团队创新中的关键任务之一。

### 4.7.4 团队领导与团队气氛

早期关于团队领导行为和团队气氛间关系的研究认为，领导行为作为一种组织因素影响团队气氛的形成，由于团队领导风格不同，下属对团队气氛的认知和行为反应也会不同。"领导者–成员交换关系"可以从关系协调、情感交流和能力

---

① 转引自 West 和 Markiewicz（2003）。

信任等方面加以评价（王重鸣，2001）。关系协调因素是指团队中的上下级交互关系；情感交流因素主要反映团队内深层次的情感交流，上下级之间是否存在除工作关系以外的朋友、知己关系；能力信任因素是让下级评价团队领导，认同其工作能力和协调能力的程度。在"领导者-成员交换关系"较强的团队中，"谈判幅度"较高，将体现出较为一致的团队气氛。

管理心理学经典研究表明，在"民主"、"专制"和"放任"三种群体领导方式下，各实验小组的工作绩效和群体气氛各不相同。"民主式"的领导较之其他领导方式，团队团部思维更活跃，内聚力更高（王重鸣，2001）。Durham等（2000）的实验室研究发现当团队需要通过协作来学习完成某个新任务时，协调式领导下的团队（决定战略、指挥行动是所有成员的共同责任，领导在其中充当协调者）比命令式领导下的团队（领导为整个团队做出决定）有更好的表现。这是由于在协调式领导下，全体成员都对团队任务有认知参与，成员之间能够更好地沟通。

### 4.7.5　团队学习中团队领导的作用

团队领导进行明确的管理能使团队更快地学习。研究指出，团队领导的行为和态度能够在很大程度上影响工作氛围和团队的学习（Madhavan and Grover，1998；Edmondson，1999a；Lovelace et al.，2001）。

首先，团队领导对团队的心理安全（Edmondson，1999a；Kahn，1990）产生重要的影响。在组织中人们观察到，坏消息不易向组织上层传播（Lee and Sheth，1993），下属向上级寻求帮助少于向同级或其他人，这表明权力关系会影响人们的行为。团队领导的行为能够影响成员对人际关系风险的看法，从而影响他们的心理安全。团队中，普通成员对领导的行为会比较敏感（Tyler and Lind，2005），领导对团队事件和他人行为的反应能够影响团队成员，使他们感觉到在这个团队中哪些行为是恰当的、哪些行为是安全的。支持性的管理风格使人们敢于尝试、不怕失败，在实际工作中，这种尝试可能会产生新的技术、方法。

其次，团队领导能够影响学习过程的结构化程度。有效的团队领导能够使团队学习适当程度地结构化，同时也给团队成员留下足够的发挥与创新空间。尤其是在团队发展的早期，团队领导通过作示范或把团队过程结构化（Kozlowski，1998）以提高群体的信息处理能力。

再次，团队领导对团队目标有重要作用。一方面，团队领导听取其成员根据环境变化所提出的目标调整意见后，在保证与组织战略一致的前提下对团队目标做出适当调整，从而影响了团队目标的形成；另一方面，团队目标的意义和重要性要靠团队领导来阐明，他们的沟通与表达能力会影响成员对目标的理解，团队领导如何阐述团队目标、如何将团队组织起来共同向目标方向前进，对团队绩效、团队创新有很大影响（West and Markiewicz，2003）。

最后，领导风格能够影响团队信息处理的有效性。参与式领导比命令式领导更有利于提高集体处理信息的效率，并带领团队发现更多解决问题的方案（Kahai et al.，2010）。

具体说来，如下一些行为能够促进团队学习过程：①在事后的回顾总结中率先自我批评；②倾听他人的意见，接受他人的反馈；③进行反馈时避免以人为中心，对事不对人；④在提供反馈时提供明确的、有建设性的建议；⑤鼓励团队成员在工作简报或总结时积极参与讨论，而不是简单地叙述；⑥除了讨论任务本身，还引导团队成员对团队工作过程进行反思与讨论；⑦当团队成员个人或者团队整体取得进步时将自己的满意表达出来。

具备上述这些行为的团队领导所带领的团队成员更乐于参与讨论、能够自我批评、积极为他人提供建议，这些团队的绩效也更出色。对团队学习与团队绩效的重要影响，使人们对团队领导有了更高的要求，他们不仅要保持技术的专业性，还要能够熟练地创造利于学习的环境。公司高层在指派团队领导时，既要考虑技术胜任力，也要考虑人际胜任力，使团队领导具备管理团队进行学习的技能（Edmondson and Feldman，2002）。

## 4.8  团队学习的测量

Watkins和Marsick（1993）在总结了很多前人研究的基础上提出学习型组织是一种不断学习与转化的组织。其将学习划分为三个层面共七个维度，分别是个体层面的学习，包含创造连续不断的学习机会和倡导对话交流与调查研究；团队层面的学习，主要是指鼓励成员相互合作与团队学习；组织层面的学习，包含授予员工工作权限、引导员工奔向共同愿景、创建捕捉和分享知识的信息系统、联结组织与它所处的环境，以及提供学习活动的战略领导。Watkins和Marsick（1993）研究的另一项重要贡献在于她们在七维度模型的基础上开发了学习型组织问卷调查表（dimension of the learning question，DLOQ）。该问卷经过多次实证研究，被认为是一个检验学习型组织程度的有效而可靠的测量工具。DLOQ中有六个题项是用来测量团队学习水平的。

Edmonson（1999b，2003）在研究心理安全对团队学习的影响时，成功地开发了团队成员心理安全问卷和团队学习行为问卷。在其研究中，团队学习行为是一个综合性的概念，并通过列举具体的行为来描述这个概念，如提出问题、寻求帮助、讨论、反馈等。这项研究结果表明，团队心理安全的确对团队的学习行为产生了重大影响，并进而影响了团队绩效。

Gibson和Vermeulen（2003）的研究从三个维度考察团队学习，分别是实验、沟通、记录。笔者认为Gibson等（2003）对团队学习行为的描述比Edmondson（1999）更为精细，将团队学习行为划分为不同的维度意味着这些行为在性质上是有差异的，有些团队在实验维度上做得很好，但可能沟通不足或者编码、记录环节比较差；有些团队可能会表现出特别善于总结经验。因此，团队学习应该是一个有层次的概念。

华东师范大学心理学系对学习型团队的一项研究提出了学习型团队三维特征结构模型，得出团队学习、团队角色、团队授权三维特征结构是影响团队效能的关键因素。其在文献研究、访谈、现场实验的基础上，编制了问卷对团队学习进行量化测评，通过探索性因素分析，抽取出两个因素，分别命名为团队内动力学习和团队外动力学习。团队内动力学习包括团队内部成员对自己工作和管理方面的学习、讨论、思考和建议等内容；团队外动力学习包括组织给团队提供学习的信息、培训、鼓励计划和措施等内容（肖余春，2003）。

陈国权（2007）将其所提出的组织学习的九种行为和相应的九种能力，推广到团队学习的研究中，认为任何一个团队要在变化的环境下保持良好的生存和健康的发展，必须具有九种相互影响的行为及相应的能力，即发现能力、发明能力、选择能力、执行能力、推广能力、反思能力、获取知识能力、输出知识能力及建立知识库能力。并且，他根据团队学习能力的操作性定义，开发了测量团队学习能力的问卷。综合以上的众多量表及对团队学习内涵的分析，本书选择从行为的角度对团队学习进行测量。笔者参照Gibson和Vermeulen（2003）及Edmondson（1999b，2003）的量表，将团队学习的行为分成四个方面，即实验、沟通、反思和记录。这四种行为首尾相接，形成了团队学习的行为循环，形成一个完整的团队学习过程，即从这四个方面对团队学习进行测量可以较完整、全面地反映出团队中学习的水平。

# 第5章 团队学习有效性影响因素的实证

## 5.1 研究背景

进入21世纪以来，市场竞争的激烈程度已达到前所未有的强度。一个优秀的企业营销团队有利于企业提高市场占有率、扩大市场份额。可以说营销团队的胜利就是企业的胜利，因为它关系着企业的生存和发展，也为未来市场带来了相当的发展空间。提高企业的竞争力不完全是战略规划及组织结构的改变，更重要的是要拥有优秀的团队，如果没有一个优秀的团队来配合任务的完成，设计得再好的企业经营模式在实施上都会大打折扣，能从根本上改变企业命运的办法就是建立一个优秀、高效、执行力强的营销团队。任何一项任务都不是单靠一个人的努力就可以完成的，而是要依靠他人的协作、配合、帮助和支持才能完成。在这样的情况下，企业的长期发展需要营销团队的建设。

尽管人们在团队学习方面做了不少的研究，但还存在一些不足，主要体现在如下几个方面：①尽管关于团队学习的概念很多，但还需要建立一个更为系统、全面和整合性的学习团队的概念；②对团队学习的行为或过程有所研究，但对团队学习绩效的研究极少；③关于团队学习应该包含哪些行为种类的模型还缺乏系统性和严密性，因此需要明确地建立多维度的、具有逻辑性的行为结构；④需要在多维度的团队学习的基础上开发具有足够信度和效度的团队学习能力测量系统；⑤需要实证探索团队学习有效性（如绩效）的影响因素。对此，本书将要进行的工作是：建立团队学习绩效影响因素模型；开发具有足够信度和效度的团队学习测量系统；定量探讨团队学习影响因素与团队学习绩效之间的关系。

## 5.2 团队学习绩效研究

### 5.2.1 团队学习绩效概念及测量

团队学习研究始于20世纪90年代，是营销研究领域较为前沿的研究方向，从国外渐渐引入国内。国外研究者对团队学习模型的研究可谓异彩纷呈，各种模型层出不穷，比较有代表性的有：Huber和Hutchings（1922）系统观的学习过程论；Kasl等（1997）的多视角团队学习论；Edmondson（1999b）的团队学习与团队心理安全模型。

延续国外对团队学习的研究成果，国内团队学习模型的研究以陈国权（2007）和白明垠（2013）为代表。他们的研究视角各不相同，前者提出的团队学习模型是以组织学习为基础的；后者运用多种研究方法，提出为后续研究者所广泛接受的学习型团队的结构模型，他们的研究成果为推动团队学习在国内的深入研究做出了重要的贡献。

关于什么是团队绩效，一般认为它是团队成员在共同的目标指导下同心一致、合作努力达成的结果。基于不同的研究目标，不同的学者对团队学习的绩效构成表述差异较大。我们将国内外有关团队学习绩效研究的代表性成果列示如表5-1所示。

**表5-1　团队学习绩效的内涵构成**

| 研究学者 | 团队绩效的构成 |
| --- | --- |
| McGrath（1964） | 团队绩效含绩效结果和其他结果，绩效结果包括改进质量、快速处理问题、减少错误；其他结果包括提升工作满意度、增强团队凝聚力和改善团队态度 |
| Je-Well 和 Reitz（1981） | 团队绩效包括外在绩效和内在绩效，内在绩效包含凝聚力、服从性、影响力、工作满足感等；外在绩效包括生产力、顾客满意度决策、不同团队之间的互动关系 |
| Gladstein（1984） | 团队绩效由三个部分组成，一是团队的工作产出；二是团队成员的满意度；三是团队生命力 |
| Hackman（1987）；Sundstorm（1990） | 团队绩效包括团队的生产量、在工作过程中团队对成员的影响，提高团队及其成员的工作能力 |
| Nalder（1990） | 团队绩效包括三方面的内容：团队完成组织既定目标的情况；团队成员的满意感；团队成员继续协作的能力 |
| Sundstrom 等（2000） | 团队绩效可通过四个方面来衡量：绩效，指团队成员生产的结果；成员的满意感；团队习得，指团队成员所获得的新技能；外部满意感，指团队成员的行为满足外部环境的需求程度 |
| Guzzo 和 Dickson（1996） | 团队绩效通过三个方面来衡量，即团队的工作成果、团队的发展能力和团队成员的满意感 |
| Levi 和 Slem（1995） | 团队绩效用三个指标衡量，即组织效能、团队关系和个人获利 |
| Cohen 和 Bailey（1997） | 团队绩效主要包括团队任务，描述团队生产产品的数量、质量、效率等；团队成员的态度，即团队成员的承诺、满意度、对管理者的信任等；团队成员的行为，包括成员的反生产行为、缺勤、离职等 |
| 徐芳（2002） | 团队绩效包括三个方面：团队整体的工作成果（数量、质量、速度、顾客，满意度等）、成员个人的工作成果和团队未来工作能力的提升 |
| 殷伟（2010） | 团队绩效包括任务绩效、关系绩效和个体绩效 |
| 白明垠（2013） | 团队为完成既定目标所采取的行为及其结果，以及未来工作能力的提升 |

资料来源：白明垠. 变革型领导、团队学习与团队绩效：模型与机理[D]. 中国地质大学博士学位论文，2013

基于国内外的文献研究，我们认为，团队绩效的内涵包括以下方面：①团队任务绩效，主要指的是团队成员完成任务的数量、质量、效率、成本等方面；②团队成员满意度，主要是指团队成员对团队气氛的整体感知，以及对团队的情感依附；③团队的发展能力，是指团队成员能够凭借团队学习的经验提升个人能力进而增强对外部环境的适应性。

### 5.2.2　团队学习绩效影响因素

影响团队学习绩效的因素复杂多样，国内外的研究也从多个视角得出了不同的结论，总体而言，团队学习绩效的影响因素包括团队的规模、成员特质、任务特征、领导行为等。

首先，在团队规模与异质性研究方面，Magjuka和Baldwin（1991）利用72个制造业团队学习的数据进行了实证研究，结论支持团队规模和团队成员异质性与团队绩效之间的正向关系。与之类似，Campion等（2010）采集了80个团队的数据，实证研究表明团队规模与团队绩效的正向关系，然而团队的异质性特征与团队绩效却没有与Magjuka和Baldwin（1991）等预料的相一致。

其次，在任务特征和组织情境要素研究方面，Guzzo和Dickson（1996）的研究支持了任务特征、团队成员异质性以及团队所处的情境与团队绩效的正向作用效应。同时，Kanter（1988）的研究认为具有不同背景知识的成员集中在一起在共同的团队目标指引下易获得较好的团队学习绩效。与之类似，Pelled等（1999）构建并实证检验了团队冲突在团队异质性和团队绩效之间的中介效应。

最后，团队领导在团队绩效影响因素中的重要作用也引起了研究者们的重视。Eden（1994）以军队为研究对象，研究结论认为团队领导的威望越高，团队学习的绩效也好。除了领导的威望，团队领导的风格和个性特征也是显著影响团队学习绩效的重要因素。

承接国外学者的研究成果，国内的研究者们也对团队学习绩效的影响因素展开了热烈的讨论。王重鸣（2001）认为团队绩效的影响因素可以分为结构性因素和过程性因素。团队结构性因素包括团队成员的年龄、性别、指示构成的多样性；过程性因素包括团队的组织管理、合作氛围、管理激励机制等方面。黄存权（2004）将团队绩效影响因素分为更详细的四类，即团队的任务、团队学习所处的情境、团队成员合作及团队组织和管理要素。

## 5.3　团队学习绩效模型

### 5.3.1　变量测量

以往的研究表明，团队绩效的影响因素不仅包括团队学习的最终成果、团队成员的情感依附，还应该包含团队成员未来的发展潜力。因此，我们认为团队绩效应该包括如下几个方面：①团队任务绩效，主要指的是团队成员完成任务的数量、质量、效率、成本等方面；②团队成员满意度，主要指团队成员对团队气氛的整体感知，以及对团队的情感依附；③团队的发展能力，是指团队成员能够凭借团队学习的经验提升个人能力进而增强对外部环境的适应性。前人的研究发现，团队学习绩效受到团队内部和外部因素的影响，内部因素包括团队领导、团队成员、团队内部的关系。其中，团队领导因素可以从团队领导的工作投入程度、个人的工作风格和魅力以及是否具有创新性的工作思路等方面进行测量；团队成员因素的测量要素包括团队成员的归属感、与其他成员的良好协作和沟通以及知识和信息的互相交流意愿。团队关系侧重于团队整体气氛的融洽、合作默契等方面；外部的影响因素主要表现在有无来自上级领导的资金、资料和态度上的支持及完善的规章制度建设。

由此，我们在借鉴前人研究的基础上，经过修改得到表5-2的本书需要使用的测量指标。

**表 5-2  团队学习有效性及其影响因素测量**

| 变量 | | 编号 | 测量项 |
|---|---|---|---|
| 团队学习绩效 | | EF1 | 团队能及时地完成所要求的任务 |
| | | EF2 | 团队能够高质量地完成任务 |
| | | EF3 | 团队总是能产生新方法 |
| | | EF4 | 在团队中是可以良好沟通的 |
| | | EF5 | 团队冲突总能得到及时的解决 |
| | | EF6 | 团队关系很融洽 |
| | | EF7 | 每次活动团队成员都较少缺勤 |
| | | EF8 | 团队里拥有很多优秀的人才 |
| | | EF9 | 团队比其他团队更有效率 |
| 内部因素 | 团队领导 | LEA1 | 部长为我安排工作所需的人员支持或助手 |
| | | LEA2 | 部长能及时传达学校的安排 |
| | | LEA3 | 部长能尽其所能地努力工作 |
| | | LEA4 | 部长关注我对工作提出的意见和感受 |
| | | LEA5 | 部长时常提出创新性的研究和分析方法 |
| | | LEA6 | 部长风格鲜明，有领袖魅力 |
| | 团队成员 | MEM1 | 我愿意为团队寻求解决问题的新主意 |
| | | MEM2 | 在团队中我能很好地处理人际关系 |
| | | MEM3 | 如果可以选择，我宁愿作为团队的一员而不愿独自工作 |
| | | MEM4 | 每个团队成员的角色都十分明确，并为所有的成员所接受 |
| | | MEM5 | 我能和其他成员进行良好的沟通 |

续表

| 变量 | | 编号 | 测量项 |
|---|---|---|---|
| 内部因素 | 团队关系 | REL1 | 团队成员都愿意与其他成员分享与工作有关的知识和信息 |
| | | REL2 | 团队成员愿意帮助我解决工作中遇到的问题 |
| | | REL3 | 工作中我和团队成员配合默契 |
| | | REL4 | 团队成员都能清楚而准确地表达自己的意见 |
| | | REL5 | 我能在沟通时保持互相尊重的愉悦气氛 |
| | | REL6 | 团队成员互相保持密切的联系 |
| 外部因素 | | SUP1 | 团队有足够的资金支持 |
| | | SUP2 | 团队拥有充分的资料 |
| | | SUP3 | 团队得到了上级领导的支持 |
| | | SUP4 | 团队拥有足够的设备等硬件支持 |
| | | SUP5 | 团队拥有良好的规章制度支持 |

### 5.3.2　研究假设及结构方程建模

本章主要对团队学习影响因素与团队绩效之间的关系进行研究。因此，基于相关变量的文献综述、相应的测量模型及本章研究的目的，分别提出如下相应的研究假设。

$H_{5\text{-}1}$：团队领导对团队学习绩效具有正向作用。

$H_{5\text{-}2}$：团队成员对团队学习绩效具有正向作用。

$H_{5\text{-}3}$：团队关系对团队学习绩效具有积极的作用。

$H_{5\text{-}4}$：来自外部的支持程度对团队学习具有积极的促进作用。

图5-1描述了团队学习绩效的影响因素。

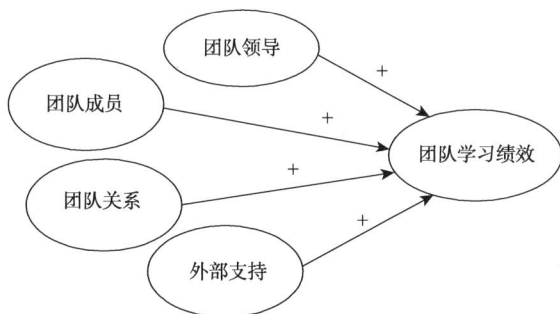

图 5-1　团队学习绩效影响因素图

## 5.4　数据的收集和描述性统计分析

### 5.4.1　数据收集

由于时间和条件所限，我们的问卷调查以一所大学的学生社团为对象，选择的理由是大学生社团和营销团队有共同之处，作为一个工作团队都是基于共同的目标和价值观创建的，就如同营销团队是基于销售目的创建的一样。社团的管理有一套严谨的规章制度，社团成员通过互相协作不断产生新思想、新方法，这和营销团队的创新营销都有异曲同工之处。调查时，我们要求被调查者回忆他所参加的社团，根据他们的实际感受回答问卷中的问题。

此次通过QQ和Email共发放电子问卷30份，回收27份，回收率90%；通过实地调研发放纸质问卷170份，回收158份，回收率为92.94%。仔细检视收回的问卷，排除问卷填答内容50%以上不全的以及所有填答均为同一个答案的12份问卷，剩余的为有效问卷，共173份，有效率达86.5%。

### 5.4.2　描述统计分析

首先运用Excel对样本数据的基本信息进行描述性统计。在本次调查中，被调查对象男性占36.4%，女性占63.6%，如表5-3所示；一年级大学生占25.4%，二年级大学生占26.0%，三年级大学生占27.2%，四年级大学生占21.4%，如表5-4所示；调查的社团共计25个，其中社团的年级构成如表5-5所示。所有变量的测量指标的描述性统计值如表5-6所示。

表 5-3　性别分布

| 性别 | 频数 | 百分比/% |
|---|---|---|
| 男 | 63 | 36.4 |
| 女 | 110 | 63.6 |
| 总计 | 173 | 100.0 |

表 5-4　所在年级分布

| 所在年级 | 频数 | 百分比/% |
|---|---|---|
| 大一 | 44 | 25.4 |
| 大二 | 45 | 26.0 |
| 大三 | 47 | 27.2 |
| 大四 | 37 | 21.4 |
| 总计 | 173 | 100.0 |

表 5-5　团队人数分布

| 社团名称 | 人数/人 | 占比/% |
|---|---|---|
| 爱心社 | 9 | 5.20 |
| 博爱心理咨询社 | 1 | 0.58 |
| 创业俱乐部 | 42 | 24.28 |
| 大学生技能训练营 | 2 | 1.16 |
| 读者协会 | 25 | 14.45 |
| 合唱团 | 1 | 0.58 |
| 会计精英学会 | 2 | 1.16 |
| 经协 | 16 | 9.25 |
| 静墨轩 | 12 | 6.94 |
| 篮球俱乐部 | 1 | 0.58 |
| 烂漫樱花 | 1 | 0.58 |
| 洛克音乐 | 1 | 0.58 |
| 排球协会 | 2 | 1.16 |
| 乒乓社 | 1 | 0.58 |
| 青协 | 2 | 1.16 |
| 市场营销协会 | 20 | 11.56 |
| 体育联盟 | 4 | 2.31 |
| 武术社 | 2 | 1.16 |
| 舞蹈协会 | 8 | 4.62 |
| 嘻哈戏剧社 | 13 | 7.51 |
| 翔宇文学社 | 1 | 0.58 |
| 校自管会 | 1 | 0.58 |
| 羽毛球协会 | 3 | 1.73 |
| 周恩来协会 | 2 | 1.16 |
| 足球社 | 1 | 0.58 |
| 合计 | 173 | 100 |

表 5-6　测量变量的描述统计

| 维度 | 测量项 | $N$ | 极小值 | 极大值 | 均值 | 标准差 | 方差 |
|---|---|---|---|---|---|---|---|
| 团队学习绩效 | EF1 | 173 | 1 | 5 | 4.190 751 | 0.648 275 62 | 0.420 261 |
| | EF2 | 173 | 1 | 5 | 4.011 561 | 0.797 310 79 | 0.635 705 |
| | EF3 | 173 | 1 | 5 | 3.838 150 | 0.897 872 27 | 0.806 175 |
| | EF4 | 173 | 1 | 5 | 3.982 659 | 0.763 881 09 | 0.583 514 |
| | EF5 | 173 | 1 | 5 | 3.861 272 | 0.807 015 91 | 0.651 275 |
| | EF6 | 173 | 1 | 5 | 3.930 636 | 0.850 595 27 | 0.723 512 |

续表

| 维度 | 测量项 | $N$ | 极小值 | 极大值 | 均值 | 标准差 | 方差 |
|---|---|---|---|---|---|---|---|
| 团队学习绩效 | EF7 | 173 | 1 | 5 | 3.699 422 | 0.913 514 28 | 0.834 508 |
| | EF8 | 173 | 1 | 5 | 4.040 462 | 0.862 570 31 | 0.744 028 |
| | EF9 | 173 | 1 | 5 | 3.919 075 | 0.869 745 34 | 0.756 457 |
| 团队领导 | LEA1 | 173 | 1 | 5 | 3.757 225 | 0.905 358 07 | 0.819 673 |
| | LEA2 | 173 | 1 | 5 | 3.982 659 | 0.793 572 36 | 0.629 757 |
| | LEA3 | 173 | 1 | 5 | 4.080 925 | 0.835 854 94 | 0.698 653 |
| | LEA4 | 173 | 1 | 5 | 3.826 590 | 0.770 847 77 | 0.594 206 |
| | LEA5 | 173 | 1 | 5 | 3.716 763 | 0.870 590 08 | 0.757 927 |
| | LEA6 | 173 | 1 | 5 | 3.797 688 | 0.846 342 27 | 0.716 295 |
| 团队成员 | MEM1 | 173 | 1 | 5 | 4.080 925 | 0.800 531 08 | 0.640 85 |
| | MEM2 | 173 | 1 | 5 | 4.023 121 | 0.774 997 72 | 0.600 621 |
| | MEM3 | 173 | 1 | 5 | 3.947 977 | 0.938 981 71 | 0.881 687 |
| | MEM4 | 173 | 1 | 5 | 3.820 809 | 0.923 192 15 | 0.852 284 |
| | MEM5 | 173 | 1 | 5 | 4.028 902 | 0.807 678 08 | 0.652 344 |
| 团队关系 | REL1 | 173 | 1 | 5 | 3.947 977 | 0.746 985 43 | 0.557 987 |
| | REL2 | 173 | 1 | 5 | 3.907 514 | 0.834 654 86 | 0.696 649 |
| | REL3 | 173 | 1 | 5 | 3.861 272 | 0.828 225 07 | 0.685 957 |
| | REL4 | 173 | 1 | 5 | 3.682 081 | 0.831 164 83 | 0.690 835 |
| | REL5 | 173 | 1 | 5 | 4.080 925 | 0.740 516 35 | 0.548 364 |
| | REL6 | 173 | 1 | 5 | 3.820 809 | 0.891 336 23 | 0.794 48 |
| 外部支持 | SUP1 | 173 | 1 | 5 | 3.531 792 | 1.017 406 72 | 1.035 116 |
| | SUP2 | 173 | 1 | 5 | 3.578 035 | 0.925 541 65 | 0.856 627 |
| | SUP3 | 173 | 1 | 5 | 3.768 786 | 1.005 049 23 | 1.010 124 |
| | SUP4 | 173 | 1 | 5 | 3.393 064 | 1.040 430 31 | 1.082 495 |
| | SUP5 | 173 | 1 | 5 | 3.716 763 | 1.017 538 08 | 1.035 384 |

## 5.5 基于结构方程模型的实证分析

### 5.5.1 问卷的信度和效度检验

测量问卷的信度有很多种统计量可供选择，具体使用哪一个取决于研究目的和信度工具的可得性。Cronbach（1951）在1951年提出的克龙巴赫 $\alpha$ 系数，被人认为是目前最常用的信度统计量。他认为，当 $\alpha$ 值越高，变量的测量项目的结果越趋一致，即问卷信度越高。Guieford（1965）指出当 $\alpha$ 系数低于0.35，则属低信度，问卷不适用；若 $\alpha$ 系数大于0.7，则表示信度相当高，即问卷设计佳；若 $\alpha$ 系数介于0.35~0.7，则属中信度，即问卷可接受。Nunnally（1978）认为因子的克龙巴赫 $\alpha$

值平均大于0.6即可。

效度（validity）即有效性，它是指测量工具或手段能够准确测出所需测量的事物的程度。效度分析有多种方法，其测量结果反映效度的不同方面。常用于调查问卷效度分析的方法主要有表面效度（face validity）、准则效度（criterion validity）、建构效度（construct validity）。效度分析最理想的方法是利用因子分析测量量表或整个问卷的结构效度。因子分析的主要功能是从量表全部变量（题项）中提取一些公因子，各公因子分别与某一群特定变量高度关联，这些公因子即代表了量表的基本结构。通过因子分析可以考察问卷是否能够测量研究者设计问卷时假设的某种结构。在因子分析的结果中，用于评价结构效度的主要指标有累积贡献率、共同度和因子负荷。累积贡献率反映公因子对量表或问卷的累积有效程度，共同度反映由公因子解释原变量的有效程度，因子负荷反映原变量与某个公因子的相关程度。在SEM（structural equation modeling，即结构方程模型）分析中，聚合效度还通常由潜在变量提取的平均方差（average variance extracted，AVE）来说明。

在Visualpls软件上构建结构方程模型，测量变量负荷系数和信度效度检验指标值如表5-7和表5-8所示。

表 5-7　变量的测量项目的负荷系数

| 测量项 | 团队领导 | 团队成员 | 团队关系 | 外部支持 | 团队学习绩效 |
|---|---|---|---|---|---|
| LEA1 | 0.741 7 | 0.440 2 | 0.365 0 | 0.377 5 | 0.491 9 |
| LEA2 | 0.721 5 | 0.432 6 | 0.396 6 | 0.396 8 | 0.210 3 |
| LEA3 | 0.788 4 | 0.236 9 | 0.234 9 | 0.453 5 | 0.278 1 |
| LEA4 | 0.713 1 | 0.395 0 | 0.422 5 | 0.310 0 | 0.485 1 |
| LEA5 | 0.824 4 | 0.110 0 | 0.334 4 | 0.405 1 | 0.376 6 |
| LEA6 | 0.782 2 | 0.498 4 | 0.348 4 | 0.485 4 | 0.161 7 |
| MEM1 | 0.461 6 | 0.767 9 | 0.050 9 | 0.385 9 | 0.224 7 |
| MEM2 | 0.322 4 | 0.813 2 | 0.052 2 | 0.371 1 | 0.522 7 |
| MEM3 | 0.304 9 | 0.541 4 | 0.467 4 | 0.296 6 | 0.289 0 |
| MEM4 | 0.466 5 | 0.779 8 | 0.306 6 | 0.491 5 | 0.101 3 |
| MEM5 | 0.219 8 | 0.798 9 | 0.309 5 | 0.478 2 | 0.475 9 |
| REL1 | 0.481 4 | 0.082 5 | 0.763 5 | 0.360 7 | 0.122 8 |
| REL2 | 0.502 2 | 0.278 7 | 0.800 9 | 0.397 9 | 0.483 9 |
| REL3 | 0.470 3 | 0.248 9 | 0.788 8 | 0.405 3 | 0.226 3 |
| REL4 | 0.489 3 | 0.382 0 | 0.771 3 | 0.302 8 | 0.327 9 |
| REL5 | 0.528 3 | 0.435 1 | 0.784 6 | 0.478 9 | 0.241 1 |

续表

| 测量项 | 团队领导 | 团队成员 | 团队关系 | 外部支持 | 团队学习绩效 |
|---|---|---|---|---|---|
| REL6 | 0.374 1 | 0.443 3 | 0.708 3 | 0.362 5 | 0.488 2 |
| SUP1 | 0.312 7 | 0.401 4 | 0.376 7 | 0.792 1 | 0.350 2 |
| SUP2 | 0.443 9 | 0.410 4 | 0.454 8 | 0.843 7 | 0.013 8 |
| SUP3 | 0.444 5 | 0.437 6 | 0.408 9 | 0.801 6 | 0.431 1 |
| SUP4 | 0.323 4 | 0.330 8 | 0.415 3 | 0.761 4 | 0.358 1 |
| SUP5 | 0.542 2 | 0.353 2 | 0.498 8 | 0.811 9 | 0.388 3 |
| EF1 | 0.498 5 | 0.367 1 | 0.384 5 | 0.368 7 | 0.697 5 |
| EF2 | 0.559 4 | 0.450 0 | 0.004 2 | 0.497 9 | 0.802 4 |
| EF3 | 0.431 1 | 0.446 6 | 0.415 5 | 0.371 6 | 0.693 9 |
| EF4 | 0.391 8 | 0.335 1 | 0.435 7 | 0.310 7 | 0.640 7 |
| EF5 | 0.523 8 | 0.431 7 | 0.487 4 | 0.392 5 | 0.745 7 |
| EF6 | 0.426 7 | 0.440 7 | 0.487 5 | 0.359 9 | 0.649 5 |
| EF7 | 0.454 9 | 0.423 6 | 0.386 6 | 0.338 0 | 0.574 2 |
| EF8 | 0.544 7 | 0.049 7 | 0.369 1 | 0.488 8 | 0.715 4 |
| EF9 | 0.570 5 | 0.017 5 | 0.331 6 | 0.484 2 | 0.779 0 |

表 5-8　因子的信度和效度检验指标

| 因子 | 组合信度 | 平均变异抽取 | 克龙巴赫系数 |
|---|---|---|---|
| 团队领导 | 0.892 | 0.582 | 0.856 |
| 团队成员 | 0.861 | 0.558 | 0.792 |
| 团队关系 | 0.897 | 0.593 | 0.861 |
| 外部支持 | 0.900 | 0.644 | 0.863 |
| 有效性 | 0.897 | 0.494 | 0.867 |

　　由表5-7和表5-8可以看出，团队领导、团队成员、团队关系、外部支持和团队学习绩效因子的组合信度分别为0.892、0.861、0.897、0.900、0.897，均明显高于可接受的临界值0.5，所有因子的克龙巴赫系数均高于0.7的优良临界值，这说明本书的因子具有很好的信度内部一致性；所有变量的负荷系数都超过了0.7，平均变异抽取统计量值都超过0.5的临界值，说明本书所使用的变量具有足够的聚合效度。由此，问卷数据通过了信度和效度检验，数据质量得到了保证，可用于结构方程的因果关系检验。

## 5.5.2　结构方程的因果关系检验

　　运用Visualpls软件，第3章构建的结构方程运行结果如表5-9所示。

表 5-9　基于 Visualpls 软件的结构方程实证检验结果

| 假设 | 系数 | 标准误差 | $t$ 统计值 |
|---|---|---|---|
| $H_{5\text{-}1}$: 团队领导→有效性 | 0.388 | 0.393 | 6.049*** |
| $H_{5\text{-}2}$: 团队成员→有效性 | 0.092 | 0.116 | 1.119* |
| $H_{5\text{-}3}$: 团队关系→有效性 | 0.261 | 0.254 | 2.744*** |
| $H_{5\text{-}4}$: 外部支持→有效性 | 0.180 | 0.176 | 2.252*** |

*、***表示 $t$ 统计值分别在 0.1 和 0.01 水平上显著

由表5-9的数据可以发现，我们假设的4个影响因素对团队学习绩效作用的路径系数（$t$检验值）分别为0.388（6.049）、0.092（1.119）、0.261（2.744）和0.180（2.252），除了团队成员因素在0.1水平上显著外，其他三个因素均在0.01水平上显著。因此，我们可以得出结论：在我们假设的4个影响有效性绩效的因素中，团队领导、团队关系和外部支持三个因素显著影响到营销团队学习的绩效，营销团队的成员对学习团队绩效产生弱影响。

## 5.6　对策和建议

基于我们的研究结论，本书对提升团队学习绩效提出以下对策和建议。

### 5.6.1　积极发挥团队领导者的作用

团队绩效的重要影响因素之一就是团队领导者的行为与态度，团队领导的不同领导风格会对团队产生不同的效果。从问卷的分析结果来看，团队领导是营销团队学习有效性的最大影响因素，这是有一定理由的。团队领导是一个团队的"领头羊"和"排头兵"，选择团队成员，应该充分考虑到团队成员每个人的特点，选择能适应领导风格的员工进入团队。一个组织的成败往往取决于组织的领导，一个企业拥有一个好的团队领导，就会吸引更多的人才和精英，团队的力量就更加壮大。

### 5.6.2　建立良好的沟通机制

沟通是学习、共享的过程，在交流的过程中可以了解彼此的想法，促使团队顺利合作。然而，由于每个人家庭背景和受教育程度的不同，对团队的管理和任务有自己的想法，只有沟通才能让团队有效工作。在团队合作中，没有良好的沟通导致团队工作不能及时有效地完成是很常见的问题，因为每个人都有自己的想法，没有有效的沟通就容易导致大家对任务的理解不一样，甚至会产生一些逆反心理，觉得团队不尊重成员的意见，不能找到归属感，势必影响团队成员的工作

情绪。

### 5.6.3　实施团队激励制度

团队激励机制可以很大程度上调动成员的积极性，达到事半功倍的效果。每个人都是为了一定的利益去做某些事的，工作更是这样，每个人都希望在工作中能得到一些东西，但每个人希望的不一样。团队领导应该以某种方式对团队成员进行激励，如奖金、股权、旅游激励等，而现实是很多团队领导者只重视对团队整体和结果的评价，而忽视了对每个人及学习过程的评价。每个人的努力得不到回报，多次活动下来团队成员的积极性就会受到影响，从而影响营销团队学习的有效性。

### 5.6.4　给予更多的外部支持

对一个团队的建设，不仅要依靠团队自身的努力，更离不开外部条件的支持。而对于营销团队来说同样如此，营销团队作为一线的员工，需要财务部、市场部、人事部等其他各个部门的配合，这样营销团队才能无后顾之忧地开展工作，组建出高效的营销团队，取得良好的业绩。因此，一个高效的团队应该积极同外部进行沟通，取得各方面的认同和理解，不断分享各种信息，促进团队自身的优化，最终达到提高团队效率的目的。

# 第6章  技术创新绩效研究

## 6.1  技术创新概念

技术创新对一个企业、一个区域或一个国家的发展具有非常重要的意义，因此，自熊彼特首次提出创新理论以来，学者们从不同学科和不同角度对技术创新问题进行了大量的研究和探索，它已成为一个涉及经济学、管理学、生态学等多学科领域的研究课题，相应的技术创新理论也得到不断的演进。

### 6.1.1  经济学意义上的技术创新理论

技术创新的概念最早来源于美籍奥地利著名经济学家熊彼特所著的《经济发展理论》一书中的创新理论。按照熊彼特（1990）的观点，创新是指建立一种新的生产函数，即把生产要素与生产条件的新组合引入生产体系，以获得企业家利润或潜在的超额利润的过程。熊彼特所指的"新组合"包括以下内容：①生产新产品或提供一种产品的新质量；②采用一种新的生产方法、新技术或新工艺；③开辟新的市场；④获得一种原材料或半成品的新的供给来源；⑤实行新的企业组织方式或管理方法。通常，人们将熊彼特阐述的五种形式的创新归纳为以下三大类：①技术创新，主要包括产品创新与工艺创新，其中产品创新分为渐进性的产品创新与突破性的产品创新，工艺创新包括开发出的新方法、新工艺及采用新设备等。②市场创新，是指通过市场细分而开拓出的新的产品市场以及在原有市场份额基础上新增的市场份额。③组织创新，是指改变原来的组织形式及建立新的经营组织等。1939年，熊彼特出版了《经济周期》这部专著，研究了创新在资本主义经济发展长周期中的作用，他把创新理论置于经济发展理论的核心地位，认为创新是打破经济静止均衡状态、促进经济增长的原动力。随后，熊彼特又于1942年出版了《资本主义、社会主义和民主主义》这部专著，对创新理论加以补充与完善，逐渐形成了经济学意义上的技术创新理论体系。

随着技术创新在经济增长中的作用日益突出，学者们对熊彼特的创新理论给予越来越多的关注，技术创新理论在经济学领域的研究得以迅速发展，并逐渐演化为以下四大理论流派（彭靖里等，2006）。

（1）新古典经济学派。该学派以阿布拉莫维茨、索洛、阿罗和罗默等为代表人物，并形成了两个基本观点。第一，技术创新与劳动力、资本及自然资源一样都是经济增长的基本因素与内生变量，阿罗等将其纳入著名的技术进步索洛模型。第二，技术和其他商品一样存在外部性等市场失灵，适当的政府干预（包括税收、金融、政府采购、法律等间接调控手段）将极大提高技术创新对经济增长的促进作用。

（2）新熊彼特学派。该学派以曼斯菲尔德、卡曼、施瓦茨、列文等为代表人物，把熊彼特的创新理论和研究方法同新古典经济学派的经济理论（即微观经济理论）结合起来，强调了技术创新在经济增长中的核心作用，并在熊彼特的创新类型基础上，进一步界定了技术创新的概念、内容和主要类型。该学派侧重研究市场结构及企业的组织行为等因素对技术创新的影响，并提出了技术创新过程、企业家创新、技术创新扩散及创新周期等模型。

（3）制度创新学派。该学派以戴维斯、诺斯等为代表人物，利用新古典经济学理论中的一般静态均衡及比较静态均衡方法，对技术创新的外部环境进行制度分析。该学派认为，由于技术创新活动存在个人收益与社会收益的巨大差距，只有进行产权制度的创新才会增加技术创新的个人收益，从而提高人们进行技术创新的积极性，因此制度创新决定技术创新。同时，该学派并不否认技术创新对制度创新的作用，认为技术创新不仅可以通过增加制度安排改变潜在利润，而且可以降低制度安排的操作成本，从而使建立更为复杂的经济组织及股份公司变得有利可图。

（4）国家创新系统学派。该学派以多西、弗里曼及纳尔逊为代表人物，强调了国家创新系统在推动技术创新中的重要作用，同时也将创新作为国家变革与发展的关键动力系统。所谓国家创新系统是指参与创新资源配置及影响创新资源利用效率的行为主体、关系网络、运行机制的综合体系。在国家创新系统中，通过国家制度的安排及其相互作用，创新主体（包括政府、企业、大学、研究机构及中介机构等）能够有效推动知识的创新、引进、扩散与应用，从而使整个国家取得更好的技术创新绩效。

## 6.1.2　管理学意义上的技术创新理论

受到熊彼特的"企业是生产要素与生产条件的新组合"以及"企业家的本质是创新"等观点的影响，学者们开始关注技术创新对促进企业可持续发展与获取竞争优势的重要作用，以及企业在技术创新中的主体地位。随后，学者们从管理学的角度对企业技术创新的模式、过程及影响因素等方面进行了系统与深入的研究，形成了管理学意义上的技术创新理论，并基于不同时期形成了以下不同的理论观点。

（1）技术创新是一个非连续事件的组合。20世纪40~50年代，基于熊彼特的创新理论，学者们开始了对企业技术创新活动的系统研究。在这一时期，由于研究还处于起步阶段，研究的侧重点在于企业技术创新系统活动中的各构件，注重对单一、线性及内源式技术创新管理的研究，因此，这一阶段的学者认为技术创新是一个非连续事件的组合（张方华和林仁方，2004）。技术创新起源于独立的发明家与研究者所开发出的新知识，如果企业家认为这些新知识的有效应用具有较大的未来市场潜力，那么他就会冒险将这些新知识引入企业内部，并与其他的生产要素进行"新组合"（熊彼特称其为创新），以生产出符合市场需求及客户需求的新产品或新服务，从而获取熊彼特所谓的"企业家利润"或潜在的超额利润。

（2）技术创新是一个连续的线性过程。20世纪80年代后，随着研究活动的不断深入，学者们逐渐意识到技术创新不再是一个非连续事件的组合，而是一个从新思想或新发现的产生到概念形成、研究、开发、试制、评价、生产制造、首次商业化及扩散的连续的线性过程（陈劲和陈钰芬，2006）。这种观点强调以下两点：第一，技术创新是一个过程概念，在这个复杂的过程中，任何一个环节出现问题，都将导致技术创新的滞后甚至失败；第二，企业内部信息交流在技术创新的线性过程中具有重要作用，首次成功的商业化是技术创新的必要条件。

（3）技术创新的社会网络理论。随着经济与社会的不断发展，企业技术创新出现了新的发展态势：①技术创新的周期缩短、新技术层出不穷；②技术创新的跨领域特征日益明显；③技术复杂性和不确定性逐渐增加。在这样的环境下，单一企业难以独立从事技术创新活动，技术创新的组织形式开始从集中化向网络式发展。因此，有学者提出了技术创新的社会网络理论（Dyer and Singh，1998），认为技术创新不再是通过在研究、开发与生产方面采取一系列分散的步骤而实现的过程，而是一个借助动态的生产关系或合作创造价值的网络而实现的社会过程（弗泰恩和阿特金森，2000）。在社会网络范式下，技术创新的成功不仅取决于技术因素，更重要的是取决于企业与利益相关者（包括政府、客户、供应商、竞争对手、银行等金融机构、高校等科研机构）之间的紧密联系、相互信任、互惠准则及开明长远的自我利益。

（4）全面创新管理。20世纪90年代以来，随着企业创新实践的进一步发展，创新理论也变得更加系统化，出现了众多基于不同观点的创新理论，如创新的生命观与生态观、集成的创新观、系统创新观、用户与供应商创新观、全时空创新观、全流程创新观、全员创新观、全球化（全地域）创新观及全面创新观等（许庆瑞等，2006）。我国学者许庆瑞等（2002）在对上述观点进行提炼与创新的基础上，首次提出了全面创新管理的概念与理论框架。全面创新管理着重强调了以下四个观点：①全要素创新。创新要遵循系统观及全面观的思想，将技术、市场、组织、战略、管理、制度及文化等各种创新要素进行有机组合与全面协同。②全员创新。创新不再仅是企业技术人员与研发人员的专利，而应是全体员工（研发人员、生产人员、销售人员、财务人员及行政人员等）共同的行为，甚至还包括供应商、客户及股东等利益相关者。③全时空创新。企业要实现时时创新（每周七天/每天24小时）与处处创新（包括企业内部空间与外部空间）。④全面协同。各创新要素在全员参与及全时空领域的框架下进行全方位的协同匹配，以实现协同效应，从而促进企业创新绩效的提高。

### 6.1.3　生态学意义上的技术创新理论

在人类近百年的工业化进程中，技术创新在促进经济增长以及为人类创造物质财富的同时，逐渐引起了人类生存环境的恶化，使经济增长的速度与质量受到越来越大的限制，最终弱化了技术创新的作用。这就要求我们重新审视建立在工业文明价值观基础之上的技术创新，要求技术创新从传统的主要依赖资源环境、追求超额商业利润向谋求人与生态和谐共处的方向转变。20世纪80年代，有学者基于生态学的视角，开始关注技术创新和生态保护的关系，并逐步形成了生态学意义上的技术创新理论。生态化技术创新，也被称为绿色技术创新或技术创新生态化，是生态学思想向传统技术创新渗透的一种新型创新模式，它在技术创新的各个阶段全面引入生态的因素，仍然以经济增长为中心，努力追求自然生态平衡、社会和谐有序及人的全面发展，从而引导技术创新朝着经济、社会与环境之间良性循环的方向发展（尹艳冰和吴文东，2009）。上述定义包含了以下三个方面的内涵。

（1）生态化技术创新是一种渗透着生态因素的创新模式。生态化技术创新把生态因素融入技术创新的全过程，包括产品设计、生产、销售、使用和维护及报废处理等各个阶段。

（2）生态化技术创新仍然以促进经济增长为核心。一方面，生态化技术创新提高了资源的循环利用效率，提高了生产要素的产出率，促使经济增长的可持续能力进一步提升；另一方面，生态化技术创新提高了经济增长的质量，使资源配置、产业技术构成和经济结构得到优化。

（3）生态化技术创新以促进经济、社会和生态协调发展为目的。生态化技术创新在注重经济增长的同时，不仅关注社会进步与和谐，还关注节约资源和保护环境，力求在经济、社会与生态环境三者之间形成一种超循环结构，在这种超循环结构中，通过生态化技术创新这一手段，有效实现了经济系统的持续、社会系统的和谐及生态系统的循环。

关于生态化技术创新的研究成果主要集中在技术创新过程生态化与技术创新经济范式两个方面。在技术创新过程生态化研究方面，比较有代表性的人物是Kusz

和Hopfenbeck等。Kusz（1991）提出了一个基于传统技术创新线性模型的生态技术创新过程模型。在这个模型中，随着产品创新过程的持续进行，环境原则被整合进入创新过程的每一个阶段，即认识、分析、定义、开发、选择、精炼、规划、开发实施、生产、扩散、市场化。他的模型实际上可以概括为环境设计到面向环境的制造再到面向环境的营销过程。这一生态经营链从全面质量管理的角度，结合企业业务流程重组思想与实践，提出了一个生态技术创新过程框架。

该过程模型注重企业在日常的质量管理与渐进创新改革过程中，改善创新管理，从而提高创新收益。

在技术经济范式研究方面，比较有代表性的人物是Nelson和Winter及Freeman和Pérez等。Nelson和Winter（1977）认为，生态技术是一种完全不同于现有技术轨迹的新的技术范式，其创新受制于技术机会、技术创新的选择环境、学习效应等多重因素，创新是一个决策与选择过程，创新的选择环境对创新有着巨大的影响。Freeman和Pérez（1988）研究了技术范式的变迁，他们认为，向可持续范式的变迁不仅仅是能源与资源部门的事，环境问题也需要变革社会行为、消费模式及生活方式等诸多制度因素。因此，可持续发展所要求的技术变迁不是一系列关键的变革，而是伴随着一系列相关技术、组织、制度环境的变迁努力做到"技术经济范式"生态化。

## 6.2 技术创新的影响因素

技术创新决定企业的业绩和生存。对于高新技术企业而言，良好的技术创新效率是至关重要的。自20世纪50年代以来，伴随着人们对技术创新理论及实践研究的不断深入，有关学者，如Werker和Jansze就开始对技术创新成败的影响因素进行研究和分析，并将这些影响因素称为创新要素或动因。例如，Cater和Williams（1958）早在1957年就为英国贸易部做过一个将科学研究应用于工业产品与工艺的有利和不利因素的调查研究。英国Sussex大学的科技政策研究所（Science and Technology Policy Research，SPRU）于20世纪70年代就在Freeman等的领导下承担过著名的SAPPHO计划，该项目对29对创新成功和失败的创新项目进行了测度，并从中提炼出6个影响创新成败的最重要因素：是否了解用户需要；研发部门、生产部门与市场营销部门的合作状况；与外界的科技网络的联系程度；研发质量的高低；高层创新者是否具有成功的经验与权威；企业内部是否开展相应的基础研究。

1966~1972年，英国经济学家Langrish（1972）对84个被英国女王授予技术创新奖的创新项目进行研究后认为，有7个因素对企业技术创新的成功起着非常重要的影响作用，其中包括：一个具有权威的高层领导；具有其他品质的杰出人物；对市场需求的清楚了解；对某一项发现的潜在价值和用途的认识；良好的合作；

资源的可获得性；来自政府方面的帮助。

总之，许多学者的研究都证实，影响企业技术创新成败的因素是多方面的，而不只是用简单的因素就可以阐明的。技术创新的成功意味着多个组织之间的合作，并且相互之间保持着一种平衡与协作，而不是一两件事做得好就能获得成功。Rothwell（1992a）从项目和企业层面出发，通过实证分析，分别总结出5个决定创新成败的因素，其中包括鼓励创新的文化、项目间的沟通、强烈的市场导向、组织的灵活性等。高建和傅家骥（1996）对我国1 051家企业技术创新活动进行调查分析后指出，我国企业技术创新在各方面都存在一定的障碍，缺乏资金、缺乏人才、缺乏信息和体制不顺是目前企业技术创新的四大障碍。同时，他们还将影响我国企业技术创新成败的因素分为内部和外部两种因素，其中内部因素包括高层领导的支持，研发部门、营销部门与生产部门的合作，技术带头人，合理的体制等；而外部因素则包括得到消费者或供应者的合作与支持、政府的支持、与研究机构的合作、与大学的合作、获得咨询服务及与其他公司的合作等。

1982年在Maidique领导下启动的斯坦福创新计划（Stanford innovation project），迄今已对美国工业技术创新进行了近20年的跟踪调查和分析，全程研究了美国电子工业的159种新产品的研究和开发，并归纳出决定高技术创新项目成功与失败的8大因素，它们是市场知识的获取、计划的制订、开发中的组织与协调、是否重视市场营销、创新管理、产品的边际贡献率、早期市场进入、新产品的技术及市场与企业现有产品的接近度。饭沼光夫和罗再清（1986）对200个技术开发实例进行调查和分析后发现，其中有三分之一的技术开发项目最终都是以失败告终的。然后，他们通过进一步分析发现，这些技术开发项目失败的主要原因并非全是"技术性"的，而是技术、市场和生产三方面的因素各占三分之一。

方新（1997）通过对我国大中型企业技术创新的调查问卷分析，总结出阻碍我国企业开展技术创新的三个主要因素。一是资金缺乏。研究表明，资金缺乏是阻碍我国企业技术创新活动开展的最重要的因素，其原因主要是创新资金主要来自企业内部，由于约33%的企业经营亏损，近25%的企业流动资金紧张，加上其他一些原因，共有70%的企业提供的研发费用不足销售收入的1%，远远低于企业技术创新活动对资金的需求水平。二是缺乏市场信息。一方面是市场信息少，企业很难从外部获取有利于技术创新活动的相关信息，另一方面则是市场信息非常混乱，而且不准确和不及时，企业很难及时地获取市场需求信息。三是缺乏从事技术创新活动的人才。既缺乏开展创新活动的工程技术人才，更缺乏具有创新意识和创新精神的企业家，致使企业很难有效地开展技术创新活动。赵曙东（1999）对我国高新技术企业技术创新活动进行调查分析后得出这样的结论，即企业技术创新的主要障碍依次为：①人才缺乏；②资金不足；③政策激励力度不大；④信息交流不多；⑤创新回报收益的风险大；⑥国内需求结构滞后；⑦缺乏科技投资风险的规避机制等。而且无论是国有、私营还是三资的高新技术企业，都认为人才制约是技术创新的主要障碍，其次是资金不足等。

周庄和王宏达（2002）通过抽样的方法对天津市的大中型工业企业的技术创新状况进行了调查分析，最后总结了影响企业技术创新的各种因素，其中包括能否及时地获取市场信息、是否具有较强的研发能力、研发的投入能否保证和是否拥有合适的人才等。徐小东（2003）对技术创新成败归因列举进行调研与分析后认为，技术创新的成败归因主要集中在以下8个方面：①能力（创新的综合知识技能与技术开发能力）；②努力（在创新活动中认真尽力与投入的程度）；③经验（以往从事过的创新工作经历，成功与失败的经验和教训）；④组织与协调（创新过程的活动协调与人员组织配合；⑤任务难度（创新过程中的技术性困难和生产工艺的困难；⑥支持（创新过程中组织中的高层和其他群体提供的帮助和支持）；⑦市场环境（创新项目所面临的市场需求、用户偏好及竞争者方面的问题）；⑧机遇（创新活动过程中预料之外的一些有关事件）。

广东省科学技术委员会的一项调查也表明，缺乏资金、缺乏相应的技术信息和市场信息，以及缺乏合适的技术人才是阻碍我国企业技术创新成功的最重要的三个因素。官建成（2004）对我国企业与欧洲工业企业技术创新进行比较分析后指出，对我国企业而言，缺乏资金是最重要的障碍因素。例如，在被调查企业中，有75%的大中型企业及62%的高新技术企业将资金缺乏视为阻碍技术创新活动的最主要的影响因素；同时，缺乏创新信息也是一个主要的创新障碍，这种信息主要包括技术和市场两种信息。例如，41.7%的被调查企业认为创新信息缺乏是一个重要的创新障碍因素。

总结以上分析可以看出，影响企业技术创新成败的因素是多方面的，但是，最主要的影响因素是创新资源的稀缺，尤其是市场信息、研发资金和知识的短缺最为显著。

## 6.3 技术创新绩效的概念

对绩效（performance）一词的定义目前仍未形成一致的说法。根据《韦氏词典》的解释，绩效指的是完成某种任务或达到某个目标，该任务和目标通常是有功能性或者有效能的。因此，从语言学意义上看，绩效的基本含义是成绩和效益。不少管理学者也从不同角度对绩效做了界定，Zey-Ferren主张绩效应该包括创新、冲突减少、效能、效率、工作满足与员工士气。Aganwal等（2000）指出，绩效可分为客观绩效（objective performance）与判定绩效（judgmental performance）。客观绩效是指以财务或市场为基础的衡量，如资产利用率、收益率或市场占有率，而判定绩效是指以顾客或员工为基础的衡量，如服务质量、顾客满意度、员工满意度。一些学者从企业管理角度认为,绩效是对企业生产经营活动的总结,是一个价值概念,主要涉及财务方面的种种表现,涵盖企业财务指标、资产经营状况、偿债能力和发展能力等方面。但Szilagy(2003)认为,绩效是一种整体概念,可以代表组织运作的最终结果,而效率与效能则为绩效的两个组成部分。因此,在讨论企业组织管理绩效时,应同时加入效率与效能两个要素的衡量。这种观点有相当的代表性,德鲁克(2005)也认为效率就是把目前正在做的事情做得更好,意味着"把事情做好";效能则为成功的根源,亦即"做正确的事"。Robbins(2001)认为效能在于追求组织目标的达成,效率则是强调投入与产出间的关系,并寻求资源成本的最小化。可见,管理学中定义的绩效包含了效率及效能两个方面的内容。如果对绩效的内涵和属性进一步加以总结,至少应该包括以下几点:①绩效是客观存在的,是一定的主体实践活动的结果;②绩效是产生了实际作用的实践活动结果,有实际效果;③绩效是一定的主体作用于一定的客体所表示出来的效用,有正负绩效之分;④绩效体现投入与产出的对比关系;⑤绩效具有一定的可度量性。它是个量值,完全没有度量意义的东西不是绩效。因此,绩效的内涵可简要概括为:绩效是实践活动所产生的、与劳动耗费有对比关系的、可以度量的、对一定主体有益的结果。

关于技术创新绩效这一概念,从国际上的相关研究来看,目前尚未形成明确一致的定义。国内外学者对技术创新绩效的理解主要集中在技术创新投入产出效率以及技术创新活动的产出与对企业的影响上。Hagedoom和Cloodt(2004)认为创新绩效从狭义上理解是指根据企业将发明创造引入市场的程度测量的结果,从广义上理解是指从概念生成一直到将发明引入市场整个轨迹过程所取得的包括发明、技术及创新三方面的绩效。高建和柳卸林(1994)首次提出技术创新绩效的概念,认为技术创新绩效是指企业技术创新过程的效率、产出的成果及其对商业成功的贡献,包括技术创新产出绩效和技术创新过程绩效。

## 6.4　技术创新绩效评价指标

企业技术创新绩效评价是人们认识和把握这种创造性活动的本质与规律,系统总结创新经验的主要手段。它对正确制定技术创新政策、提高企业技术创新水平及减少创新风险都具有重要的意义。由于企业技术创新过程的复杂性和长期性,国内外对如何评价企业技术创新绩效至今仍没有一个标准的体系。近年来,国内外一些学者和科研单位对企业技术创新能力的研究有了一定的基础,并初步建立了企业技术创新绩效的评价体系。从总体上看,现行的创新绩效评价指标体系仍存在不足,未能对企业技术创新管理起应有的指导作用。

类似于组织绩效、财务绩效等概念是对企业经营活动效率和效果的评价,创新绩效一般是指对企业技术创新活动效率和效果的评价。在国外的文献中,常用两个术语来描述企业的技术创新结果，一个是innovative performance，另一个是innovative success，国内的文献则多采用"创新绩效"作为评价企业技术创新活动的术语。

　　Hagedoorn和Cloodt（2004）在综合部分学者关于创新绩效的测度研究的基础上，采用R&D投入额、申请的专利数、引用的专利数和新产品开发数4项指标，对美国4个高技术产业中约1 200个样本企业的创新绩效进行了测度。与之类似，国内部分学者，从创新效益和创新效率两个方面对创新绩效进行了测度，指标一般包括新产品数的情况、申请的专利数情况、新产品产值占销售总额的比重情况、新产品的开发速度情况、创新产品的成功率情况。另外，Gemünden等（1995）则以"创新成功"术语代替"创新绩效"术语，描述创新的结果，其中并不包括R&D投入额、申请专利数等具体指标，而是扩大了创新的范围，并且涵盖了创新效率等概念，内容上包括产品创新成功（product innovation sueeess）和工艺创新成功（proeess innovation success）两个方面。

　　陈劲和陈珏芬（2006）结合技术创新的本质内涵、特点、创新过程特征和中国企业的创新实际，本着科学性、完备性、可比性、可操作性原则，针对企业不同的创新特征设计出如表6-1所示的企业技术创新绩效评价指标体系。

**表 6-1　企业技术创新绩效评价指标体系**

| 一级指标 | 二级指标 | 三级指标 |
|---|---|---|
| 创新产出绩效 | 直接效益 | 新产品销售率 |
| | | 新产品利润率 |
| | | 单位产品成本降低率 |
| | 直接技术效益 | 新产品数 |
| | | 重大产品改进数 |
| | | 主持或参与制定新标准数 |
| | 技术积累效益 | 专利申请数 |
| | | 技术诀窍数 |
| | | 技术文档数 |
| | | 科技论文数 |
| | | 科技创新提案数 |
| 创新过程绩效 | | 竞争情报分析报告数 |
| | | 研发部门与客户交流频度 |
| | | 研发部门与制造部门交流频度 |
| | | 企业之间研发部门交流频度 |
| | | 企业研发部门与高校研究所交流频度 |
| | | 研发投入占销售收入比重 |
| | | 研发人员人数比重 |
| | | 技术带头人、技术桥梁人员数 |
| | | 企业技术人员人均培训费用 |
| | | 技术人员参加国内外会议数 |
| | | 企业技术论坛数 |

对于产品创新成功来说，产品创新率（product innovation rates）是一个常用的测度指标，同时，产品创新率也有一定的缺点，因为不是所有的企业都努力追求较高的产品创新率。因此，通常将企业在过去5年的产品创新活动中的新产品的市场成功率（达到企业的市场预期目标），作为替代的常用的指标，另外，在一些产品的改善（improvement）或微小的改进（minor innovative changes）下的市场成功率也是测度产品创新成功的常用指标。而对于工艺创新成功来说，通常由企业内部改善后的工艺相对于企业外部现存的工艺的先进程度来测度，具体可用劳动成本、指挥时间、设备的生产率和材料能源消耗4个指标。综合起来，Gemünden等（1995）提出的测度创新成功的量表见表6-2。

**表 6-2　Gemünden 等创新成功测度量表**

| 数值 | 没有成功过 | 不到25% | 25%~50% | 50%~75% | 75%以上 |
|---|---|---|---|---|---|
| 产品创新成功 | | | | | |
| 市场成功率 | | | | | |
| 产品改进 | | | | | |
| 新产品开发 | | | | | |
| 工艺创新成功 | | | | | |
| 减少劳动力时间 | | | | | |
| 提高生产率 | | | | | |
| 减少指挥时间 | | | | | |
| 减少材料和能源消耗 | | | | | |

Ritter和Gemünden（2004）则在Gemünden等的量表的基础上，提出了更为方便的量表以测度创新成功（表6-3），该量表更突出受访者主观评价的特点。同时，他们也建议，在测度创新成功的同时，最好结合一些额外的客观指标。例如，投入市场不到3年的产品的销售额，以及使用寿命不到3年的设备生产的产品占所有产品的百分比等，来增加测量创新成功的效度。

**表 6-3　Ritter 等的创新成功测度量表**

| 意见 | 完全同意 | 同意 | 中立 | 不同意 | 完全不同意 |
|---|---|---|---|---|---|
| 产品创新成功 | | | | | |
| 与我们的竞争对手相比，我们的产品改进有较好的市场反应 | | | | | |
| 与我们的竞争对手相比，我们在产品创新上成功率较高 | | | | | |
| 我们的产品在技术含量上是一流的 | | | | | |
| 工艺创新成功 | | | | | |
| 我们有非常先进的生产设备 | | | | | |
| 与我们的竞争对手相比，我们的生产设备更先进 | | | | | |
| 我们的生产设备体现了一流的生产工艺 | | | | | |

## 6.5　技术创新绩效评价的相关研究评述

技术创新绩效即企业技术创新活动的实施效果，企业技术创新绩效评价指标体系是一套能够充分反映企业技术创新绩效、具有一定的内在联系且互为补充的指标群体。在这个指标体系中，设置哪些指标、如何设置，既关系到评价结果的科学性和正确性，也关系到企业技术创新资源的合理配置，更关系到企业创新能力的构建与创新机制的完善。

技术创新是一个复杂的系统工程，技术创新活动的阶段性、多样性以及各创新活动间的层次性，决定了创新绩效评价指标体系的层次性。同时，影响企业技术创新绩效的因素很多，只有从多个角度和层面来构建企业技术创新绩效评价指标体系，才能全面反映企业的技术创新绩效。学者们近几年来才关注企业的技术创新绩效，因此其技术创新绩效评价体系尚不完善，评价的结果大多仅是对自身技术创新客观条件的描述，而评价体系的设计也仅是僵化地照搬企业绩效评价的体系，主要侧重于财务性要素，忽视非财务性要素对绩效的影响。

另外，技术创新绩效评价的结果中缺少对企业创新活动前瞻性的预测和对技术创新发展空间的估计。由于大部分企业技术创新的周期都比较短，其进行技术创新绩效评价的目的则更倾向于为决定企业下一步技术创新的发展方向提供科学的依据和一定的经验，因此评价中前瞻性的部分意义重大。具体来说，技术创新绩效的评价指标有以下不足。

### 6.5.1　过分注重 R&D 资源投入

有许多学者把R&D人员数、R&D强度等作为技术创新绩效评价指标，许多评估系统对R&D资源投入赋予了过大的权重。虽然R&D资源与技术变化密切相关，但它只是一种投入而不是创新产出，并不能评价技术创新绩效。而且在开放式创新的环境下，R&D资源无法包括企业和政府在技术创新方面所做的全部努力（如"干中学"），企业外部知识和资源（如用户知识、供应商知识及竞争者的知识等）都无法通过R&D资源投入这一指标体现。在开放式创新环境下，企业的高层领导者必须彻底改变研发即创新的错误观点，充分利用和整合企业内外创新资源，提高企业的技术创新能力和创新绩效。

### 6.5.2　过分重视专利数据

研究人员常利用专利数据评价一个地区或企业在一定时间内的技术创新状况，专利数量确实能很好地反映企业的技术能力和活力，是反映发明创造能力和设计能力的指标，但不适合作为创新产出的指标。只有成功地实施了商业化并发挥显著经济效益的发明才是技术创新。许多专利从未引发创新，仅仅对应于几乎没有任何经济价值的发明创造。而我国企业的情况更为特殊，国内许多企业缺乏专利保护意识和相应的专利法律知识，以及受过去被动保护和传统观念的影响，缺乏为市场前景较好的发明申请专利的意识。考虑到我国现阶段企业对技术诀窍保护的实际状况，应该加上企业主持或参与制定新标准数、科技论文数和技术文档数等指标作为创新产出的补充,反映技术创新产出对企业技术能力积累的影响。

### 6.5.3　存在短期效应，不能反映长期发展潜能

现行的技术创新绩效评价研究中主要关注创新产出绩效，而忽略了创新过程绩效。企业技术创新能力是一个动态发展、不断提高的过程。创新过程绩效反映企业创新活动的管理水平，代表企业潜在的、未来的技术创新绩效。好的创新业绩必然是有优秀的创新管理过程保证的，客观的技术创新绩效评价还应该对创新过程的绩效进行评价作为补充，以反映企业技术创新的长期发展潜能和潜在创新绩效。

# 第7章 问卷设计与数据收集

本章和下一章进入具体的实证研究过程。实证研究的过程主要分为四个环节，即调查设计、数据收集、数据分析和结果汇总，如图7-1所示。本章主要介绍问卷设计、数据的收集和统计分析与模型分析方法。

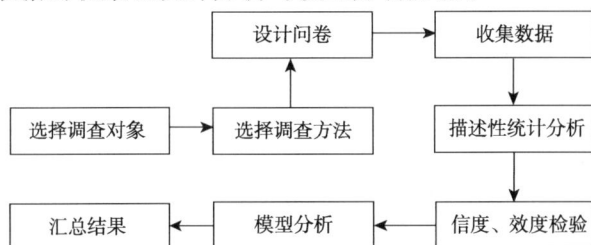

图 7-1 实证研究过程

## 7.1 问卷设计

合理的问卷设计是保证数据的信度和效度的重要前提。问卷的设计遵循了几个原则：首先，问卷必须紧扣主题，每一道问题都应该忠实于模型；其次，问题的表达方式必须符合被调查对象的文化水平、社会背景等特点，如问题不宜过于学术化，也不应要求被访者需要一定的专业知识背景来答题；最后，问题不宜过长。国外学者发现解释变量和被解释变量在问卷中出现的顺序、正负不同影响问题的交叉混乱都会影响答题的效果，所以问卷设计必须专业和细心，该项工作是后续工作的基础。

由于在变量的测量题项具有一致性的情况下，多个题项比单个题项更能提高信度（Churchill，1979），因此本书在问卷中采用多个题项对变量进行测度。另外，根据Churchill（1979）及Anderson和Gerbing（1988）等的建议，本书通过以下流程科学地进行问卷设计。

（1）通过文献回顾以及与企业界的经验调查和访谈形成问卷题项。在对顾客参与、团队学习、技术创新绩效等文献进行阅读分析的基础上，借鉴其中权威研究的理论构思以及被广泛引用的实证研究文献中的已有量表，并结合前述探索性案例研究中的访谈调研结果，本书对测度题项进行设计，形成了问卷初稿。

（2）通过与学术界专家讨论对问卷题项进行修改。在笔者所在学术团队的学术讨论会上，就所研究变量之间的逻辑关系及题项设计的问题，与包括两位教授、一位副教授、两位博士在内的诸多同领域学者进行交流，对题项措辞与题项归类进行调整，并对部分题项进行增删，由此形成了第二稿问卷。

（3）通过与企业界专家讨论对问卷题项进行修改。首先，与三位具有良好管理知识背景的制造企业高层管理人员进行深入访谈，就两方面问题向其征询意见，即变量之间的逻辑关系是否符合企业实际情况，以及量表中的变量测度能否反映企业相关情况。接下来，又通过与三位学术背景相对较弱的企业管理人员进行交流，对问卷中的措辞进行修改，使问卷尽量不包含专业术语，易于为一般企业人士所理解。在此基础上对问卷进行修正，形成了第三稿问卷。

（4）通过预测试对题项进行纯化，最终问卷定稿。将问卷发给20位企业中高层管理人员进行预测试，根据他们的反馈做初步检验分析，对问卷做进一步修改完善，在此基础上形成了调查问卷的最终稿（请参见附录）。

由于该调查问卷多数题项均采取Likert 7级量表进行测度，答卷者的回答主要建立在主观评价之上，所以可能会影响问卷测度的客观性和准确性，导致数据结果出现偏差。针对Fowler（1988）所指出的造成答卷者对题项做出非准确性回答的四大主要原因，本书分别采取了以下应对措施，以尽量降低其对获取准确答案的负面影响。

（1）为了减少因答卷者不了解所需答案的相关信息而带来的负面影响，本书选择了在该企业工作两年以上、对企业整体运作情况较为熟悉的中高层管理人员来填写问卷，并且请答卷者就不清楚的问题向企业有关人员咨询后作答。

（2）为了减少因答卷者无法回忆起所需答案的相关信息而带来的负面影响，问卷题项所涉及的问题均是企业近三年内的情况，从而尽量避免由于答卷者记忆问题所引起的偏差。

（3）为了减少因答卷者虽知道某些问题答案却不愿回答而带来的负面影响，问卷在卷首即向答卷者指明，本问卷纯属学术研究目的，内容不涉及企业商业机密，所获信息也不会用于任何商业目的，并承诺对答卷者提供的信息予以保密。

（4）为了减少因答卷者不能理解所提问题而带来的负面影响，问卷在设计过程中广泛听取企业界与学术界专家意见，并对问卷进行预测试，对问卷的表述与措辞进行反复修改完善，以尽量排除题项难以理解或表意含糊不清的情况发生。

## 7.2　调查对象的选择

行业不同，其技术创新的特点也不尽相同。近年来随着互联网及通信技术的迅速发展，世界制造业范式发生了根本的变化，制造业的全球化发展由以往的以贸易全球化为基本特征转向了生产、资本、研发、服务的全球化整合发展。这种变化带来的不是运营空间的简单放大，而是企业的运作平台和业务模式的深刻变革。新经济条件下的全球化制造业范式具有革命性的新特征：不仅是物质资源，更是智力资源的全球网络化开发与利用；突破了传统物理空间的樊篱，实现了实体与虚拟的有机结合、产品与市场的零距离开发；基于信息技术平台，实现了规模经济与范围经济的空前协调；打破了传统产业界限和企业边界，实现了研发、设计、制造与服务的高速同步与融合（吴晓波，2006）。在新的全球制造网络平台上，不同类型的企业可以迅捷地协同参与研发、设计、生产、物流与服务等增值活动。这种新的制造业发展范式的兴起，使全球竞争格局经历着巨大的转变，也为中国制造业企业提供了前所未有的战略机遇。

中国制造业在过去二十多年来的崛起，得益于中国及时合理的对外开放政策，较好地把握了全球化制造带来的机遇，在扩大进出口贸易、吸收外商直接投资和以OEM（original equipment manufacturer，即原始设备制造商）等方式加入跨国公司的全球制造业网络等方面取得显著成效。随着中国经济发展，中国制造业大国的地位已经凸现，其参与全球化的进程和方式面临着重大转折，中国制造企业必须以一种更为主动的姿态加速融入全球经济当中。一方面，一些中国领先企业已经由被动加入跨国公司的全球制造网络来加速自身竞争力的提升，转向通过对外直接投资积极构建和扩展自己的全球制造网络，以充分利用全球资源、开拓全球市场；另一方面，还有一些中国制造企业仍从事技术水平较低的劳动密集型产品的生产，在全球制造业网络中处于低层次、低技术、低附加值环节，尚未真正高效地融入全球制造业网络，急需实现战略的转型和地位的提升。

数据的真实有效是保证研究结果准确性的重要基础。为了获取高质量的样本数据，本书在问卷发放时对发放区域、发放对象及发放渠道进行了严格控制，以尽量排除外部因素的影响。

在区域选取方面，为了分析不同经济发展区域对统计分析的影响，问卷对全国制造型企业进行发放。在对象选取方面，由于问卷涉及企业各方面的运作信息，只有对企业整体情况较为熟悉的中高层人士才能全面了解，问卷针对在该企业具有两年以上工作经验的中高层管理者进行发放。

## 7.3　数据的收集

本书的数据收集主要采用问卷调查的方式，并辅以部分企业的实地调查。由于本书的被调查对象主要是企业负责技术创新的主管或研发部经理，在做正式问卷调查前，不可能对他们大范围地进行走访访谈。所以，在调查过程中，一方面我们通过走访相关企业，与选择的几个企业高级主管进行访谈；另一方面委托问卷星专业调查机构发放问卷收集数据。

正式的问卷调查于2016年9月开始，2016年11月调查结束，共回收有效问卷211份。

## 7.4  变量的测量

本书主要从团队学习视角探讨顾客参与对技术创新绩效的影响，即系统研究顾客参与各维度对技术创新内隐绩效各维度、技术创新内隐绩效各维度对外显绩效各维度的差异化影响，以及顾客参与各维度通过团队学习对技术创新内隐绩效各维度的影响机制。围绕本书的具体研究主题，我们设计的调查问卷主要包括以下几方面内容：第一，问卷填写的基本说明，主要包括本项调查研究的背景、填写要求和回收的时间节点等；第二，问卷填写者的人口统计特征，主要包括问卷填写者的性别、年龄、学历及工作年限等；第三，顾客参与各维度的测量，包括人力型顾客参与、结构型顾客参与及关系型顾客参与的具体测量条目；第四，团队学习各维度的测量，包括转化式学习、探索式学习和利用式学习的具体测量条目；第五，技术创新绩效各维度的测量，包括面市速度、创新程度、市场绩效和竞争优势的具体测量条目；第六，参与调查企业的基本信息，主要包括被调查企业所属的行业、成立年限及成长规模等，调查问卷如附录所示。

最后的调查问卷包括45个测量题项，其中题项1~12用于测量企业的基本信息；题项13~24用于测量顾客参与；题项25~36用于测量中介变量团队学习；题项37~45用于测量被解释变量技术创新绩效。本书调查问卷采用结构化问卷方式，按照Likert多选项量表设计，用分值1~7分表示被调查人员对问题的认知程度。

### 7.4.1  被解释变量——技术创新绩效

由于无法取得企业技术创新绩效的档案数据，本书主要依靠被调查者对绩效价值判断的业绩。本书设计了一个主观测量方法去测量技术创新绩效，主要是通过被调查者认为有关技术创新绩效的指标的实现程度与当初设立的目标进行对比来进行评价的。至于技术创新程度和创新绩效的测量，学者们使用的测量指标体系各有其特点。例如，Mirula等在衡量服务的创新产出时，专门针对制造业技术创新衡量指标，并结合服务创新的特征提出某些新的替代指标，如商标数量、市场灵活性、风险资本吸收额及非技术变革等。具体而言，产品创新产出的衡量指标主要包括顾客满意度、新服务销售利润、新服务销售额、新服务纳税额、新服务进入市场的时间、新服务盈利的时间、核心顾客购买份额的增长率、顾客数量的增长率、新服务的投资回报率、达到预期商业目标的新服务的比率。在从联系强度视角研究新产品开发联盟中的信息获取和利用中，di Pietro和Emmanuel（2006）等使用7个条目对新产品创造力进行了测量，而新产品创造力与创新绩效的概念类似。他们使用了如下测量量表：对我们的行业非常平常——对我们的行业非常新颖；对我们行业的既有思想没有挑战——对我们行业的既有思想存在挑战；没有为我们的行业提供新的思想——为我们的行业提供了新的思想；没有创造力——有创造力；无趣的——有趣的；不能够为其他产品产生新思想——能够为其他产品产生新思想；不能够促进新思想的产生——能够促进新思想的产生。综上，借鉴Hall和Na（1995）从市场状况层面对企业新产品开发的绩效水平进行测度，这在不少关于新产品开发的研究中都有所涉及。例如，在研究顾客互动对企业绩效的影响时，Park和Luo（2001）指出市场绩效是顾客互动的重要结果，主要通过销售增长率和利润增长率来进行衡量。Page（1993）在评估新产品开发绩效的研究中，针对美国与加拿大的厂商进行了实证分析，结果发现在189个调查样本中，新产品开发绩效评估的市场指标按照使用频率从高到低的顺序排列是：投资报酬率、各种边际获利指标、销售成长、各种获利指标、投资回收期、内部报酬率及资产报酬率等。从管理学视角，Sarkar等（2001）指出市场绩效可以通过销售增长、市场发展及产品发展等指标进行测度。基于品牌管理视角，王海忠（2006）认为品牌市场绩效是指企业基于品牌活动所带来的市场绩效表现，它的衡量指标主要包括品牌溢价、购买意向、重购率、市场占有率、收入增量及具有普遍意义的"价格变量的良性反应"和"品牌可延伸性"等。

　　在将竞争优势概念引入微观研究领域之后，学者们也对它的测量问题进行了探讨。Mitchell和Coles（2004）从企业的获利能力、成长能力、市场竞争力、人才吸引力四个方面测量了企业竞争优势。张根明和陈才（2010）在探讨企业家能力对企业竞争优势的影响时，也是从上述四个方面进行测量的。范光杰和陈光（2004）的研究虽然涉及产品竞争优势的问题，但由于该文为定性研究，并未对竞争优势进行测量。温池洪（2010）将企业竞争优势等同于企业竞争能力，进而指出企业竞争能力包括市场应对能力和市场表现力两个维度，前者的具体测量条目包括市场应变能力、客户服务能力、渠道管理能力；后者的具体测量条目包括企业影响力、品牌竞争力、服务满意度。葛笑春（2012）采用以下四个条目来测量企业竞争优势，即总资产收益率水平、年均销售增长率水平、市场占有率水平、产品创新的成功率水平。在探讨顾客参与对新产品开发绩效的影响时，Carbon（2009）则从三方面测量服务产品竞争优势，即给企业带来一个重要的竞争优势、服务经验比竞争者的优越、顾客的解决方法比竞争者的优越。

### 7.4.2　解释变量

鉴于关系型顾客参与是顾客利用关系资本参与企业的技术创新活动，在测量时，我们主要从关系资本视角进行考虑。Roy和Thill（2004）认为可以从关系强度、关系质量、关系紧密性及关系数量等方面来衡量企业关系资本。由于关系资本是由相互信任、互惠承诺及合作交流等组成的，这些内容可以决定关系资本的强度和质量。就学术研究而言，Yli-Renko等（2001）使用3个条目来测量企业与关键客户之间的关系资本。Sarkar等（2001）在通过实证方式研究组织文化、联盟能力与社会资本间的关系时，用了5个条目来测量联盟的信任关系资本，其中的典型表述是：此伙伴可以信任。Daniel和Fernado（2003）用了9个条目来测度企业与供应商之间的关系资本：企业与主要供应商在产品开发方面有着很长的合作期；企业与主要供应商保持长期稳定关系；企业与主要供应商共享需求信息、技术和成本；企业与主要供应商之间的沟通效率很高；与供应商合作是企业产生新产品构思的方式之一；企业对供应商的管理机制有利于供应商参与新产品开发；企业能够从供应商那里获得产品开发的相关信息；企业具有开发合作协议的能力；企业可以分享到供应商的有价值资源。林筠和何婕（2011）则从企业与政府或社区关系、企业运用关系网络获取业务资源、企业与高校或研发机构建立技术合作关系、企业与供应商或客户进行沟通以促进产品或服务开发等方面设计出4个条目进行度量。参考相关研究文献，同时结合本书的实际情况，我们初步设计出如表7-1所示的12个条目来测量关系型顾客参与。

表 7-1　隐变量测量

| 一级指标 | 二级指标 | 编码 |
|---|---|---|
| 顾客参与 | 1.顾客会将自己拥有的相关信息传递给我们 | CI1 |
| | 2.顾客会将他们的偏好和需求告诉我们 | CI2 |
| | 3.顾客会及时将在参与过程中遇到的问题告诉我们 | CI3 |
| | 4.顾客会向企业表述对服务的建议和意见 | CI4 |
| | 5.顾客会付出额外资源（时间等）协助企业完成相关工作 | CI5 |
| | 6.顾客会在产品开发中积极参与或贡献自身的力量 | CI6 |
| | 7.顾客会主动对产品的部分内容进行设计或测试 | CI7 |
| | 8.顾客会积极配合我们完成相关的工作，如调研等 | CI8 |
| | 9.顾客与我们进行良好的沟通 | CI9 |
| | 10.顾客信任并以友善的态度对待企业员工 | CI10 |
| | 11.顾客与员工建立了良好的合作关系 | CI11 |
| | 12.在合作过程中遇到问题时，顾客会主动告诉我们 | CI12 |

续表

| 一级指标 | 二级指标 | 编码 |
|---|---|---|
| 团队学习 | 1.团队成员经常想到一些关于工作的新点子 | TL1 |
| | 2.团队成员经常将新想法付诸实践 | TL2 |
| | 3.团队成员经常会尝试新的工作方法 | TL3 |
| | 4.团队成员公开交流、讨论问题 | TL4 |
| | 5.团队中每个成员都会参与讨论、表达意见 | TL5 |
| | 6.团队信息共享，团队成员彼此了解工作情况 | TL6 |
| | 7.团队成员经常讨论如何改进团队的工作 | TL7 |
| | 8.团队经常根据实际工作情况修改目标 | TL8 |
| | 9.团队成员经常在收集信息之后，修正设想 | TL9 |
| | 10.团队会仔细记录工作中的问题和工作过程 | TL10 |
| | 11.团队有一个规范的系统来保存好的想法 | TL11 |
| | 12.团队把得到的经验和教训总结成册 | TL12 |
| 创新绩效 | 1.公司开发的新产品具有创新性和独特的竞争优势 | IP1 |
| | 2.公司开发的新产品能够为公司拓展全新的市场及创造新的机会 | IP2 |
| | 3.公司开发的新产品产生的销售额达到或超过了目标 | IP3 |
| | 4.公司的新产品产生的利润达到或超过了目标 | IP4 |
| | 5.公司的新产品产生的投资回报率达到或超过了目标 | IP5 |
| | 6.公司的新产品提高了顾客的满意度水平 | IP6 |
| | 7.公司的新产品提高了顾客的忠诚度水平 | IP7 |
| | 8.公司的新产品为公司吸引来非常多的新顾客 | IP8 |
| | 9.公司的新产品能够带来企业流程的优化 | IP9 |

### 7.4.3  中介变量——团队学习

　　Watkins和Marsick（1993）在总结了很多前人研究的基础上提出学习型组织是一种不断学习与转化的组织。其将学习划分为三个层面共七个维度，分别是：个体层面的学习，包含创造连续不断的学习机会和倡导对话交流与调查研究；团队层面的学习，主要指鼓励相互合作与团队学习；组织层面的学习，包含授予员工奔向共同愿景、创建系统捕捉和分享知识、联结组织与它所处的环境及提供学习活动的战略领导。Watkins和Marsick的研究的另一项重要贡献在于她们在七维度模型的基础上开发了学习型组织问卷调查表。该问卷经过多次实证研究，被认为是一个检验学习型组织程度的有效而可靠的测量工具。DLOQ中有六个题项是用来测量团队学习水平的。Edmondson（1999，2003）在研究心理安全对团队学习的影响时，成功地开发了团队成员心理安全问卷和团队学习行为问卷。在其研究中，团队学习行为是一个综合性的概念，其通过列举具体的行为来描述这个概念，如提出问题、寻求帮助、讨论、反馈等。她的这项研究结果表明，团队心理安全的确对团队的学习行为产生了重大影响，并进而影响了团队绩效。

Gibson和Vermeulen（2003）的研究从三个维度考察团队学习，分别是实验、沟通、记录。笔者认为Gibson和Vermeulen对团队学习行为的描述比Edmondson更为精细，将团队学习行为划分为不同的维度意味着这些行为在性质上是有差异的，有些团队在实验维度上做得很好，但可能沟通不足或者编码、记录环节比较差；有些团队可能会表现出特别善于总结经验。因此，团队学习应该是一个有层次的概念。

陈国权（2007）将其所提出的组织学习的九种行为和相应的组织学习的九种能力，推广到了团队学习的研究中，认为任何一个团队要在变化的环境下保持良好的生存和健康的发展，必须具有九种相互影响的行为及相应的能力，即发现能力、发明能力、选择能力、执行能力、推广能力、反思能力、获取知识能力、输出知识能力及建立知识库能力。并根据团队学习能力的操作性定义，开发了测量团队学习能力的问卷。

### 7.4.4　控制变量

控制变量可能对被解释变量（即企业的技术创新绩效）产生影响，为了进行假设检验，本书设立了以下几个因素作为控制变量：①企业大小是影响企业行为和决策的重要属性，企业越大，企业的规模效应和声誉优势就越明显，则企业绩效可能越好，这对提高技术创新效率具有一定的影响。本书用企业的员工数量衡量企业的大小。②本书用企业从创立起到目前为止的年份作为标准测量企业的年龄。③本书还把企业性质作为控制变量，因为不同性质的企业拥有的资源数量和进行技术创新的程度会有所差异。④本书借鉴了Li和Atuahene-Gima（2001）的研究，将企业划分为不同的类型以反映技术复杂程度的差异。

本书对顾客参与、团队学习和技术创新绩效的测量共包括33个项目，分别从各个角度反映了顾客参与、团队学习和技术创新绩效的实际状况（表7-1）。

## 7.5　统计分析与模型分析方法

经过调查，所有问卷回收筛选后，我们对最终的有效问卷进行了数据的录入和复核，形成完整数据库。本书所使用的分析软件为SPSS 22.0版，具体可归纳为三个步骤。

1）描述性统计分析

本书对调查对象背景资料的常规统计进行描述性统计分析，主要包括企业的规模、所属行业、成立时间等的统计分析，说明各变量的均值、百分比、次数分配表等，以描述样本的类别、特性及比例分配状况，得到调查对象的基本信息，对调查的样本结构形成全貌了解，考察了其选取的有效性。

2）对问卷效度、信度的检验

效度是指测量工具能正确测量出想要衡量的性质的程度，即测量的正确性。效度可分为内容效度（content validity）、构建效度（construct validity）和准则相关效度（criteria-related validity）三类。本书研究中的各测量题项都是直接测量，在同一时期内很难找到其他标准资料作辅助，无法进行准则相关效度的分析，因此仅讨论内容效度和构建效度。内容效度旨在检测衡量内容的适切性，本书为达到内容效度，以相关理论为基础，参考现有实证研究的问卷设计，并加以修订。问卷初稿完成后，多次与相关领域学者和企业界人士讨论修正，因此，确信应有相当的内容效度。效度分析是采用因素分析对问卷的理论构建效度进行验证。对理解测量结果的含义而言，构建效度非常重要。对构建效度进行评定，首先对项目的结构、测量的总体安排以及项目之间的关系做出说明，然后运用因素分析等方法从若干数据中离析出基本构思，以此来对测量的构建效度进行分析。本书针对顾客参与各维度、控制变量和因变量所涉及的问卷题项进行验证性因子分析，以确定各题项是否具有构建效度。

信度分析是指对调查问卷中连贯的问题，只有当答案相同或相近时，其度量才是可靠的，一般采用克龙巴赫系数来确定各指标的信度，只有当信度系数值大于0.7时，才认为可靠性较强。

3）模型分析，也即变量间的结构关系分析

本书以Pearson相关分析研究顾客参与各维度、团队学习与技术创新绩效等变量间的相关系数，考察各研究变量间是否显著相关，作为下一步分析变量间相互作用的基础；以结构方程模型探讨顾客参与、团队学习与技术创新绩效三组变量之间的关系，检验研究假设。

## 7.6 本章小结

本章从问卷设计、数据收集、变量测量和分析方法等方面对本书所采用的研究方法进行了详细的阐述。在问卷设计中，本书采用了多种方法科学合理地设计调查问卷，尽可能地排除干扰因素的影响。在数据收集过程中，采取了多种方式对问卷发放和回收过程进行管理，确保所获数据的可靠性和有效性。在变量度量分析中，本书参照了国内外现有的关于顾客参与、团队学习和技术创新绩效的理论及实证研究，确立了被解释变量、解释变量、中介变量和控制变量。在分析方法的说明中，对本书将采用的信度测试等主要计量分析方法进行了说明。在下一章中，本书将基于所获取的数据，利用上述分析方法，对本书概念模型中的研究假设进行实证研究。

# 第8章 结构方程建模

通过对本书将要重点考察的几个变量的文献回顾可以看出，顾客参与、团队学习和技术创新绩效几个变量属于隐变量，对将要构造的这几个变量关系的理论模型的分析需要借助结构方程分析方法。下面将对结构方程建模进行简要的介绍，为后续研究奠定方法论基础。

## 8.1 结构方程模型概述

结构方程模型是研究社会、自然现象因果关系的统计方法，探索和检验因果关系是所有研究领域的重要目标。人们为了达到预测的目的，努力地探索因果关系。结构方程模型对因果关系的认识正是建立在以上对现象的观测基础上的。

20世纪70年代中期，瑞典统计学家、心理测量学家 Joreskog（1969）提出了结构方程模型。根据该方法的不同属性，统计学家们以不同的术语命名，如根据数据结构将其称为"协方差结构分析"；根据其功能，称之为"因果建模"（casual modeling）等，并开发了相应的LISREL（linear structural relations，即线性结构关系）统计软件。目前这种重要的统计分析技术，在心理学、社会学、管理学等社会学科的研究中得到了广泛的应用。

从发展历史来看，结构方程模型起源很早，但是其核心概念在20世纪70年代初期才被相关研究人员提出，到了今天，这一统计建模及分析方法已获得了巨大的发展，不仅拥有专属期刊《结构方程模型》（*Structure Equation Modeling*），专门刊登结构方程模型领域的理论与实证研究，在心理学、管理学、社会学等社会科学领域中，也有越来越多的相关讨论和应用实证文章。在国内，结构方程模型研究方法则刚刚兴起，相当多的人文社科类实证研究论文中都已开始采用这一建模方法。随着中国学术研究国际化发展的过程，这一研究方法在未来的发展应用将越来越广泛。

在社会学科领域研究中，结构方程模型的应用之所以如此广泛，是由这些学科研究的特点和要求决定的。社会科学研究的根本目的，是通过探讨变量之间的因果关系来揭示客观事物发展、变化的规律及特点，但是很多在社会科学领域中所涉及的变量，都不能准确而直接地测量（潜变量）。例如，个人的成就感、企业的品牌意识、观念的社会认同感等，这就为直接研究这些变量与其他变量之间的关系造成了操作上的困难。结构方程模型可以在一定程度上解决这一问题，通过为难以直接测量的潜变量设定观测变量，用这些可以用于统计分析的观测变量之间的关系来研究潜变量之间的关系。

　　结构方程模型是在已有的理论基础上，应用与之相应的线性方程系统表示该理论的一种统计分析方法。相对于回归分析、路径分析等研究变量间关系的统计方法来说，SEM从两个方面完善了这些常用方法的不足。第一，针对探索性因素分析假设限制过多的缺点，完善变量结构的探讨。与探索性因素分析相比，结构方程模型既可以假定相关、不相关的潜在因素，从而更符合心理学实际；同时也可以确定某些观察变量只受特定潜在变量影响，而不是受所有潜在变量影响，使结构更清晰；还能在对每个潜在因素进行多方法测量（采用多方法—多特质模型）时，可排除测量方法的误差。除此之外，最重要的是它不需要假定所有特定变量的误差无相关，而是指定那些两者之间存在相关的特定性变量误差。第二，在考虑测量误差的前提下建立变量间的因果关系。这一步以统计的思路区分了观测（外显）变量和潜在（内隐）变量，进而通过观测外在表现推测潜在概念。这样，研究便能在探讨变量间直接影响、间接影响和总效应及表达中介变量作用的同时，用潜在变量代替路径分析中的单一外显变量，并考虑变量的测量误差，从而使研究结果更精确。

## 8.2　结构方程模型的主要特征及其在管理中的应用

### 8.2.1　结构方程模型特征

　　Hoyle和Panter（1995）指出，结构方程模式可视为不同统计技术与研究方法的综合体。从技术的层面来看，SEM并非单指某一种特定的统计方法，而是一套用以分析共变结构的技术的整合。SEM有时以共变结构分析（covariance structure analysis）、共变结构模型（covariance structure modeling）等不同的名词存在，有时则单指因素分析模式的分析，被称为验证性因子分析（confirmatory foctor analysis，CFA）；有时，研究者虽然以SEM的分析软件来执行传统的路径分析，进行因果模型的探究，但不使用SEM的名义，事实上这也是SEM的重要应用之一。不论用何种名词来称呼，这些分析技术都具有一些基本的共同特质（Kline，2005），说明如下。

1）具有理论先验性

SEM分析最重要的一个特性，是它必须建立在一定的理论基础之上，也就是说，SEM是一个用以验证某一先期提出的理论模型（priori theoretical model）的适切性的一种统计技术。这也是SEM被视为一种验证性（confirmatory）而非探索性（exploratory）统计方法的主要原因。SEM的分析过程中，从变项内容的界定、变项关系的假设、参数的设定、模型的安排与修正，一直到应用分析软件来进行估计，其间的每一个步骤都必须要有清楚的理论概念或逻辑推理作为依据。从统计的原理来看，SEM也必须同时符合多项传统统计分析的基本假设（如线性关系、常态性）以及SEM分析软件所特有的假设要件，否则所获得的统计数据无法采信。

以因素分析为例，结构方程模式所使用的因素模式采取了相当严格的限制。研究者在测量之初即必须对潜在变项的内容与性质有非常明确的说明，或有具体的理论基础，并已先期决定相对应的观察变项的组成模式。分析的进行即在考验这一先期提出的因素结构的适切性，除了测量工具发展时，可以利用此一程序来检验其结构的有效性，也可用于理论架构的检验，因此又被称为验证性因子分析。

2）同时处理测量与分析问题

传统的统计方法，不论分析的内容为何，多把变项视为真实、具体、可观测的测量资料，在分析过程中，并不去处理测量过程所存在的问题，也就是说，测量与统计是两个独立分离的程序。传统地，如果变项所涉及的概念是如同智力或焦虑等不易界定的心理概念，研究者为了获得可以分析的资料，会先行讨论测量的方法，并以信度与效度的概念程序先行进行评估，一旦通过评估的标准，即将所获得的测量资料进行分析。

相对于传统的做法，SEM是一套可以将测量与分析整合为一的计量研究技术，关键在于SEM将不可直接观察的构念或概念，以潜在变项的形式，利用观察变项的模型化分析来加以估计，不仅可以估计测量过程当中的误差，也可以用以评估测量的信度与效度（如因素效度），甚至可以超越古典测量理论的一些基本假设，针对特定的测量现象（如误差的相关性）加以检测。另外，在探讨变项间关系的时候，测量过程所产生的误差并没有被排除在外，而是同时包含在分析的过程当中，使测量信度的概念可以整合到路径分析等统计推论的决策过程中。

3）以共变量的运用为核心，亦可处理平均数估计

SEM分析的核心概念是变项的共变量（covariance）。共变量是描述统计的一种离散量数，利用变异数的离均差和的数学原理，计算出两个连续变项配对分数（paired scores）的变异量，用以反映两个变项的共同变异或相互关联程度。共变量是一个非标准化的统计量数，受到两个变项所使用的量尺或单位的影响，数值可能介于0~1，如果将共变量除以两个变项的标准差，即可得出标准化共变量（即Pearson相关系数）。

在SEM当中，共变量具有两种功能，一是描述性的功能，利用变项之间的共变量矩阵，我们可以观察多个连续变量之间的关联情形；二是验证性的功能，用以反映理论模型所导出的共变量与实际观测得到的共变量的差异。在SEM分析过程中最重要的一个程序就是导出共变矩阵。如果研究者所设定的SEM模型有问题，或是资料估计过程导致协方差矩阵无法导出，整个SEM即无法完成。

除了共变量以外，SEM也可以处理变项的集中倾向的分析与比较，也就是平均数的检验。传统上，平均数检验是以$T$检定或变异数分析来进行。由于SEM可以对截距进行估计，SEM可以将平均数差异的比较纳入分析模型当中，同时若配合潜在变项的概念，SEM可以估计潜在变项的平均数，使SEM的应用范围更为广泛。

一般而言，SEM主要的优势来自多元回归与因素分析等主要应用于非实验设计的统计技术，但由于SEM可以处理分组变量与平均数估计，因此实验设计所得出的资料也可以利用SEM来分析。

4）适用于大样本的分析

由于SEM处理的变项数目较多，变项之间的关系较为复杂，因此为了不违反统计假设，必须使用较大的样本数，同时样本规模的大小，也牵动着SEM分析的稳定性与各种指标的适用性。因此，样本数的影响在SEM中是一个重要的议题。

与其他统计技术一样，SEM分析所使用的样本规模当然是越大越好，但是最适规模的确定，则会随着SEM模型的复杂度与分析的目的和种类而有相当大的变化。但是，一般来说，当样本数低于100时，几乎所有的SEM分析都是不稳定的。Breckler（1990）曾针对人格与社会心理学领域的72个SEM实证研究进行分析，样本规模介于40~8 650，中数为198。有四分之一的研究小于样本数500，约20%的研究样本规模小于100。因此，一般而言，200以上的样本，才可以称得上是一个中型的样本。若要追求稳定的SEM分析结果，低于200的样本数是不被鼓励使用的。SEM包含了许多不同的统计技术，综观统计分析技术的内容，可以概略分为平均数检定的变异数分析与探讨线性关系的回归分析两大范畴。事实上，这两者并无本质上的差异，前者可以被归为一般线性模型（general linear model）分析技术，后者则是以变项间的线性关系为分析的内容。随着计算机科技的发展、分析软件功能的提升，两种统计模式可以互通，合而为一。

一般线性模型的优点是可以以数学方式来整合不同型态的变异来源，可以不断扩充研究者所欲探讨的变项的数目与影响方式，因此一般线性模型逐渐发展出多种多变量统计的概念，如多变量变异数分析（multivariate analysis of variance）。而回归分析在处理变项的弹性与复杂度上的优势似乎有凌驾于变异数分析之势，但是由于变异数分析简单清楚的数学原理与容易解释分析的特性，它也一直受到研究者的青睐。虽然SEM是以变项的共变关系为主要内容的，但由于SEM模型往往牵涉大量变项的分析，因此常借用一般线性模式分析技术来整合变项，故SEM

分析可以说是多种不同统计分析程序的集合体。

5）重视多重统计指针的运用

虽然SEM涵括多种不同统计技术于一身，但是对于统计显著性的依赖性却远不及一般统计分析，主要原因有三个方面：第一，SEM所处理的是整体模型的比较，因此所参考的指标不是以单一的参数为主要考量的，而是整合性的系数，此时，个别检定是否具有特定的统计显著性不是SEM分析的重点所在。第二，SEM发展出多种不同的统计评估指标，使使用者可以从不同的角度进行分析，避免过度倚赖单一指标。第三，由于SEM涉及大样本的分析，当样本越大，SEM分析的核心概念卡方统计量的显著性，即受到相当的扭曲，因此SEM的评估指数都特意避免碰触到卡方检定的显著性考验。也是这个原因，SEM分析较少讨论到与统计显著性决策有关的第一与第二类型错误议题，显示了SEM技术的优势在于整体层次而非个别或微视的层次。

6）允许回归方程的自变量含有测量误差

在传统统计方法特别是计量模型中，自变量通常都是默认可直接观测的，不存在观测误差。但是对于管理学等社会科学领域很多研究课题来说，模型所涉及的自变量常常不可观测，结构方程模型将这种测量误差纳入模型，能够加强模型对实际问题的解释性。

7）可以同时处理多个因变量

在传统计量模型中，方程右边的因变量一般只有一个。但是在管理学等社会科学领域，因变量常常可以有多个，如员工素质，可以影响企业文化，也可以影响企业绩效，这样，结构方程模型允许统一模型中出现多个因变量，在模型拟合时对所有变量的信息都予以考虑，可以增强模型的有效性。

8）可以在一个模型中同时处理因素的测量和因素之间的结构

在传统的统计方法中，因素自身的测量和因素之间的关系往往是分别计算的——对因素先进行测量，评估概念的信度与效度，通过评估标准之后，才将测量资料用于进一步的分析。在结构方程模型中，则允许将因素测量和因素之间的结构关系纳入同一模型中同时予以拟合，这不仅可以检验因素测量的信度和效度，还可以将测量信度的概念整合到路径分析等统计推论中。

9）允许更具弹性的模型设定

在传统建模技术中，模型的设定通常限制较多。例如，单一指标只能从属于一个因子，模型自变量之间不能有多重共线性等。结构方程模型则限制相对较少。例如，结构方程模型既可以处理单一指标从属于多个因子的因子分析，也可以处理多阶的因子分析模型；在因素结构关系拟合上，也允许自变量之间可能存在共变方差关系。

结构方程模型的基本思路是：首先，根据先前的理论和已有知识，经过推论和假设形成一个关于一组变量之间相互关系的模型；其次，经过测查，获得一组观测变量（外显变量）数据和基于此数据而形成的协方差矩阵，这种协方差矩阵被称为样本矩阵。结构方程模型就是要对构想的假设模型与样本矩阵的拟合程度进行检验，如果假设模型能拟合客观的样本数据，说明模型成立；否则就要修正，如果修正之后仍然不符合拟合指标的要求，就要否定假设模型。

### 8.2.2　结构方程模型在管理领域的应用

从结构方程模型的基本特征分析可以看到，在管理研究领域，结构方程模型有较为广泛的适用范围，主要体现在以下三个方面。

（1）结构方程模型为管理研究所涉及的众多难以衡量的概念提供了一个概念化建模及验证过程。和大多数社会科学研究领域一样，管理领域存在相当多的不可直接观测的概念，管理活动中也往往伴随着很多难以直接量化的指标，在管理研究中常常需要研究这些概念的具体内涵以及它们与其他管理要素之间的关系，结构方程模型为如何测量这些变量及进一步的研究提供了一个有效的分析工具。

（2）管理活动是一个复杂的系统，如果要研究两个变量之间的关系，仅仅考虑这两个变量之间的相关关系是远远不够的，必须把相关的要素全部考虑进来，所得到的研究结果才具备真实性，传统的统计技术很难处理这一类型的问题，特别是当变量本身还具备测量误差时，结构方程模型通过一个系统的结构模型，能够将所有外生变量和内生变量的信息都予以考虑，所拟合的模型具备较强的参考价值。

（3）管理研究领域一些特殊的问题，结构方程模型处理起来尤为方便。例如，同一个概念，如企业战略，到底是一阶的概念，即战略本身可直接分为差异化、低成本等一系列维度，每一维度战略即可以采用指标予以衡量；还是两阶的概念，即战略时首先分为市场开发维度和产品开发维度，在这两个一阶维度之下再分为差异化、低成本等二阶维度。结构方程模型可以比较这两种维度划分模型的拟合效果，从中选择更为适当的模型。

## 8.3　结构方程模型构成

结构方程建模的产生和应用是对变量之间复杂的相互关系进行研究的一个重要的方法性突破。SEM被广泛认为是解决社会科学数据方面复杂的多元关系的一个强有力的工具，它是两种方法性框架的集成，即来源于心理和心理测量学的因子分析与来自经济计量学的路径分析。因此，标准的SEM是由测量模型和结构模型两个部分构成的。测量模型用于识别每个结构变量的指标和评价每个结构变量的可靠性，从而为评估因果关系做好准备；结构模型是指模型中结构变量之间的一系列关系。测量模型用于检验平均值能否用以待验证的研究模型，结构模型用以检验待验证的路径的统计显著性。

结构方程的一般形式包括测量模型和结构模型两部分。关于指标与潜变量间的关系，通常写成如下测量方程：

$$x = \Lambda_x \xi + \delta$$
$$y = \Lambda_y \eta + \varepsilon$$

其中，$x$为外源指标组成的向量；$y$为内生指标组成的向量；$\Lambda_x$为外源指标与外源潜变量之间的关系，即外源指标在外源潜变量上的因子负荷矩阵；$\Lambda_y$为内生指标与内生潜变量之间的关系，即内生指标在内生潜变量上的因子负荷矩阵；$\delta$为外源指标$x$的误差项；$\varepsilon$为内生指标$y$的误差项。

潜变量间的关系通常写成如下结构方程：

$$\eta = B\eta + T\xi + \zeta$$

其中，$\eta$为内生潜变量；$\xi$为外源潜变量；$B$为内生潜变量间的关系；$T$为外源潜变量对内生潜变量的影响；$\zeta$为结构方程的残差项，反映了$\eta$在方程中未能被解释的部分。

潜变量间的关系，即结构方程模型，通常是人们研究的兴趣重点，所以整个分析也被称做结构方程模型。

在SEM的应用中，LISREL统计分析计算机软件的应用最为广泛。它是由瑞典阿帕萨拉大学（The University of Uppsala，Sweden）的Karl G. Joreskog和Dag Sorbom为进行结构方面模型分析所编写的计算机软件。

应用结构方程模型分析心理测量问题具有多项其他统计方法无可比拟的优点：同时处理多个因变量；容许自变量和因变量含测量误差；可以同时估计因子结构和因子关系；容许更大弹性的测量模型；可以同时估计整个模型的拟合程度。

结构方程模型的测量方程部分描述的是潜变量与指标之间的关系，其本质是验证性因子分析，而结构方程则描述潜变量之间的关系。

## 8.4　测量模型的验证性因子分析

实证研究的进行，根据方法与目的不同，主要分为探索性因子研究（exploration factor research，EFA）和验证性因子研究两种。探索性因子研究基本上在资料分析之前并不强调变量间的关系，而是在资料分析后，经由分析所呈现的结果来了解变量间的关系。例如，运用逐步多元回归（stepwise multiple regression）分析实证数据时，逐次加入可能的预测变量（predictor variables）以便筛选出满足检验要求的变量。验证性因子分析的目的在于验证经由理论基础发展而来的研究模式，在数据分析前，研究模式就必须能呈现出变量间的因果关系，再经由数据分析法来验证这些关系。因此，在使用验证性因子分析时，研究者所提出的研究模式必须以坚实的理论为基础。结构方程模型中的测量模型就是一般所称的验证性因子分析，它是在对研究问题有所了解的基础上，对已有的理论模型与数据拟合程度的一种验证。在进行验证性因子分析时必须明确公共因子的个数、观测变量的个数、观测变量与公共因子之间的关系、观测变量与特殊因子之间的关系及特殊因子之间的关系。

对于要进行验证性因子分析的测量模型，我们一般假设：①在总体中，模型中的所有变量（观测变量、潜变量、误差）都设定其平均值为0；②公共因子与误差项之间相互独立；③各独立因子之间的相互独立，有时也可允许共线性存在；④观测变量数大于公共因子数。

验证性因子分析一般为如下六个步骤。

1）模型定义

根据理论假设，定义观测变量与潜变量之间的关系，潜变量之间的关系及特殊因子之间的关系。在进行验证性因子分析之前，一定要考虑模型在理论上的合理性，一个没有理论意义的模型有再好的拟合最终是没用的。

2）模型识别

模型设定完毕后，我们需要进行模型识别，模型没有识别就估计参数会导致无意义的估计与解释。验证性因子分析模型一般可以分为不可识别、恰好识别和超识别三种。模型识别主要考虑模型中每一个自由参数能否由观测数据求得唯一解作为估计。对某一个自由参数，如果不可能将这一参数以样本方差协方差的代数函数表达，那么这个参数就不能识别；如果一个未知参数至少可以由观测变量的方差协方差矩阵中一个或多个元素的代数函数表达，就称这个参数识别了；如果模型中所有的未知参数都是识别参数，那么这个模型就是识别模型。很多情况下，参数可以由一个以上的不同函数来表达，这种参数被称为过度识别参数。过度识别意味着观测变量的方差协方差矩阵含有过量信息，这样，同一参数可以由多种形式来进行估计。如果模型正确，一个过度识别参数在总体中只有一个估计值。一个不能识别的模型指模型中至少有一个不能识别的参数。如果一个模型是不能识别的，所有参数都不能估计。

模型能否识别并不是样本规模的问题，不管样本有多大，一个不能识别的模型仍然不能识别，要想对一个模型进行估计，这个模型就必须是恰好识别或过度识别的模型。LISREL模型的应用着重于过度识别的结构方程模型。自由参数数目少于观测变量中方差和协方差总数。过度识别模型一般不能完全拟合数据，这样，检验这一模型是否拟合观测数据就成为可能。相比之下，恰好识别模型总是完全拟合观测数据，其卡方检验值和自由度永远为0，因为它的自由参数数目等于数据点数。因此，恰好识别模型的拟合优度是无法检验的。

结构方程模型在模型识别中有两个必要条件：其一，数据点的数目不能少于自由参数的数目。数据点的数目就是观测变量的方差和协方差的数目，它等于$(p+q)(p+q+1)/2$，其中$p$为观测变量$y$的数目，$q$为观测变量$x$的数目。在本书中数据点的数目为28个，自由参数个数为17个，符合这一个必要条件。其二，必须为模型中的每个潜在变量建立一个测量尺度。为了建立这一尺度，首先，将潜在变量的方差设定为1；其次，将潜在变量的观测标识中任何一个的因子载荷A设定为一个常数，通常为1。在本书中，就是设定了12个1。

除此之外还有两指标法则和指定因子测量单位法等充分识别条件。模型的识别是一个复杂的过程，结构方程分析软件一般可以提供关于模型能否识别的信息，但并不指明怎样修正模型让其识别，因此在事前要做模型识别工作。

3）参数估计

指标向量$x$在总体中的真实协方差矩阵$\Sigma$是未知的，有了观测样本后，可得到$x$的样本协方差矩阵$S$，我们希望求出这样的参数，使由假设的模型推出的总体协方差矩阵$\Sigma(\theta)$与$S$尽可能接近。要明确$\Sigma(\theta)$与$S$尽可能接近的含义，需要定义一个类似于人们熟悉的"距离"函数，它是$\Sigma(\theta)$与$S$的函数，称为拟合函数，记为$F(\Sigma(\theta),S)$。参数估计就是要求出这样的$\hat{\theta}$，使$F(\Sigma(\theta),S)$达到最小。$\Sigma_{\hat{\theta}}$就是再生协方差矩阵。一般来说有三种方法用于参数估计，即极大似然估计、广义最小二乘估计和未加权最小二乘估计。其中极大似然估计在结构方程的验证性因子分析中应用得最多。

我们在估计中，希望使$F(\Sigma(\theta),S)$最小化，其中$F(\Sigma(\theta),S)$必须具有以下性质：① $F(\Sigma(\theta),S) \geqslant 0$；②当$\Sigma(\theta)=S$时，$F(\Sigma(\theta),S)=0$。

1）极大似然估计原理

$$f(z_1,z_2,\cdots,z_n;\theta)=f(z_1,\theta)f(z_2,\theta)\cdots f(z_n,\theta)=\prod_{i=1}^{n}f(z_i,\theta)$$

其中，$z_{(p+q)\times1}=(y',x')'$。

$$F_{\text{GLS}}=\frac{1}{2}\text{tr}\left\{S^{-1}\left[S-\Sigma(\theta)\right]\right\}^2=\frac{1}{2}\text{tr}\left[I-S^{-1}\Sigma(\theta)\right]^2$$

$$L(\theta)=\prod_{i=1}^{n}\left\{(2\pi)^{-(p+q)/2}\left|\Sigma\right|^{-1/2}\exp\left[(-1/2)z'\Sigma^{-1}z\right]\right\}$$

$$=(2\pi)^{-n(p+q)/2}\left|\Sigma(\theta)\right|^{-n/2}\exp\left(-\frac{1}{2}\sum_{i=1}^{n}z_i'\Sigma^{-1}z\right)$$

$$l = \log L(\theta)$$

$$= -\frac{n(p+q)}{2}\log(2\pi) - \frac{n}{2}\log\left|\boldsymbol{\Sigma}(\theta)\right| - \frac{1}{2}\sum_{i=1}^{n} z_i' \boldsymbol{\Sigma}^{-1}(\theta) z_i$$

$$= -\frac{n(p+q)}{2}\log(2\pi) - \frac{n}{2}\log\left|\boldsymbol{\Sigma}(\theta)\right| - \frac{1}{2}\sum_{i=1}^{n}\text{tr}\left[z_i' \boldsymbol{\Sigma}^{-1}(\theta) z_1\right]$$

$$= -\frac{n(p+q)}{2}\log(2\pi) - \frac{n}{2}\log\left|\boldsymbol{\Sigma}(\theta)\right| - \frac{n}{2}\text{tr}\left[\boldsymbol{S}^* \boldsymbol{\Sigma}^{-1}(\theta)\right]$$

其中，$\boldsymbol{S}^*$ 为以 $n$ 个样本构成的方差协方差矩阵；$\boldsymbol{S}$ 为以 $n-1$ 个样本构成的方差协方差矩阵，但是由于是在大样本情况下考虑问题，因此两者之间的差别可以忽略不计。又因为 $-\frac{n(p+q)}{2}\log(2\pi)$ 为一常数，所以，$l \propto \left(-\frac{n}{2}\right)\left\{\log\left|\boldsymbol{\Sigma}(\theta)\right| + \text{tr}\left[\boldsymbol{S}\,\boldsymbol{\Sigma}^{-1}(\theta)\right]\right\}$。

在上式中我们可以看到，当 $\boldsymbol{\Sigma}(\theta) = \boldsymbol{S}$ 时，其值不等于0，因此我们将上式变形为

$$F_{\text{ML}} = \left(-\frac{1}{2}\right)\left\{\text{tr}\left[\boldsymbol{S}\,\boldsymbol{\Sigma}^{-1}(\theta)\right] + \log\left|\boldsymbol{\Sigma}(\theta)\right| - \log\left|\boldsymbol{S}\right| - (p+q)\right\}$$

其中，$p$ 为观测变量 $y$ 的数目；$q$ 为观测变量 $x$ 的数目；$S$ 表示由原始观测数据给出的 $z = (y', x')'$ 的样本协方差，而 $\boldsymbol{\Sigma}(\theta)$ 则表示模型成立时 $z = (y', x')'$ 的理论协方差值矩阵。

极大似然估计有几个重要的性质。第一，极大似然估计是无偏估计，即用大样本估计总体参数时就平均水平而言既不会出现高估也不会出现低估。第二，极大似然估计具有一致性，即就概率而言，当样本规模扩大时，其参数估计收敛于总体的真值。第三，极大似然估计是有效的，即在大样本时其估计的方差最小。第四，当样本扩大时其参数估计的分布趋于正态分布，即它是渐进正态分布的。第五，极大似然估计函数不受测量单位影响，即改变测量单位，不会影响模型的结果。第六，极大似然估计的拟合函数 $F$ 乘以 $(n-1)$，其中 $n$ 代表样本规模，便可以得到一个卡方检验量，其自由度为数据点个数 $\left[(p+q)(p+q+1)/2\right]$ 减去模型中自由参数的个数 $k$。本书最终选择的模型估计方法就是极大似然估计。

2）广义最小二乘估计

我们可以类似地得到

$$F_{\text{GLS}} = \frac{1}{2}\text{tr}\left[\boldsymbol{S}^{-1}(\boldsymbol{S} - \boldsymbol{\Sigma}(\theta))\right]^2 = \frac{1}{2}\text{tr}\left[\boldsymbol{I} - \boldsymbol{S}^{-1}\boldsymbol{\Sigma}(\theta)\right]^2$$

广义最小二乘估计具有与极大似然估计相似的性质。

3）偏最小二乘估计

偏最小二乘估计（partial least square，PLS）方法是伍德（S. Wold） 和阿巴

诺（C.Albano）等在1983年首次提出的。它是将主成分分析与多元回归结合起来的迭代估计，是一种因果建模的方法。PLS方法对不同潜变量的观测变量抽取主成分、建立回归模型，然后通过调整主成分权数的方法来进行参数估计。其基本思路先对不同隐变量的测量变量子集抽取主成分估计潜变量得分，然后使用普通最小二乘（ordinary least square，OLS）估计载荷系数和路径系数。在形式上，PLS路径模型与LISREL完全模型一样，表示为

$$x = \Lambda_x \xi + \delta$$
$$y = \Lambda_y \eta + \varepsilon$$

其中，$x$为外源指标组成的向量；$y$为内生指标组成的向量；$\Lambda_x$为外源指标与外源潜变量之间的关系，即外源指标在外源潜变量上的因子负荷矩阵；$\Lambda_y$为内生指标与内生潜变量之间的关系，即内生指标在内生潜变量上的因子负荷矩阵；$\delta$为外源指标$x$的误差项；$\varepsilon$为内生指标$y$的误差项。

潜变量间的关系通常写成如下结构方程：

$$\eta = B\eta + T\xi + \zeta$$

其中，$\eta$为内生潜变量；$\xi$为外源潜变量；$B$为内生潜变量间的关系；$T$为外源潜变量对内生潜变量的影响；$\zeta$为结构方程的残差项，反映了$\eta$在方程中未能被解释的部分。

为了论述的方便，潜变量记为$\eta_i$，观察变量记为$X_i$，PLS路径估计的具体步骤如下。

步骤1：用迭代方法估计权重和潜变量得分。

对潜变量进行标准化变化后，它的外部估计$Y_i$为

$$Y_i = \sum \tilde{w}_i (X_i - \bar{X}_i)$$

潜变量的估计为

$$\hat{\eta} = \sum \tilde{w}_i X_i$$

其中，$\tilde{w}_i$为外部权重。

对潜变量进行标准化变化后，它的内部估计$Z_i$为

$$Z_i = \sum V_{ij} Y_j$$

其中，$V_{ij}$为内部权重。

内部权重指在PLS路径模型中有箭头联系的两个潜变量之间的关系。内部权重的确定方法有三个，即因子加权法、重心法和路径加权法。此处选择因子加权法，此时内部权重$V_{ij}$等于$Y_i$和$Y_j$的相关系数。即

若$V_{ij} = \text{cov}(\eta, \xi)$，则$\eta$和$\xi$有关系；反之，$\eta$和$\xi$无关系。

外部权重$\tilde{w}_i = \text{cov}(X_i, Z_j) / \text{Var}(Z_j)$。

开始时权重可以任意赋值，然后进行以上迭代计算，直至收敛为止。

步骤2：估计路径系数和载荷系数。

步骤3：估计位置参数。

在20世纪80年代，基于偏最小二乘法的主成分分析软件已经出现，如LVPLS（Lohmöller，1984）、PLSPath（Sellin and Moses，1989），但这些软件在性能上存在缺陷，使用起来不方便，这影响了PLS路径分析方法在社会科学领域内的应用。近年来，实现PLS路径分析的软件日益增多（如PLS-GUI、VisualPLS、PLS-Graph、SmartPLS、SPAD-PLS等），新一代软件在性能和用户界面上都有很大提高。

4）模型评价

得到参数估计值后，需要对模型与数据间是否拟合进行评价，并与替代SEM用拟合指数判断理论模型与样本数据模型之间的拟合程度，将模型拟合指标进行比较。拟合指数主要是反映 $\Sigma$ 和 $S$ 差异的一个总的指标。拟合指数可分为三类，即绝对指数、相对指数和俭约指数。

（1）卡方统计量（$\chi^2$）最常用的拟合指标是拟合优度指数（goodness-of-fitindex，GFI）的卡方检验统计量。在极大似然估计下，卡方值等于样本量减1乘以拟合函数的最小值。它的计算公式为

$$\chi^2 = (n-1)f$$

自由度为

$$\frac{(p+q)(p+q+1)}{2} - k$$

其中，$f$为拟合函数；$p$为观测变量$y$的个数；$q$为观测变量$x$的个数；$k$为模型要估计的自由参数的总数。

（2）拟合优度指数的计算公式为

$$GFI = 1 - \frac{\hat{F}}{\hat{F}_0}$$

其中，$\hat{F}$ 为拟合函数的最小值；$\hat{F}_0$ 为拟合函数在 $\Sigma$ =0时，对$F$的估计值。GFI度量了观测变量的方差协方差矩阵$S$在多大程度上被模型引申的方差协方差矩阵 $\Sigma$ 所预测，如果 $\Sigma$ =$S$，GFI=1，意味着模型完美拟合。

（3）修正的拟合优度指数。拟合优度指数可以按模型中参数估计总数的多少进行修正，调整后的拟合指数称为修正的拟合优度指数（adjusted goodness-of-fitness dex，AGFI），它的计算公式为

$$AGFI = 1 - \frac{(p+q)(p+q+1)/2}{df}(1 - GFI)$$

其中，（$p+q$）为观测变量的个数；$(p+q)(p+q+1)/2$为数据点的个数；df 为自由度。估计参数相对于数据点总数越少或df 越大，AGFI就越接近GFI。

从计算公式中我们可以看出，以上两个指数的取值都在0~1，越接近1对应于越好的拟合，一般大于0.9时，则认为模型拟合观测数据。与$\chi^2$不同的是，GFI和AGFI不是样本容量的函数，因为它们并不是统计量，只是测量了样本方差中估计方差所占的加权比例。

（4）残差均方根（root mean square residual，RMR），它的计算公式为

$$RMR = \sqrt{\frac{2\sum\sum\left(s_{ij} - \hat{\sigma}_{ij}\right)^2}{(p+q)(p+q+1)}}$$

其中，$s_{ij}$为观测得到的方差协方差矩阵的各个元素；$\hat{\sigma}_{ij}$为估计得到的方差协方差矩阵的各个元素。由上式我们可以看出，RMR越接近于0，说明模型拟合效果越好。

（5）本特勒–波内特规范拟合指数（Bentler-Bonett normed fix index，NFI）通过对设定模型的卡方值与独立模型的卡方值进行比较来评价模型。它的计算公式为

$$NFI = \frac{\chi^2_{indep} - \chi^2_{model}}{\chi^2_{indep}}$$

其中，$\chi^2_{indep}$为独立模型（independence model）的卡方值估计；$\chi^2_{model}$为设定模型（dcfault model）的卡方值估计。独立模型是指假设所有变量之间没有相关关系，也就是说，模型中所有的路径系数和外生变量之间都固定为0，只估计方差。NFI测量独立模型与设定模型之间卡方值的缩小比例，我们可以将此视为设定模型比独立模型在拟合上的改善程度。这个指数在0~1，越接近1对应于越好的拟合，一般大于0.9时，则认为模型拟合观测数据。

（6）本特勒比较拟合指数（comparative fit index，CFI），这个指标也是通过与独立模型的比较来评价拟合程度的，它运用了非中心的卡方分布与非中心性的参数$\tau_i$。$\tau_i$的值越大，模型设定的错误就越大；$\tau_i = 0$表示完全拟合。CFI也适用于对小样本模型的拟合。它的计算公式为

$$CFI = 1 - \frac{\tau_{model}}{\tau_{indep}}$$

其中，$\tau_{model} = \chi^2_{model} - df_{model}$；$\tau_{indep} = \chi^2_{indep} - df_{indep}$。

和NFI一样，这个指数在0~1，越接近1对应于越好的拟合，一般大于0.9时，则认为模型拟合观测数据。

Marsh（1998）等指出，优秀的拟合指标具备以下特征，即样本独立性（拟合指数不受样本量大小的系统影响）、惩罚复杂模型（即拟合指数要根据模型参数的数量而变化，惩罚参数多的模型），并且在来自统一总体的不同样本中具有稳定性。Hau（2000）推荐使用RNI、CFI、NNFI（non-normed fit index，即非规范拟合指数）

等指数。Hu和Bentler（1999）及Quintana和Maxwell（1999）推荐CFI、RMSEA（root-mean-square error approximation，即近似误差均方根）和SRMR（standardized root-mean-square residual，即标准残差均方根）作为模型拟合的指标。根据研究者的推荐（Browne and Cudeck，1993；Hu and Bentler，1999；MacCallum and Austin，2000；Tanaka，1987），本书选取以下指标作为拟合指数：较拟合指数、非规范拟合指数、近似误差均方根和标准残差均方根，$\chi^2$ 值是最基本的拟合度指标，若检验结果差异不显著且 $\chi^2 / df$ 值越接近于零，则表明模型拟合程度越好。但 $\chi^2$ 值对样本量非常敏感：当样本很小时，$\chi^2 / df$ 往往也很小，使与真实模型相距甚远的候选（错误）模型，也给人拟合的错觉；而当样本量很大时，$\chi^2 / df$ 也很大，似乎所有的候选模型（即使稍有差别）都很难通过，即 $\chi^2 / df$ 值拒绝模型的概率增大。CFI不受样本大小影响，但不惩罚复杂模型。这些增值拟合指数的值均在0~1，越接近1表示拟合越好，大于0.9则可认为拟合良好。NNFI由Tucker和Lewis提出，又称TLI。NNFI不受样本大小影响，能较好地惩罚复杂模型（执行"简约"原则），并能准确分辨模型的不同偏差程度，是专家一致推荐的比较稳定的拟合指数。近似误差均方根受样本数量影响较小，对参数过少的候选模型敏感，是比较理想的指数。RMSEA的值越小越好，Steiger等（1985）认为RMSEA低于0.1表示好的拟合，低于0.05就是非常好的拟合。标准残差均方根的值低于0.08就认为模型拟合良好。

常用的评价模型拟合程度的一些指数及特征如表8-1所示。

**表 8-1 验证性因子分析模型拟合指数总结表**

| 类型 | 拟合指数 | 参考标准 | 备注 |
|---|---|---|---|
| 绝对拟合指数 | $\chi^2 / df$ 统计量 | <3 | 多组比较时有用 |
| | 拟合优度指数 GFI | >0.90 | 应用不同模型评价表现稳定 |
| | 近似均方根误差 RMSEA | <0.08 | 模型不简约时加以惩罚 |
| | 调整的拟合优度指数 AGFI | >0.90 | 增加自由度时调整 GFI |
| 相对拟合指数 | CFI | >0.90 | 对比较嵌套模型有用 |
| | 标准拟合指数 NFI | >0.90 | 对小样本比较敏感 |
| | Tucher-Lewis 指数 NNFI | >0.90 | 用来比较嵌套模型 |
| | 递增拟合指数 IFI | >0.90 | 应用最小二乘，比 NNFI 好 |

资料来源：侯杰泰等（2004）

在评价一个验证性因子分析模型时，必须检查多个拟合指数，而不能依赖某一个指数，一般都要考虑的指数有 $\chi^2 / df$、GFI、AGFI、RMSEA、CFI和NFI等。

5）模型选择

模型选择是许多研究者经常面临的问题之一。在结构方程模型中，这意味着可能存在几个均受先验理论支持和估计结果支持的可选模型（alternative model），而研究者希望能够选择其中一个"最好的"模型。这里所谓的理论支持是指模型所体现的变量关系是符合研究理论的，而不被理论排斥；所谓的结果支持是指模型的各项估计值均是合理有效的，不存在不受支持的结果，如负的方差等。特别地，可选模型都具有一个可以接受的整体拟合优度，因此，研究者无法单纯地从单个模型的拟合优度上来选择模型。

模型的选择与可选模型之间的关系存在很大的联系。可选模型之间的很常见的一种关系是"嵌套"（nested）关系。所谓的嵌套是指两个模型的参数相同，但其中一个模型的自由参数是另一个模型的自由参数的子集。记 $c = (n-1)F\left[\boldsymbol{S}, \boldsymbol{\Sigma}(\hat{\boldsymbol{\Theta}})\right]$ 分别为两个模型 $M_A, M_B$ 的参数集，那么 $M_A$ 嵌套于 $M_B$，意味着 $\Theta_A \subset \Theta_B$ 成立。此时模型 $M_A$ 可以通过增加参数达到 $M_B$，或者反之，$M_A$ 通过减少参数达到 $M_B$。当两个模型嵌套时，可以似然比检验、Wald检验等对两个模型的对应量进行统计检验以考察模型的差异程度，为模型的选择提供依据。

对于结构方程模型而言，当两个模型嵌套时可以通过 $\chi^2$ 值对其进行相应的检验。研究表明，两个嵌套模型的 $\chi^2$ 统计量之差同样服从 $\chi^2$ 分布，其自由度为嵌套模型的自由度之差（Steiger et al.，1985）。记 $\chi_A^2$、$\chi_B^2$ 分别为模型 $M_A$ 和 $M_B$ 的 $\chi^2$ 统计量，其自由度分别为 $df_A$、$df_B$，则其差 $\chi_d^2 = \chi_A^2 - \chi_B^2$，服从 $\chi^2$ 分布，自由度为 $df_d = df_A - df_B$。嵌套模型的这一特性为嵌套模型的选择提供了统计检验的方法，即对 $\chi^2$ 检验统计量的差异 $\chi_d^2 = \chi_A^2 - \chi_B^2$ 进行统计检验，在给定的显著性水平 $\alpha$ 下，如果 $\chi_d^2 = \chi_A^2 - \chi_B^2$ 是显著的，则说明两个模型的拟合程度存在显著差异。当两个模型不具备嵌套关系时，则无法使用上述方法。在这种情形下，模型的选择可以参考一些信息准则（information criteria）进行，对于一个统计模型而言，拟合度和简约性是两个重要的准则，人们总是倾向于在满足拟合要求的情况下，寻找最简约的模型。由此，也产生了许多同时考虑模型的拟合度和简约性的评价指标，最主要的包括Akaik信息准则（Akaik information criterion，AIC）、一致性Akaike信息准则（consistent AIC，CAIC）和期望交叉证实指数（expected cross-validation index，ECVI）。它们分别定义为

$$AIC = c + 2t$$
$$CAIC = c + \left[1 + \ln(n)\right]t$$
$$ECVI = c / (n-1) + 2\left[t / (n-1)\right]$$

其中，$c = (n-1)F\left[ \mathbf{S}, \mathbf{\Sigma}(\hat{\boldsymbol{\Theta}}) \right]$ 事实上就是模型的 $\chi^2$ 值；$n$ 为样本规模；$t$ 为模型中独立参数的数目。与拟合优度指数或者比较拟合指数不同，在这里，这些指标值越小，越说明模型简约并拟合很好。因此在模型选择中，可以选定一个指标，然后选择这一指标值最小的模型作为"最优模型"。

在结构方程模型的选择中，困难的是"等价模型"（equivalent models）的问题。Stelzl（1986）提出了"等价模型"的概念。在考虑模型整体拟合的条件下，无法进行相互区分的模型被称为等价模型。在结构方程模型中，等价模型意味着其中任一个模型所拟合的协方差阵 $\mathbf{\Sigma}_{\mathrm{A}}$，等同于另一个模型所拟合的协方差阵 $\mathbf{\Sigma}_{\mathrm{B}}$，此时两个模型对资料的拟合程度是相同的，因此无法在统计的角度上进行区分。虽然有时候基于理论或者研究背景能够对等价模型进行取舍，但是等价模型仍然可能意味着同一套资料存在不同的解释，而这为研究者的模型解释带来了困难。研究者应该对可能的等价模式具有清醒的认识。

6）模型修正

如果模型不能很好地拟合数据，就需要对模型进行修正和再次设定。模型的修正需要决定如何删除、增加和修改模型参数，以增进模型的拟合程度，任何一次模型的修正和设定都要重复上述五个步骤。

## 8.5 测量模型的具体评估

Bollen（1989）认为虽然整体模型的拟合可以获得接受，但是个别参数可能是无意义的，因此要深入了解每一个参数，对理论的验证才更能够获得保证。也就是要进行模型内在结构适配度（fitness of internal structure of model）的检验，除了上述对模型整体拟合程度的评估，还要评估观察变量与潜在变量的信度、效度，估计参数的显著水平。一般来讲，测量模式内在质量评估主要涉及检定模式中各因子的信度和效度。

### 8.5.1 个别指标检验

Bollen（1989）认为测量模型中个别指标的效度评估可以用指标与潜在变量之间系数的大小及其显著性来表示。个别指标在其潜在变量上的自由度为1，$t$ 值的绝对值至少是1.96。测量模型指标的个别信度是标准化负荷系数的平方，按照Bollen（1989）的意见，只要 $t$ 值达到显著，个别指标信度即可接受。

Bagozzi 和 Yi（1988）对个别指标的效果要求标准比较高，他们认为个别指标信度宜大于0.50，这样一来，其标准化负荷必须大于0.70，其信度才可以大于0.50。而当自由度为1，标准化负荷大于或等于0.71时，其 $t$ 值必然远大于1.96。这种严格性，使所建构的指标通常达不到要求。对于结构方程建模而言，重要的是验证理论假设是否正确，结构方程是检验的主要对象，如果使用Bagozzi和Yi（1988）所建议的严格门槛，那么会经常使测量模式无法通过标准，使结构模式系数的解释产生问题。所以，一般对个别指标的检验是标准化因子负荷大于0.5，且$t$值大于显著性水平即可。

### 8.5.2　测量因子信度

信度是指测验的一致性程度，美国心理学会认为信度是测量分数免于测量误差的程度，当误差越小的时候，信度也就越高。估计信度的方法有多种，以何种方法来估计信度取决于测量的种类、测量目的及计算信度工具的可利用性。其中，最常用的指标是克龙巴赫$\alpha$信度和建构信度。

Cronbach（1951）所提出的$\alpha$系数，是目前社会科学研究最常用的。当$\alpha$值越高，表示潜变量各测量项目的结果越趋一致，即问卷信度越高。Guieford（1965）指出当$\alpha$系数低于0.35，则属低信度，问卷不适用；若$\alpha$系数大于0.7，则表示信度相当高，即问卷设计佳；若$\alpha$系数介于0.35~0.7，则属中信度，即问卷可接受。Nunnally（1978）认为因子的克龙巴赫$\alpha$值平均大于0.6即可。

SEM本身发展出一种可以用于检验潜在变量信度的指标为建构信度，也叫组合信度（composite reliability，CR）。其计算公式为

$$CR = \left(\sum L_i\right)^2 \Big/ \left[\left(\sum L_i\right)^2 + \sum \mathrm{Var}\left(E_i\right)\right]$$

其中，CR为建构信度；$L_i$为观察变量在潜变量上的标准化负荷；$\mathrm{Var}(E_i)$为观察变量的测量误差。

Bagozzi和Yi（1988）认为潜变量的建构信度宜大于0.60，而有些学者认为大于0.5即可。也有人认为信度系数在0.9以上是"优秀的"，0.8左右是"非常好的"，0.7则是"适中"，0.5以上可以接受，低于0.5表示至少有一半的观察变异来自随机误差，因此其信度不足，不能接受。因此，综合地讲，在进行验证性因子分析时，个别变量指标信度可以采用0.5作为低标，而潜在变量的信度相对需要高一些，采用0.6作为低标比较合适。

### 8.5.3　测量因子效度

效度是指测量所欲测量的特质和行为的正确性，或者测量能否测量到其所要测量特质程度的统计指标。对测量方程效度的检验一般要考察内容效度、聚合效度（convergent validity）和区分效度（discriminant validity）。

内容效度是指测量工具内容的适切性，若测量内容（问卷）涵盖所有研究计划所要探讨的架构及内容，就可说是具有优良的内容效度。此外，问卷内容能代

表我们所欲测量的问题时，则表示其内容效度很高。要提高测量的内容效度，一般要以理论为基础，参考以往多数学者相类似的研究问卷内容及衡量项目，并针对研究对象的特性加以修改，经由专业人士与学者对其内容审慎检视，继而进行预试及修正，从而使衡量工具能符合内容效度的要求。

一般认为，各潜变量所属的因素负荷都大于0.7标准（即估计参数之$t$值均大于2.0），显示本书的研究量表潜变量具备聚合效度。在SEM分析中，聚合效度还通常由潜在变量提取的平均方差来说明。接受测量项目的一个常用标准是测量项目的解释力超过其误差方差（error variance）。其计算公式如下：

$$AVE = \sum L_i^2 \Big/ \Big[ \sum L_i^2 + \sum Var(E_i) \Big]$$

其中，AVE为平均变异抽取量；$L_i$为观察变量在潜变量上的标准化负荷；$Var(E_i)$为观察变量的测量误差。

AVE评价了潜在构思变量相对于测量误差来说所解释的方差总量。如果提取的平均方差在0.5或以上则表示构思变量的测量有足够的聚合效度，AVE的最低水平为0.5。

区分效度是指理论体系中，某一因子与其他因子在特质方面之差别程度。其检验方法有两种，一是若一个测量模型具有判别效度，则在抽样误差的范围内，所有因素间的相关系数不可以包含1；二是就SEM而言，两个因子之间的区别效度检定是求限制模式与未限制模式两者之$\chi^2$值的差，两者$\chi^2$值差距越大，表示这两个因子的区别效度越大。限制模式与非限制模式两者主要的差别是，前者要限制这两个潜在变量之间的相关系数为1.0，而后者则界定相关系数为自由参数，并让计算机计算其模式适配度$\chi^2$值。非限制模式的适配度$\chi^2$值越小，则表示这些特质的相关性越低，其区别效度就越高。换句话说，若限制模式与非限制模式两者$\chi^2$值的差达显著水平（$p<0.05$），则表示这两个因子具有高的区别效度，即在配对的两个因子之间，若未限制模式的$\chi^2$值远比限制模式的$\chi^2$值来得小，则表示区别效度越佳。

## 8.6　结构方程模型分析步骤

结构方程模型是利用一定的统计手段，对复杂的理论模式加以处理，并根据模式与数据关系的一致性程度，对理论模型进行适当评价，从而达到证实或证伪研究者事先理论假设的目的。

结构方程结构模型建模一般有五个步骤。

1）模型设定

根据理论和以往研究成果来设定假设的初始理论模型，然后将理论模型中的假设建构一个因果关系的路径图，再将路径图转换成一系列的结构方程式和测量方程式。

2）模型识别

决定是否能够求出参数估计的唯一解。在有些情况下，模型被错误地设定，其参数不能识别，求不出唯一解，因而模型无解。

关于模型 $\boldsymbol{\eta} = \boldsymbol{B}\boldsymbol{\eta} + T\boldsymbol{\xi} + \boldsymbol{\zeta}$，若 $\boldsymbol{\eta}$ 为由 $p$ 个内生变量组成的 $p \times 1$ 向量，而 $\boldsymbol{\xi}$ 为由 $q$ 个外源变量组成的 $q \times 1$ 向量，则上述方程可变为 $\boldsymbol{\eta} = (1 - \boldsymbol{B})^{-1}(\boldsymbol{\Gamma}\boldsymbol{\xi} + \boldsymbol{\zeta})$。设矩阵 $\boldsymbol{\varphi} = \mathrm{COV}(\boldsymbol{\zeta}, \boldsymbol{\zeta})$，即 $\boldsymbol{\varphi}$ 是残差向量的协方差矩阵，矩阵 $\boldsymbol{C} = (\boldsymbol{I} - \boldsymbol{B}, -\boldsymbol{\Gamma})$，则结构方程模型的识别法则和条件如表8-2所示。

**表 8-2  结构方程模型识别法则和条件**

| 识别法则和条件 | 识别对象 | 条件要求 | 充分和必要条件 |
| --- | --- | --- | --- |
| $t$-法则 | 模型 | $t \leq (p+q)(p+q+1)/2$ | 必要条件 |
| 递归模型 | 模型 | $\boldsymbol{B}$ 为严格下三角矩阵，$\boldsymbol{\varphi}$ 为对角矩阵 | 充分条件 |
| 零 $\boldsymbol{B}$ | 模型 | $\boldsymbol{B}=0$ | 充分条件 |
| 阶条件 | 方程 | 测量方程的变量至少为 $p-1$，$\boldsymbol{\varphi}$ 自由估计 | 必要条件 |
| 秩条件 | 方程 | $\boldsymbol{C}_i$ 的秩为 $p-1$，$\boldsymbol{\varphi}$ 自由估计 | 充要条件 |

在进行完整的结构方程模型识别检验时，一般分三步：

第一，根据 $t$-法则，要使模型需要估计的参数 $t \leq (p+q)(p+q+1)/2$，但这仅是必要条件。

第二，不区分外源变量和内生变量，把所有因子都看做紧 $\boldsymbol{\xi}$ 因子，再按照第5章中所介绍的验证性因子分析模型识别方法进行测量模型的识别判断。

第三，在结构方程部分，把外源和内生的潜变量视为可观测变量（没有测量误差），再根据表8-2中的阶条件和秩条件进行模型识别。

3）模型估计

模型参数可以采用几种不同的方法来估计，即求解模型中的各个参数的估计值，以使模型尽可能好地再生观测变量的方差和协方差矩阵。参数估计的方法有工具变量法（instrument variable，IV）、两阶段最小平方法（two stage least square method，TSLS）、未加权最小平方法、极大似然估计法（maximum likelihood estimation，ML）、广义加权最小平方法（generalized weighted least squares，WLS）和对角加权最小平方法（diagonal weighted least squares，DWLS）。最常用的模型估计方法是最大似然法和广义最小二乘法。

4）模型评价

在取得参数估计值后，需要对模型与数据间是否拟合进行评价，并与替代模型的拟合指标进行比较。关于模型的总体拟合程度有许多衡量标准，拟合指数分为绝对拟合指数（absolute indexes）和相对拟合指数（relative index）。绝对拟合指数主要是比较观察到的与期望的方差和协方差，测量绝对的模型拟合，常用的绝对拟合指数有拟合优度卡方检验（$\chi^2$ goodness of fitness test）、拟合优度指数、调整的拟合优度指数和近似误差均方根。相对的拟合指数是比较一个模型与另一个模型的相对拟合，常用的指数有相对拟合指数、标准拟合指数和非标准拟合指数。

5）模型修正

若模型不能很好地拟合数据，就需要对模型进行修正和重新设定，也就是需要决定如何删除、增加或修改模型的参数，通过模型的再设定可以增进模型的拟合程度。在实际应用中，研究者通常根据一些统计分析结果，如残差、模型修正指数（modification index，MI），进而放宽、固定或改动模型，使模型更拟合数据。

## 8.7　结构方程分析软件比较

研究隐变量之间的结构关系主要有两种方法：一是协方差分析，二是PLS路径建模（这里不要与PLS回归相混淆）。虽然这两种方法几乎同时出现，但是其发展的路径却大相径庭。自从20世纪80年代初第一代LISREL软件开发成功以来，协方差分析就进入了快速成长时期，该软件的用户友好的图形界面（如LISREL和AMOS软件）使研究者们摆脱了使用矩阵和函数方程形式设立模型的烦恼。虽然当时一些针对非参数和分类数据的估计方法（如多层分析、多群分析和精炼混合模型）已经同时出现，但协方差结构分析依然成为最为流行的社会科学应用分析软件。

与之相反，PLS路径建模的基本算法和第一个软件包分别于20世纪80年代和90年代就已经被提出和开发成功，但是直到最近，它才被一些研究者应用于营销领域，这主要是由于软件的易用性和功能存在很大的缺陷。但这种状况已经得到了改善，研究者有了在几个用户界面友好的软件之间选择使用的自由。特别是，在营销管理和组织管理领域需要解决形成性构念的内在要求更加激起了人们应用PLS路径建模的兴趣。虽然形成性构念也可以使用协方差法进行估计，但是该法通常会遭遇模型识别问题，而这在PLS路径模型中并不构成问题。

### 8.7.1　LISREL 方法

LISREL方法也称协方差建模方法，它建立在协方差结构的基础上，从变量之间的协方差结构入手，通过拟合模型估计协方差 $\Sigma(\theta)$ 与样本协方差（$S$）来估计模型参数。LISREL使用极大似然、非加权最小二乘、广义最小二乘或其他方法，构造一个模型估计协方差与样本协方差的拟合函数，然后通过迭代方法，得到使拟合函数值最优的参数估计。为了得到最优估计，ML方法的计算量很大。如果模型可识别，Hessian矩阵（信息矩阵，即似然函数对模型中任意两个参数的二阶偏微分矩阵）必须是正定的。LISREL软件可以对SEM模型进行识别，对所有估计参数的标准误差进行检验，并对模型拟合程度进行检验。以协方差为主的结构方程分析软件很多，LISREL是其中一个较早问世且流行至今的软件，其他主要软件有AMOS、EQS、RAMONA、SEPATH及CALLS等。

### 8.7.2　PLS 路径建模分析

近年来面向PLS路径模型的软件数量正在增长，而这些软件的功能差异明显。本书将对现存的PLS路径软件进行综合概括，对比分析这些软件之间的特点和功能，帮助用户根据需要选用适合的分析软件。鉴于PLS路径建模在国内的营销和组织管理领域的应用正在如火如荼地展开，本书将有效地弥补国内研究者对PLS软件了解的不足。

在第一代PLS软件——LVPLS推出之后，紧随其后又出现了几个PLS软件，如PLS-GUI、VisualPLS、PLS-Graph、SPAD-PLS和SmartPLS。这些软件中都或多或少含有Wold（1985）和Lohmöller（1984）开发的基本算法。但要注意的是，这些软件的开发依然在进行中，功能都在不断完善。因此，本书在对比这些软件的功能和特点时，以2006年8月之前发布的软件版本为准。

（1）LVPLS。LVPLS 1.8（Lohmöller，1984）是第一代基于DOS操作系统的PLS软件，它包括两个不同的基本模块：LVPLSC模块分析协方差矩阵，LVPLSX模块则处理原始数据；为了设定输入文件，需要一个外部编辑器，输入设定需要用一个特定形式进行；运行结果以txt文件形式呈现，程序还提供了blindfolding和jackknifing两种重复抽样技术，但是，在分析协方差矩阵数据时，重复抽样技术不能使用。

（2）PLS-GUI。拥有视窗图形界面的PLS-GUI软件（Li，2003）和LVPLS一样都支持对原始数据和协方差矩阵的处理；为了设定模型，用户被菜单逐步引导完成设定；一些附加选项（如缺失值代码设定等）以单独的视窗给出；程序最后由可执行文件pls.exe创设输入文件，如有需要用户还可以修改输入文件；它的输出文件形式与LVPLS软件一样，但是，当前的版本中具有bootstrap重复抽样功能，这在LVPLS中是没有的。

（3）VisualPLS。基于Windows操作系统的VisualPLS（Fu，2006）具有用户友好的交互视窗显示，但它只能处理原始数据，模型的设定通过拖拽的方式为隐变量分配观测变量和设定模型的结构关系；基于图示的模型，该程序产生一个独立的LVPLS输入文件，由pls.exe运行；它接受不同形式的输入数据；运行结果可以分别以txt、html、excel三种形式显示，除了拥有blindfolding和jackknifing两种重复抽样技术以外，它也整合了bootstrap功能。同时，它还提供交互效应分析和二阶因子分析。

（4）PLS-Graph。PLS-Graph（Chin，2003）也是基于视窗的软件，它修正了LVPLS的一些算法，也只能处理原始数据；设定模型可以通过视图方式拖拽完成路径图和隐变量与观测变量的关系设定；菜单中有多种重复抽样技术可以选用，输入文件是txt，它只能被PLS-Graph处理，但不能被LVPLS处理，参数估计的结果以路径图的方式显示在线上；重复抽样技术包括blindfolding、jackknifing和bootstrap。

（5）SPAD-PLS。该程序是综合数据处理软件SPAD（在Windows下运行，由法国Test&Go.公司开发）中的一个子模块；SPAD-PLS软件也不处理协方差矩阵，只处理原始数据；模型的设定需要在Java附属程序下通过图示法和菜单法完成，软件还提供了多种缺失值的处理方法和多重共线性的识别功能。运行结果以图示法、txt和excel形式呈现；它也提供了blindfolding、jackknifing和bootstrap重复抽样技术。

（6）SmartPLS。该程序基于JAVA技术，因此SmartPLS（Ringle et al.，2005）是独立于用户的操作系统的。另外，它也只分析原始数据；模型设定同样可以通过在视图上拖拽完成路径图关系设定及其隐变量和观测变量的关系设定；输出形式包括图示excel、html和Latex几种形式；blindfolding和bootstrap重复抽样技术可用，也像VisualPLS一样提供交互效应分析；它还具有一个其他软件不具备的功能，可以对不可观测异质性变量进行精炼混合模型设定。

### 8.7.3　PLS路径软件的比较

为了帮助使用者合理选用PLS软件，下面将就运行环境要求、数据处理的方法、易用性几个方面对上面述及的6个软件进行比较。另外，我们还指出用户在使用具体某个软件时应该注意的问题，具体比较结果见表8-3。

表 8-3 PLS 路径分析软件特征比较

| | 特征 | LVPLS | PLS-GUI | VisualPLS | PLS-Graph | SPAD-PLS | SmartPLS |
|---|---|---|---|---|---|---|---|
| 运行环境要求 | 操作系统 | DOS | Windows | | | | 独立（JAVA） |
| | 数据 | 原始数据/协方差矩阵 | 原始数据 | | | | |
| | 量表层次 | 二分外生变量/十进制 | | | | | |
| | 缺失值定义 | 每个变量单独定义 | 共同定义 | | | | |
| | 数据格式 | .inp（ASCⅡ） | .dat（ASCⅡ） | | .raw（ASCⅡ） | .sba（ASCⅡ，SPSS、SAS） | .txt（ASCⅡ），.csv |
| 数据处理的方法 | 数据制式 | •μ=0, σ=1；•μ=0, σ=1, rescal；•μ=1；rescal；原始值 | | | | | |
| | 缺失值处理 | 列删/均值替代 | | | | | |
| | 权重 | 因子权重，路径权重 | | | | | |
| | 重复抽样 | blindfolding、jackknifing | blindfolding、jackknifing 和 bootstrap | | | | blindfolding、jackknifing |
| | 交叉效度 | 共同度、冗余 | 无 | 共同度、冗余 | | | |
| 易用性 | 设定 | 文本编辑 | 图示 | | | | |
| | 输出 | ASCⅡ | txt、excel、html | ASCⅡ | txt、excel | | excel、html 和 Latex |
| | 图形输出 | 无 | 路径图 | | | | |
| | 开发者 | Lohmöller（1984） | Li(2003) | Fu（2006） | Chin（2001） | Vinzi 等（2005） | Hansman 和 Ringle（2004） |
| | 网址 | 不可用 | 可用 | | | | |
| | 可用性 | 免费软件 | | | | 法国 Test & Go. | 免费软件 |

1）运行环境要求

比较来说，使用UNIX/LINUX和Mac操作系统的用户只能使用平台独立性的SmartPLS软件，几乎所有的软件都希望测量变量的数据是连续型数据（如五分制尺度量表数据），但是它们也可以处理二分的外生变量数据。如果输入的是协方差矩阵，则只有LVPLS和PLS-GUI才能处理。所有的软件都可处理ASCⅡ数据，只是SPAD-PLS需要把它转换成sba形式。SPAD-PLS还支持其他软件包产生的数据（如SPSS、SAS），它通过特有的模块处理之后即可分析数据。

2）数据处理的方法

（1）缺失值处理。在经验分析中经常碰到数据的缺失情况，有几种方法用于处理缺失值。LVPLS提供了缺失值的均值替代和列删功能，PLS-GUI、VisualPLS、PLS-Graph、SmartPLS和SPAD-PLS的处理办法与之相似。但是这种样本删除法的缺陷是它删掉了一些带有缺失值的样本，也抛弃了很多有用信息，使估计效率降低，造成有偏估计，通常不建议使用者采用这种方法。SPAD-PLS的下一个版本提供了EM和NIPALS方法用于缺失值的处理。

（2）多重共线性。多重共线性会影响观测变量的负荷系数和隐变量之间的路径系数估计。通常探测观测变量之间的多重共线性严重程度的方法是检视相关矩阵、计算方差膨胀因子和检测条件指数。SPAD-PLS是目前唯一一个可以探测变量多重共线性的软件。

（3）重复抽样技术。因为PLS有一个突出的特点，它不依赖于任何的分布假设，参数估计的显著性水平是基于正态分布的，严格地说这并不合适。因此，参数估计的有效性和显著性需要通过重复抽样技术予以确定。除了LVPLS、SmartPLS软件提供了两种重复抽样技术——blindfolding、jackknifing，其余软件均提供了三种重复抽样技术——blindfolding、jackknifing和bootstrap，而bootstrap比其他两种重复抽样技术在提供有效的标准误和$t$值方面能力更强。为了评价模型的质量，模型有效性的标准已经出现在一些文献中。除了PLS-GUI，其余软件均可计算交叉效度——共同度和冗余度。

3）易用性

与LVPLS相比，其他软件均表现出用户界面友好的特征。而VisualPLS、PLS-Graph、SPAD-PLS和SmartPLS都允许用户以图示方式设置模型，还可以把设置好的模型、数据组和运行结果保存为单个文件夹。VisualPLS和SmartPLS还以图示的方式进行交互效应分析。这些交互效应分析模块对反射性变量来说是很方便的，但是目前还未有针对形成性变量的交互效应分析模块。大部分程序提供了多种结果显示形式（txt、excel、html、路径图等），只有PLS-GUI和LVPLS没有图示的界面，模型的设定也很难。对于大部分的软件来说，用户手册、训练数据，包括软件本身在网络上都可以免费得到。

### 8.7.4 两种方法的差异

PLS和LISREL方法，既有相似之处，也有不同。它们的第一个相似点是都采用箭头示意图作为模型的图形表示。第二个相似点是在每个区组（block），都假设测量变量与潜变量和误差项为线性关系，即

$$y = \Lambda y \eta + \varepsilon x = \Lambda x \xi + \delta$$

第三个相似点是路径关系（PLS中称为内部关系）的表达形式一样，即

$$\eta = B\eta + \Gamma\xi + \varsigma$$

或

$$\eta = \Gamma\xi + \zeta$$

第四个相似点是对每个内生变量区组，都给出显变量$y$的因果预测关系，即用

潜变量路径关系中的解释变量来表示y

$$y = \Lambda y(B\eta + \Gamma\xi) + \varepsilon + \Lambda y\zeta$$

PLS和LISREL也有许多不同之处。由于PLS是从主成分分析发展而来的，LISREL是从因子分析发展而来的，它们的区别类似主成分分析与因子分析的区别。

（1）分布假设不同。PLS方法没有分布要求，而LISREL方法假设显变量的联合分布为多元正态。PLS为了处理缺乏理论知识的复杂问题，采取"软"方法，避免LISREL模型严格的"硬"假设。这样，不论模型大小，PLS方法都可以得到"瞬时估计"（instant estimation），并得到渐进正确的估计。

（2）目标不同。PLS方法的目标是根据区组结构、内部关系和因果预测关系进行预测的，而LISREL方法研究的目标是矩阵$\Sigma$的结构。

（3）假设检验不同。PLS方法采用Stone（1974）和Geisser（1974）的交叉验证（cross-validation）方法检验，考察因果预测关系；LISREL方法一般使用似然比检验，考察观测矩阵$S$和理论矩阵$\Sigma$的拟合程度。

（4）估计顺序不同。PLS方法通过逼近，先将每个区组的潜变量的估计得分表示为测量变量的加权合计，然后通过一系列权重关系的迭代，得到权重的估计。LISREL方法先估计载荷$\Lambda y$和$\Lambda x$，在这个过程中消去潜变量，然后通过对测量变量的多元OLS回归，估计潜变量的样本值（因子得分）。

（5）方程中变量间的关系不同。PLS方法将系统部分和定义为给定解释变量值时的条件期望，作为变量间的因果预测关系。而LISREL方法将结构关系定义为具有误差的确定性"方程"，即变量间是具有误差的确定性关系。

（6）模型的识别不同。PLS方法中，虽然潜变量的估计是逼近得到的，但由于估计是显式的（explicit），因此PLS方法中没有识别问题。LISREL方法中，矩阵$\Sigma$的结构是由区组结构决定的，其又受到路径关系的限制，LISREL方法有可能不能识别模型。因此，LISREL估计的第一个阶段就是考察模型的可识别性。如果不能识别，模型中必须加入一些参数假设（reparameterization assumption）。

### 8.7.5　PLS 和 LISREL 的适用条件

1）偏最小二乘PLS的适用条件

由以上比较可见，PLS适用于以下情况。

（1）研究者关注通过测量变量对潜变量的预测，胜于关注结构模型的参数估计值大小，因为PLS的估计量是有偏的，但可以根据测量变量得到潜变量的最优预测。

（2）适用于数据有偏分布的情况，因为PLS使用非参数推断方法，不需要对数据进行严格假定；而LISREL假设观测是独立的，且服从多元正态分布。

（3）适用于关注潜变量得分的情况，因为PLS在参数估计过程中就计算潜变量得分，可得到确定的计算结果。而LISREL在进行参数估计之后，再采用某个目标函数计算潜变量得分，计算结果因目标函数选择不同而不同。

（4）适用于小样本研究，因为PLS是一种有限信息估计方法，所需要的样本量比完全信息估计方法LISREL小得多。根据美国休斯敦大学迟教授的研究，PLS的样本量至少为模型中具有最多结构路径指向的潜变量的路径数的十倍，更弱一些的限制要用至少五倍的样本量（Chin and Todd，1995）。

（5）适用于较大、较复杂的结构方程模型，因为PLS收敛速度非常快，计算效率比LISREL更高。但对于不太复杂的模型，计算时间的优势不明显。

2）LISREL的适用条件

（1）研究者更加关注结构模型的参数估计值大小，即测量变量对潜变量的影响和测量变量的效度，而不是纯粹的预测应用；而且，只有当模型的参数估计无偏时，才能验证测量变量的效度，因此PLS不能对此进行验证，因为PLS估计的潜变量路径系数有低估，不能揭示潜变量之间的关系（Dijkstra，1983）；PLS的潜变量载荷的参数估计易于趋同，且有高估偏差。

（2）适用于不同的样本间参数估计比较的情况，因为LISREL可以提供 $\chi^2$ 检验，而PLS得到的权重、载荷和潜变量得分在不同样本间的可比较性是一个值得怀疑的问题。

（3）尽管LISREL中ML估计的有效性、标准误差和检验统计量的正确性需要数据正态和独立的假设，但只要满足某些条件，这些特性并不会受到非正态的影响（Satorra，1990）。此外，LISREL也可以像PLS一样使用非参数重复抽样方法，如bootstrap进行统计推断。

（4）LISREL中的ML估计，即使分布假设不成立也非常稳健，可以得到总体参数的一致估计。然后基于这些参数，采用几种目标函数计算潜变量得分。这些目标函数不同于PLS目标函数，但这并不能说明得分是不确定的。而PLS通过最大化测量变量的可靠性估计和潜变量回归的 $R^2$ 来计算潜变量得分，导致PLS参数估计有偏，使潜变量得分的价值大打折扣。

综上所述，LISREL和PLS方法各有千秋，分别适用于不同的情况。从根本上说，由于算法的不同，PLS对测量变量协方差矩阵的对角元素的拟合较好，适用于对数据点的分析，预测的准确程度较高；LISREL对测量变量协方差矩阵的非对角元素的拟合较好，适用于对协方差结构的分析，参数估计更加准确。两种方法的选择取决于研究的目的。当研究目的是理论检验且先验理论知识充足时，更宜采用LISREL；当研究目的是因果预测应用，且理论知识非常缺乏时，则PLS更加适合。

值得注意的是，近年来国外学术界越来越多地在营销、管理等社会科学领域使用了PLS方法。这虽然与新一代分析软件的出现有关系，也反映出国外学者更加重视对概念测量类型的区分。概念测量有两种形式，一是反应（结果）式的，二是构造（原因）式的。反应式结构（reflective/effect construct）变量是指该结构变量量表的问项（items/indicators，即可测变量）都是其结果表现；而构造式结构（formative/causal construct）变量是指该结构变量量表的问项都是该变量的原因。在现有的文献中，尤其存在着把构造式结构变量当做反应式结构变量的错误。Jarvis等（2003）分析了1 192个包含多个可测变量的潜变量，其中存在336个（28%）本应是构造式结构变量，而被错误地看做反应式结构变量。相反，只有17个（1%）本应是反应式结构变量而被错误地看做构造式结构变量。概念测量类型的错误会导致模型路径系数被显著地放大或缩小，有的甚至被放大了500%。相对于LISREL方法，PLS方法更适合用于估计含有构造式结构变量的模型。

## 8.8　本章小结

由于结构方程模型无可比拟的优点，近年来它在心理测量上的应用越来越广泛，对其的研究也越来越深入。本书运用结构方程统计分析方法对构建的理论模型进行了分析。本章对结构方程的内涵、优点，模型的构建，以及分析的步骤做了探讨，以期为理论模型的分析奠定方法论基础。

# 第 9 章  数据分析与假设检验

## 9.1  样本特征与描述性统计分析

在收集到有效问卷之后，首先对样本进行描述性统计分析，以获得此样本调研对象的基本特征，确保样本分布的合理性和有效性。本书对服务企业调查对象从企业产业分布、企业所有权性质、企业主导业务分布、企业成立时间、企业注册资本额、企业员工数量、团队/部门类型分布、企业的地域分布等情况进行描述性统计，样本特征具体分布情况如下列各表所示。

（1）样本企业的产业分布如表9-1所示。

**表 9-1  样本企业的产业分布**

| 选项 | 小计/家 | 比例/% |
|---|---|---|
| 第一产业——农业 | 0 | 0 |
| 第二产业——制造业 | 211 | 100 |
| 第三产业——服务业 | 0 | 0 |
| 合计 | 211 | |

（2）样本企业的所有权性质如表9-2所示。

**表 9-2  样本企业的所有权性质**

| 选项 | 小计/家 | 比例/% |
|---|---|---|
| 国有 | 33 | 15.65 |
| 民营 | 128 | 60.66 |
| 三资-外资控股 | 29 | 13.74 |
| 三资-内资控股 | 17 | 8.06 |
| 集体 | 3 | 1.42 |
| 其他 | 1 | 0.47 |
| 合计 | 211 | |

（3）企业的主导业务分布（可多选）如表9-3所示。

**表 9-3　样本企业的主导业务分布**

| 选项 | 小计/家 | 比例/% |
|---|---|---|
| 饮料制造业 | 13 | 6.16 |
| 橡胶制品业 | 23 | 10.90 |
| 化学原料及化学制品制造业 | 28 | 13.27 |
| 化学纤维制造业 | 17 | 8.06 |
| 黑色金属冶炼及压延加工业 | 11 | 5.21 |
| 电气机械及器材制造业 | 34 | 16.11 |
| 通用设备制造业 | 30 | 14.22 |
| 专用设备制造业 | 28 | 13.27 |
| 仪器仪表及文化、办公用品机械制造业 | 21 | 9.95 |
| 交通运输设备制造业 | 7 | 3.32 |
| 通信设备、计算机及其他电子设备制造业 | 22 | 10.43 |
| 医药制造业 | 7 | 3.32 |
| 其他 | 14 | 6.64 |
| 合计 | 211 | |

（4）企业成立时间分布如表9-4所示。

**表 9-4　样本企业的成立时间分布**

| 选项 | 小计/家 | 比例/% |
|---|---|---|
| 3 年以下 | 2 | 0.95 |
| 3~6 年 | 21 | 9.95 |
| 6~10 年 | 60 | 28.44 |
| 10~20 年 | 79 | 37.44 |
| 20~30 年 | 28 | 13.27 |
| 30~50 年 | 13 | 6.16 |
| 50 年以上 | 8 | 3.79 |
| 合计 | 211 | |

（5）企业注册资本额分布如表9-5所示。

**表 9-5　样本企业的注册资本额分布**

| 选项 | 小计/家 | 比例/% |
|---|---|---|
| 1 000 万元以下 | 28 | 13.28 |
| 1 001 万~5 000 万元 | 59 | 27.96 |
| 5 001 万~1 亿元 | 56 | 26.54 |
| 1 亿~5 亿元 | 39 | 18.48 |
| 5 亿~10 亿元 | 13 | 6.16 |
| 10 亿元以上 | 16 | 7.58 |
| 合计 | 211 | |

（6）企业目前的员工数量如表9-6所示。

**表 9-6　样本企业的员工数量**

| 选项 | 小计/家 | 比例/% |
|---|---|---|
| 100 人以下 | 31 | 14.69 |
| 101~200 人 | 53 | 25.12 |
| 201~500 人 | 64 | 30.33 |
| 501~1 000 人 | 34 | 16.11 |
| 1 000 人以上 | 29 | 13.75 |
| 合计 | 211 | |

（7）团队/部门类型分布如表9-7所示。

**表 9-7　样本企业的研发部门类型**

| 选项 | 小计/家 | 比例/% |
|---|---|---|
| 产品研发及设计类团队/部门 | 81 | 38.39 |
| 生产制造及运营类团队/部门 | 89 | 42.18 |
| 市场营销及客服类团队/部门 | 29 | 13.74 |
| 内部管理及行政类团队/部门 | 12 | 5.69 |
| 合计 | 211 | |

（8）样本企业的地域分布如表9-8所示。

**表 9-8　样本企业所处的地域分布**

| 地区 | 频数 | 百分比/% | 地区 | 频数 | 百分比/% |
|---|---|---|---|---|---|
| 广东 | 36 | 17.06 | 湖北 | 5 | 2.37 |
| 上海 | 35 | 16.59 | 辽宁 | 5 | 2.37 |
| 北京 | 21 | 9.95 | 重庆 | 4 | 1.89 |
| 山东 | 21 | 9.95 | 吉林 | 3 | 1.42 |
| 江苏 | 19 | 9.00 | 山西 | 3 | 1.42 |
| 浙江 | 15 | 7.11 | 河南 | 2 | 0.95 |
| 福建 | 10 | 4.75 | 内蒙古 | 2 | 0.95 |
| 安徽 | 8 | 3.79 | 陕西 | 2 | 0.95 |
| 四川 | 6 | 2.85 | 海南 | 1 | 0.47 |
| 广西 | 6 | 2.85 | 江西 | 1 | 0.47 |
| 河北 | 5 | 2.37 | 天津 | 1 | 0.47 |

从以上的样本企业分布可以看出，本次调研共有211家制造型企业参与，其中民营企业占据多数，占到参加调研企业总数的60.66%，其次为三资企业和国有企业，分别为15.65%和21.80%。调研企业的主导业务分布较为分散，12个主要的制造行业俱涉及，但电气机械及器材制造业、通用设备制造业和专用设备制造业分布较多，占到调研企业总数的43.60%。在企业的成立年限问题上，37.44%的企业已经成立了10~20年，6~10年的企业数量也占到了28.44%，总体上来看，企业大部分还较年轻，50年以上的中壮年企业仅占到调研企业的3.79%。企业的资本额方面，54.50%的企业注册资本额在1 001万~1亿元。关于企业的员工数量，55.45%的企业在101~500人，企业规模较小，超过1 000人的大型企业占调研总数的13.75%，企业人数平均为896人。从地区分布上看，本次调研的企业主要来自经济较为发达的广东、上海、北京、江苏、浙江、山东等地区，占到调研总样本的62.55%以上。211家企业2015年销售额均值为73.5亿元；企业设置的研发部门包含的研发团队人员均值为45人；研发团队领导在本部门平均8.3年的工作经验。团队的类型大部分为产品研发及设计和生产制造及运营类，占到全部调研对象的80.57%。

## 9.2　信度和效度分析

### 9.2.1　信度分析

信度即可靠性，它是指采用同样的方法对同一对象重复测量时所得结果的一致性程度。信度指标多以相关系数来表示，大致可分为三类，即稳定系数（跨时间的一致性）、等值系数（跨形式的一致性）和内在一致性系数（跨项目的一致性）。若以信度系数来表示信度的大小，信度系数越大，表示测量的可信程度越大。究竟信度系数要多少才算高信度，学者de Vellis（1991）认为，0.60~0.65为最好不要；0.65~0.70为最小可接受值；0.70~0.80为相当好；0.80~0.90为非常好。由此，一份信度系数好的量表或问卷，最好在0.80以上，0.70~0.80还算是可以接受的范围；分量表最好在0.70以上，0.60~0.70可以接受。若分量表的内部一致性系数在0.60以下或者总量表的信度系数在0.80以下，应考虑重新修订量表或增删题项。

信度分析的方法主要有以下四种。

（1）重测信度法。这一方法是用同样的问卷对同一组被调查者间隔一定时间重复施测，计算两次施测结果的相关系数。显然，重测信度属于稳定系数。重测信度法特别适用于事实式问卷，如性别、出生年月等在两次施测中不应有任何差异，大多数被调查者的兴趣、爱好、习惯等在短时间内也不会有十分明显的变化。如果没有突发事件导致被调查者的态度、意见突变，这种方法也适用于态度、意见式问卷。由于重测信度法需要对同一样本试测两次，被调查者容易受到各种事件、活动和他人的影响，而且间隔时间长短也有一定限制，因此在实施中有一定困难。

（2）复本信度法。复本信度法是让同一组被调查者一次填答两份问卷复本，计算两个复本的相关系数。复本信度属于等值系数。复本信度法要求两个复本除表述模式不同外，在内容、格式、难度和对应题项的提问方向等方面要完全一致，而在实际调查中，很难使调查问卷达到这种要求，因此采用这种方法者较少。

（3）折半信度法。折半信度法是将调查项目分为两半，计算两半得分的相关系数，进而估计整个量表的信度。折半信度属于内在一致性系数，测量的是两半题项得分间的一致性。这种方法一般不适用于事实式问卷（如年龄与性别无法相比），常用于态度、意见式问卷的信度分析。在问卷调查中，态度测量最常见的形式是Likert 5级量表。进行折半信度分析时，如果量表中含有反意题项，应先将反意题项的得分做逆向处理，以确保各题项得分方向的一致性，然后将全部题项按奇偶或前后分为尽可能相等的两半，计算二者的相关系数（rhh，即半个量表的信度系数），最后用斯皮尔曼-布朗（Spearman-Brown）公式ru=2rhh/（1+rhh）求出整个量表的信度系数（ru）。

（4）$\alpha$信度系数法。克龙巴赫$\alpha$信度系数是目前最常用的信度系数，其公式为

$$\alpha = (n / n-1)\left[1-\left(\sum S_i^2\right) / S_T^2\right]$$

其中，$n$为量表中题项的总数；$S_i^2$为第$i$题得分的题内方差；$S_T^2$为全部题项总得分的方差。从公式中可以看出，$\alpha$系数评价的是量表中各题项得分间的一致性，属于内在一致性系数。这种方法适用于态度、意见式问卷（量表）的信度分析。

### 9.2.2　效度分析

效度即有效性，它是指测量工具或手段能够准确测出所需测量的事物的程度。效度分为三种类型，即表面效度（face validity）、准则效度（criterion validity）和建构效度（construct validity）。效度分析有多种方法，其测量结果反映效度的不同方面。常用于调查问卷效度分析的方法主要有以下几种。

（1）单项与总和相关效度分析。这种方法用于测量量表的表面效度。表面效度又称内容效度或逻辑效度，它是指所设计的题项能否代表所要测量的内容或主题，常采用逻辑分析与统计分析相结合的方法对内容效度进行评价。逻辑分析一般由研究者或专家评判所选题项是否"看上去"符合测量的目的和要求。统计分析主要采用单项与总和相关分析法获得评价结果，即计算每个题项得分与题项总分的相关系数，根据相关是否显著判断是否有效。若量表中有反意题项，应将其逆向处理后再计算总分。

（2）准则效度分析。准则效度又称效标效度或预测效度。准则效度分析是根据已经得到确定的某种理论，选择一种指标或测量工具作为准则（效标），分析问卷题项与准则的联系，若二者相关显著，或者问卷题项对准则的不同取值、特性表现出显著差异，则为有效的题项。评价准则效度的方法是相关分析或差异显著性检验。在调查问卷的效度分析中，选择一个合适的准则往往十分困难，使这种方法的应用受到一定限制。

（3）建构效度分析。建构效度是指测量结果体现出来的某种结构与测值之间的对应程度。建构效度分析所采用的方法是因子分析。有的学者认为，效度分析最理想的方法是利用因子分析测量量表或整个问卷的建构效度。因子分析的主要功能是从量表全部变量（题项）中提取一些公因子，各公因子分别与某一群特定变量高度关联，这些公因子即代表了量表的基本架构。透过因子分析可以考察问卷是否能够测量出研究者设计问卷时假设的某种架构。在因子分析的结果中，用于评价建构效度的主要指标有累积贡献率、共同度和因子负荷。累积贡献率反映公因子对量表或问卷的累积有效程度，共同度反映由公因子解释原变量的有效程度，因子负荷反映原变量与某个公因子的相关程度。

在因素分析前先以KMO抽样适合性衡量和Bartlett球形度检验，KMO值越大，表示变项间的共同因素越多，越适合进行因素分析。根据学者Kaiser（1974）的观点，如果KMO的值小于0.5，较不宜进行因素分析。KMO是做主成分分析的效度检验指标之一，已有的文献认为，KMO在0.9以上，非常适合做因子分析；在0.8~0.9，很适合；在0.7~0.8，适合；在0.6~0.7，尚可；在0.5~0.6，表示很差；在0.5以下应该放弃。

KMO与Bartlett球形度检验，是在检验量表题组之间的相关性。Bartlett球形度检验是量表题组用来测量一个变项的，因此应具有一定的相关程度，当Bartlett球形度检验达显著（显著性=0），即表示此题组具有共同之因素（一个或数个因素）。然而题组间的相关程度若太高，则会造成多重共线性的问题，也就是说相关程度特别高的题目，事实上就是同一题拆成数题，如此便不符合设计量表题的原意，也会造成重复解释、过度膨胀解释力的后果，因此接着要看KMO取样适切性量数，KMO必须要在0.6以上，KMO越接近1，表示量表题目间的相关情形良好，越适合进行因素分析。

　　本书以问卷调查方式收集数据，将对回收的问卷数据先后进行探索性因子分析和验证性因子分析，在信度与效度检验的基础上再进行结构方程建模与分析。本书所使用的分析软件为SPSS 22.0版和AMOS 21.0版。

## 9.3　探索性因子分析

　　因子分析的基本思想是通过对变量的相关系数矩阵内部结构的研究，找出能控制所有变量的少数几个随机变量去描述多个变量之间的相关关系，然后根据相关性的大小把变量分组，使同组内的变量之间相关性较高，但不同组的变量相关性较低，从而达到降维的目的。探索性因子分析能够将具有错综复杂关系的变量综合为少数几个核心因子，可用于寻找多元观测变量的本质结构。由于本书研究顾客参与变量与团队学习的作用，使用的测度量表是在现有研究的基础上结合调研访谈改进而成的，因此，为了进一步明确观测变量的内部结构，验证测度题项的合理性，首先要对其进行探索性因子分析。本书采用主成分分析的因子提取方法和最大方差的旋转方法，按特征根大于1的方式提取因子。探索性因子分析中各题项因子载荷的最低可接受值为0.5（马庆国，2002）。

　　此外，为了验证样本数据各题项之间的内部一致性，本书将计算每个变量的题项-总体相关系数及克龙巴赫α系数，以评价变量度量的信度。样本数据的信度通过检验的最低限度：题项-总体的相关系数大于0.35，克龙巴赫α系数大于0.7（吴锋和李怀祖，2004）。本书将使用软件中数据精简模块的因子分析来进行探索性因子分析，同时对变量进行信度检验，从而根据分析结果对变量的测度题项进行修正。

　　本书将先用探索性因子分析产生关于变量内部结构的理论，再在此基础上做验证性因子分析，这样便需要使用不同的样本集进行分析。关于同一批次回收的问卷数据，合理的做法是先用部分数据做探索性因子分析，然后再用剩下的数据对析取的因子做验证性因子分析。

　　关于进行探索性因子分析所需的最低样本容量，学术界尚未达成一致见解。一般认为，样本量为变量数的5~10倍，或者样本量达到变量中题项数的5~10倍即可。鉴于本次因子分析中需要处理的最多变量数为3，变量的最多题项数为5，50

份样本即可较好满足要求。因此，本书从211份有效问卷中随机提取了50份来进行探索性因子分析。

### 9.3.1　顾客参与探索性因子分析

本书针对这份样本对所构建的顾客参与相关题项进行了探索性因子分析。如表9-9所示，根据特征根大于1，最大因子载荷大于0.5的要求，提取出了2个因子。这2个因子的累积解释变差为66.4%。根据题项所反映的因子内容，我们将抽出的2个因子分别命名为信息分享参与和人际互动参与，并删除了负荷系数小于0.5的CI3、CI5、CI10测量题项。

**表 9-9　顾客参与的探索性因子分析结果**

| 题项 | 描述性统计 | | | | 因子 | |
|---|---|---|---|---|---|---|
| | 最小值 | 最大值 | 均值 | 标准差 | 信息分享 | 行为互动 |
| 告知所遇到的问题（CI12） | 3 | 7 | 5.100 | 1.035 | 0.810 | |
| 良好的沟通（CI9） | 2 | 7 | 5.520 | 1.147 | 0.777 | |
| 提供偏好和需求信息（CI2） | 2 | 7 | 5.340 | 1.255 | 0.619 | |
| 传递相关信息（CI1） | 3 | 7 | 5.040 | 0.989 | 0.595 | |
| 主动参与产品设计或测试（CI7） | 1 | 6 | 4.500 | 1.233 | | 0.775 |
| 积极参与或贡献自身的力量（CI6） | 1 | 6 | 4.740 | 1.121 | | 0.768 |
| 积极配合相关的工作，如调研等（CI8） | 1 | 7 | 4.980 | 1.204 | | 0.743 |
| 良好的合作关系（CI11） | 3 | 7 | 5.440 | 1.072 | | 0.708 |
| 表述对服务的建议和意见（CI4） | 2 | 7 | 5.420 | 1.090 | | 0.613 |

注：KMO 值为 0.802；Bartlett 球形度检验卡方值为 217.15；统计值显著异于 0；2 个因子的累积解释变差为 66.4%

接下来，本书对顾客参与各因子进行信度分析，结果如表9-10和表9-11所示，所有的题项-总体相关系数均大于0.5，同时各变量的克龙巴赫α系数均大于0.7。可见，顾客参与各变量的题项之间具有较好的内部一致性。

**表 9-10　信息参与总计统计量**

| 题项 | 已删除的刻度均值 | 已删除的刻度方差 | 校正的总计相关性 | 已删除的克龙巴赫α值 | 克龙巴赫α值 |
|---|---|---|---|---|---|
| 相关信息传递 | 21.30 | 12.908 | 0.554 | 0.819 | |
| 提供偏好和需求信息 | 21.00 | 10.694 | 0.676 | 0.786 | |
| 告知所遇到的问题 | 21.24 | 12.390 | 0.598 | 0.807 | 0.843 |
| 表述对服务的建议和意见 | 20.92 | 11.504 | 0.694 | 0.780 | |
| 良好的合作关系 | 20.90 | 11.929 | 0.640 | 0.795 | |

**表 9-11　人际互动参与总计统计量**

| 题项 | 已删除的刻度均值 | 已删除的刻度方差 | 校正的项总计相关性 | 已删除的克龙巴赫 α 值 | 克龙巴赫 α 值 |
|---|---|---|---|---|---|
| 良好的沟通 | 15.54 | 7.070 | 0.589 | 0.733 | |
| 积极配合相关的工作，如调研等 | 16.08 | 7.055 | 0.543 | 0.759 | 0.832 |
| 主动告诉我们遇到的问题 | 15.64 | 7.215 | 0.628 | 0.713 | |
| 信任和友善 | 15.92 | 7.544 | 0.614 | 0.722 | |

## 9.3.2　团队学习的探索性因子分析

本书针对这份样本对所构建的团队学习相关题项进行了探索性因子分析，如表9-12所示。根据特征根大于1，最大因子载荷大于0.5的要求，我们提取出了2个因子，因子的累积解释变差为66.4%，删除了负荷系数小于0.5的TL3、TL4、TL5、TL6、TL7、TL9测量问项。

**表 9-12　团队学习探索性因子分析结果**

| 题项 | $N$ | 最小值 | 最大值 | 平均数 | 标准差 | 因子负荷 |
|---|---|---|---|---|---|---|
| 团队成员经常想到一些关于工作的新点子（TL1） | 50 | 4 | 7 | 5.40 | 1.010 | 0.729 |
| 团队经常根据实际工作情况修改目标（TL8） | 50 | 4 | 7 | 5.60 | 0.969 | 0.751 |
| 团队会仔细记录工作中的问题和工作过程（TL10） | 50 | 3 | 7 | 5.58 | 1.052 | 0.766 |
| 团队有一个规范的系统来保存好的想法（TL11） | 50 | 3 | 7 | 5.22 | 1.016 | 0.747 |
| 团队把得到的经验和教训总结成册（TL12） | 50 | 3 | 7 | 5.30 | 1.129 | 0.747 |
| 团队成员经常将新想法付诸实践（TL2） | 50 | 3 | 7 | 5.32 | 0.978 | 0.773 |
| 有效的 $N$（listwise） | 50 | | | | | |

注：KMO值为0.846；Bartlett 球形度检验统计值显著异于0；2个因子的累积解释变差为66.4%

接下来，本书对团队学习进行信度分析，结果如表9-13所示，所有的题项-总体相关系数均大于0.5，同时各变量的克龙巴赫α系数均大于0.7。可见，团队学习各变量的题项之间具有较好的内部一致性。

表 9-13 　团队学习总计统计量

| 题项 | 已删除的刻度均值 | 已删除的刻度方差 | 校正的项总计相关性 | 已删除的克龙巴赫 α 值 |
|---|---|---|---|---|
| 团队成员经常想到一些关于工作的新点子（TL1） | 27.14 | 16.572 | 0.645 | 0.810 |
| 团队经常根据实际工作情况修改目标（TL8） | 27.02 | 15.204 | 0.631 | 0.814 |
| 团队会仔细记录工作中的问题和工作过程（TL10） | 26.86 | 17.633 | 0.503 | 0.836 |
| 团队有一个规范的系统来保存好的想法（TL11） | 26.88 | 15.904 | 0.674 | 0.804 |
| 团队把得到的经验和教训总结成册（TL12） | 27.24 | 16.227 | 0.660 | 0.807 |
| 团队成员经常将新想法付诸实践（TL2） | 27.16 | 15.892 | 0.610 | 0.817 |

### 9.3.3 　技术创新绩效探索性因子分析

本书针对这份样本对所构建的技术创新绩效相关题项进行了探索性因子分析，如表9-14和表9-15所示。根据特征根大于1，最大因子载荷大于0.5的要求，我们提取出了2个因子，这2个因子的累积解释变差为61.99%。根据问项反映的因子内容，我们将抽出的2个因子命名为产品创新绩效和市场创新绩效，并删除了负荷系数小于0.5的IP9。

表 9-14 　创新绩效探索性因子分析结果

| 题项 | N | 最小值 | 最大值 | 平均数 | 标准偏差 |
|---|---|---|---|---|---|
| 公司开发的新产品具有创新性和独特的竞争优势 | 50 | 1 | 7 | 5.18 | 1.101 |
| 公司开发的产品能够为公司拓展全新的市场以及创造新的机会 | 50 | 2 | 7 | 5.38 | 1.073 |
| 公司开发的新产品产生的销售额达到或超过了目标 | 50 | 2 | 7 | 5.06 | 1.061 |
| 公司的新产品产生的利润达到或超过了目标 | 50 | 2 | 7 | 5.07 | 1.055 |
| 公司的新产品产生的投资回报率达到或超过了目标 | 50 | 1 | 7 | 5.06 | 1.162 |
| 公司的新产品提高了顾客的满意度水平 | 50 | 1 | 7 | 5.42 | 1.063 |
| 公司的新产品提高了顾客的忠诚度水平 | 50 | 1 | 7 | 5.32 | 0.999 |
| 公司的新产品为公司吸引来非常多的新顾客 | 50 | 1 | 7 | 5.34 | 1.077 |
| 有效的 N（listwise） | 50 | | | | |

**表 9-15 创新绩效旋转矩阵**

| 题项 | 因子 | |
|---|---|---|
| | 市场创新绩效 | 收益创新绩效 |
| 公司的新产品提高了顾客的满意度水平（IP6） | 0.823 | |
| 公司开发的产品能够为公司拓展全新的市场以及创造新的机会（IP2） | 0.785 | |
| 公司的新产品为公司吸引来非常多的新顾客（IP8） | 0.722 | |
| 公司的新产品提高了顾客的忠诚度水平（IP7） | 0.684 | |
| 公司开发的新产品具有创新性和独特的竞争优势（IP1） | 0.621 | |
| 公司的新产品产生的利润达到或超过了目标（IP4） | | 0.820 |
| 公司开发的新产品产生的销售额达到或超过了目标（IP3） | | 0.789 |
| 公司的新产品产生的投资回报率达到或超过了目标（IP5） | | 0.737 |

注：KMO 值为 0.848；Bartlett 球形度检验统计值显著异于 0；2 个因子的累积解释变差为 61.99%

接下来，本书对技术创新绩效各因子进行信度分析，结果如表9-16所示，所有的题项–总体相关系数均大于0.5，同时各变量的克龙巴赫$\alpha$系数均大于0.7。可见，顾客参与各变量的题项之间具有较好的内部一致性。

**表 9-16 创新绩效总计统计量**

| 题项 | 已删除的刻度均值 | 已删除的刻度方差 | 校正的项总计相关性 | 已删除的克龙巴赫 $\alpha$ 值 |
|---|---|---|---|---|
| 公司开发的新产品具有创新性和独特的竞争优势 | 36.64 | 27.087 | 0.594 | 0.821 |
| 公司开发的产品能够为公司拓展全新的市场以及创造新的机会 | 36.44 | 27.552 | 0.569 | 0.824 |
| 公司开发的新产品产生的销售额达到或超过了目标 | 36.76 | 28.641 | 0.471 | 0.836 |
| 公司的新产品产生的利润达到或超过了目标 | 36.75 | 27.770 | 0.560 | 0.825 |
| 公司的新产品产生的投资回报率达到或超过了目标 | 36.76 | 26.658 | 0.592 | 0.821 |
| 公司的新产品提高了顾客的满意度水平 | 36.40 | 27.146 | 0.617 | 0.818 |
| 公司的新产品提高了顾客的忠诚度水平 | 36.50 | 28.223 | 0.555 | 0.826 |
| 公司的新产品为公司吸引来非常多的新顾客 | 36.48 | 26.822 | 0.639 | 0.815 |

## 9.4 验证性因子分析

在本书所构建的量表通过了探索性因子分析之后，将对所有变量进一步做验证性因子分析，以确保所测变量的因子结构与先前的构思相符。进行验证性因子分析采用的样本为161份，有效问卷中去除探索性因子分析使用的50份后所余下的161个样本，是与探索性因子分析相独立的样本集。

### 9.4.1 顾客参与的验证性因子分析

对顾客参与的信息分享和人际互动两个变量进行验证性因子分析。测量模型及拟合结果分别如图9-1和图9-2所示。表9-17的顾客参与测量模型的拟合结果表明，卡方值为85.02，自由度为43，卡方与自由度之比为1.97，小于2.0；CFI和TLI都大于0.9，RMSEA为0.104，接近于0.1。各路径系数均在0.05的水平上具有统计显著性。可见，该模型拟合效果很好。图9-1和图9-2所示的因子结构通过了验证，即本书对顾客参与2个变量的划分与测度是有效的。

表 9-17 顾客参与测量模型估计结果

| 路径 | 非标准估计值 | 标准估计值 | 标准误 | CR | $P$ |
|---|---|---|---|---|---|
| CI12←——信息分享 | 1 | 0.718 | | | |
| CI9←——信息分享 | 0.861 | 0.676 | 0.11 | 7.804 | *** |
| CI2←——信息分享 | 1.003 | 0.701 | 0.124 | 8.074 | *** |
| CI1←——信息分享 | 0.826 | 0.626 | 0.114 | 7.245 | *** |
| CI11←——人际互动 | 1 | 0.705 | | | *** |
| CI8←——人际互动 | 0.787 | 0.568 | 0.121 | 6.511 | *** |
| CI7←——人际互动 | 1.124 | 0.608 | 0.162 | 6.945 | *** |
| CI6←——人际互动 | 0.922 | 0.546 | 0.147 | 6.275 | *** |
| CI4←——人际互动 | 0.983 | 0.634 | 0.136 | 7.221 | *** |

CFI=0.905；TLI=0.899；RMSEA=0.084；$\chi^2$=85.02；df=43

***表示显著性水平 $P$ 值小于 0.001

### 9.4.2 团队学习的验证性检验

对团队学习变量进行验证性因子分析。测量模型及拟合结果分别如图9-3和图9-4所示。表9-18的测量模型的拟合结果表明，卡方值为8.558，自由度为9，卡方与自由度之比为0.95，小于2.0；CFI和TLI都大于0.9，RMSEA为0.014，小于0.1。各路径系数均在0.05的水平上具有统计显著性。可见，该模型拟合效果很好，图9-3所示的因子结构通过了验证，即本书对团队学习变量的测度是有效的。

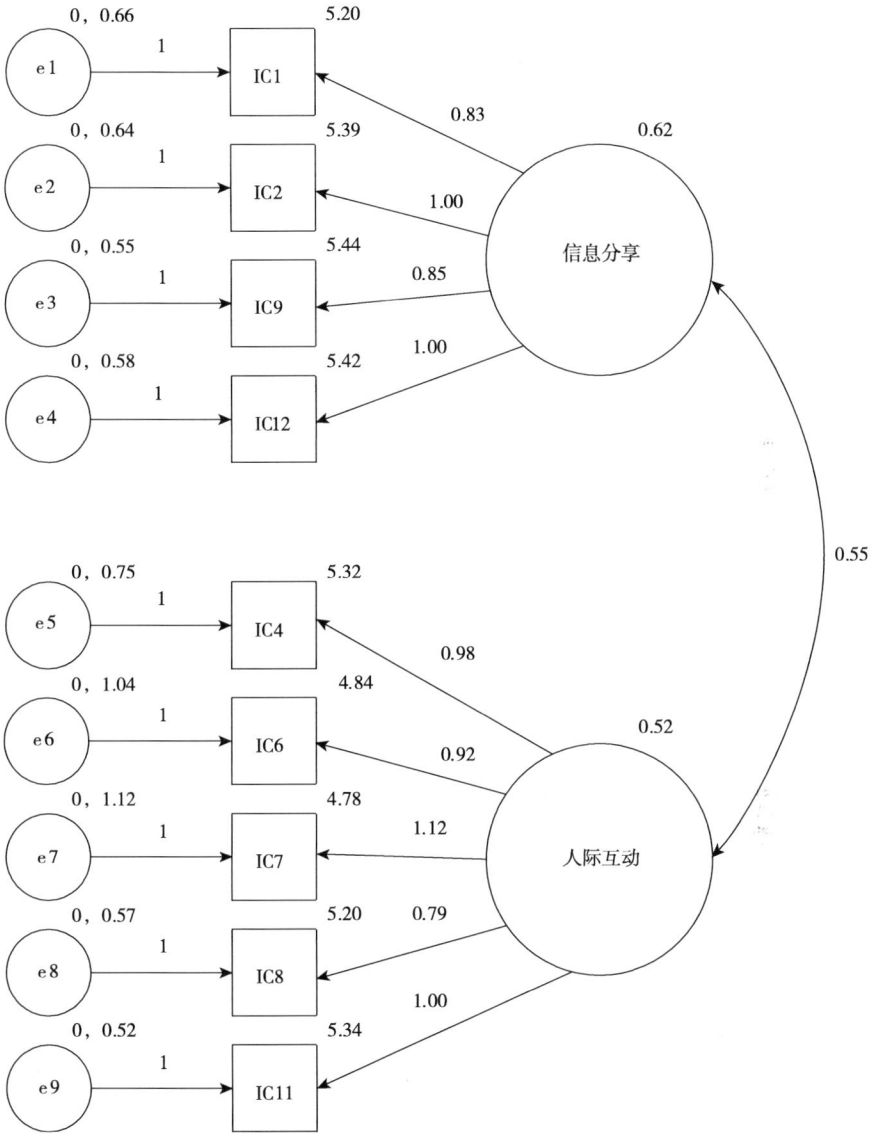

图 9-1 顾客参与非标准化的测量模型

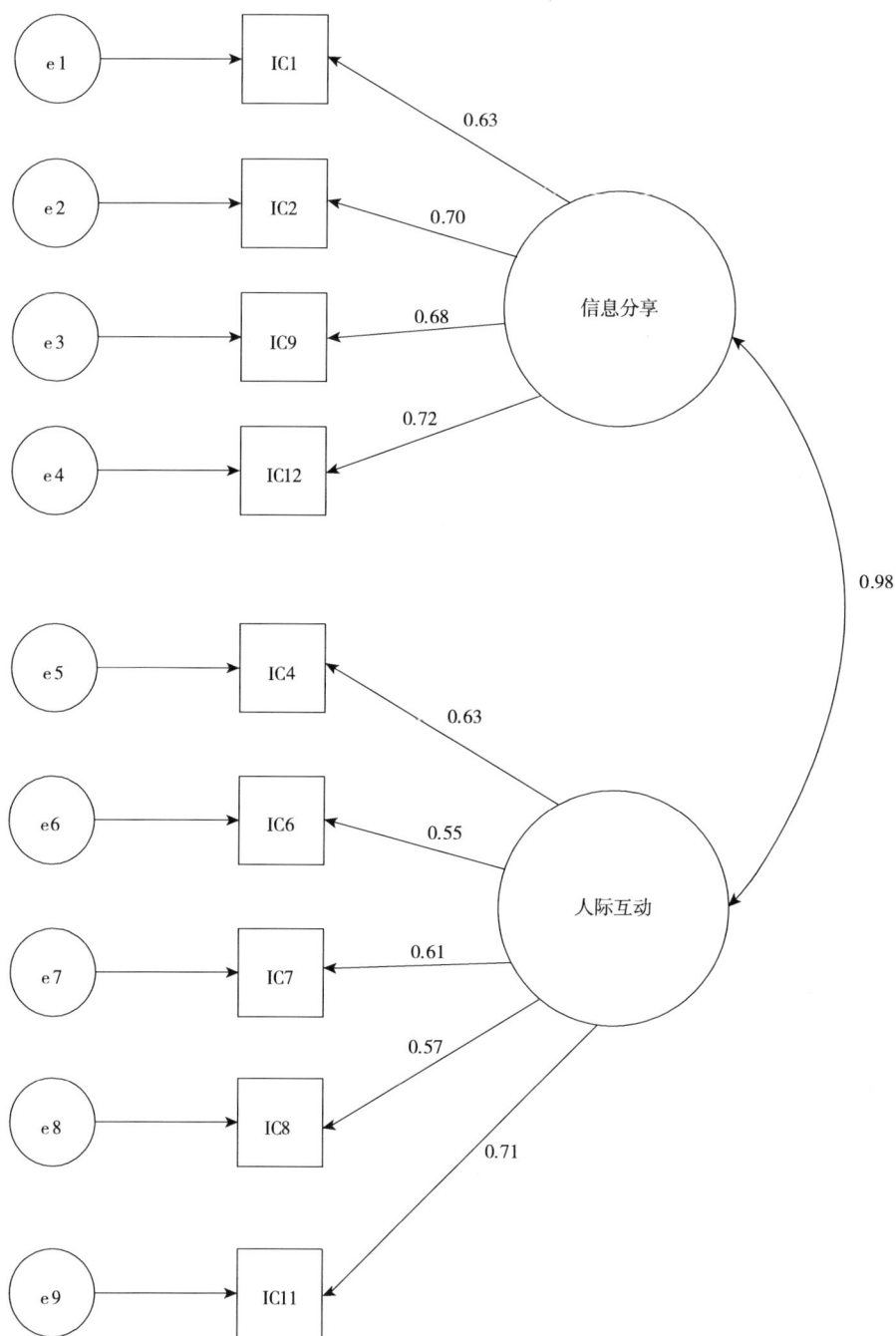

图 9-2    顾客参与标准化的测量模型

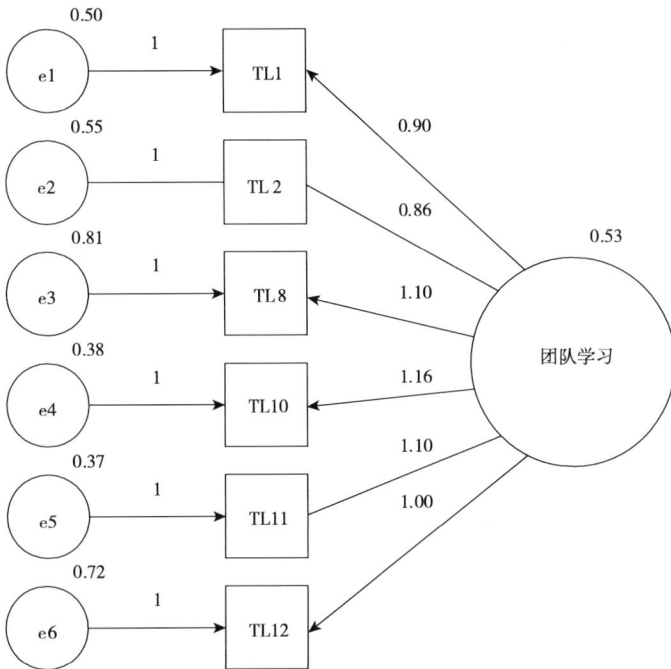

图 9-3 团队学习测量模型非标准化估计结果

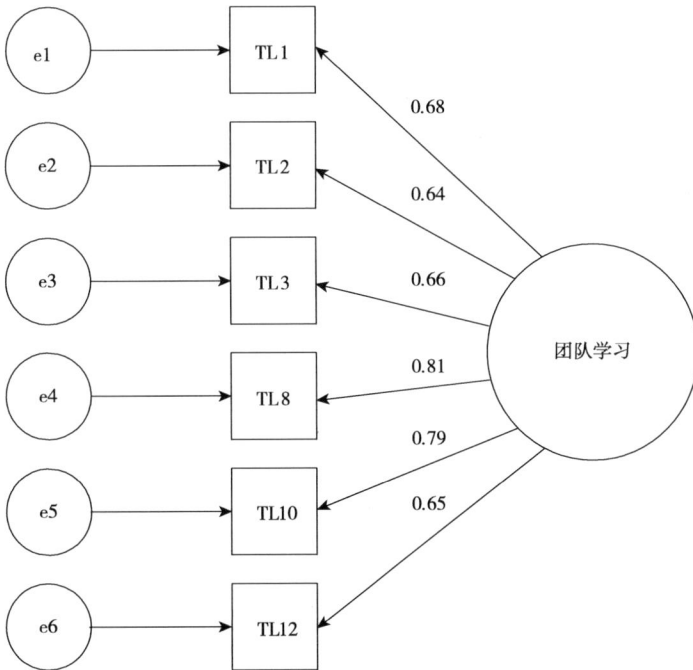

图 9-4 团队学习测量模型标准化估计

表 9-18　团队学习测量模型估计结果

| 路径 | 非标准估计值 | 标准误 | CR | P | 标准估计值 |
|---|---|---|---|---|---|
| TL12←团队学习 | 1.000 | | | | 0.648 |
| TL11←团队学习 | 1.102 | 0.244 | 4.508 | *** | 0.794 |
| TL10←团队学习 | 1.159 | 0.254 | 4.556 | *** | 0.807 |
| TL8←团队学习 | 1.099 | 0.280 | 3.925 | *** | 0.662 |
| TL2←团队学习 | 0.858 | 0.224 | 3.827 | *** | 0.642 |
| TL1←团队学习 | 0.903 | 0.226 | 4.003 | *** | 0.678 |

GFI=0.948；TLI=0.929；RMSEA=0.015；$\chi^2$ =8.558；df=9

***表示显著性水平 $P$ 值小于 0.001

### 9.4.3　创新绩效验证性因子分析

对创新绩效变量进行验证性因子分析，测量模型及拟合结果分别如图9-5和图9-6所示。表9-19的创新绩效测量模型的拟合结果表明，卡方值为39.57，自由度为19，卡方与自由度之比为2.08，比2.0略大；CFI和TLI都大于0.9，RMSEA为0.017，小于0.1。各路径系数均在0.05的水平上具有统计显著性。可见，该模型拟合效果很好，图9-5所示的因子结构通过了验证，即本书对创新绩效变量的测度是有效的。

表 9-19　创新绩效测量模型估计结果

| 路径 | 非标准估计值 | 标准误 | CR | P | 标准估计值 |
|---|---|---|---|---|---|
| IP8←市场创新绩效 | 1.000 | | | | 0.736 |
| IP7←市场创新绩效 | 0.800 | 0.095 | 8.374 | *** | 0.634 |
| IP6←市场创新绩效 | 1.010 | 0.103 | 9.814 | *** | 0.753 |
| IP2←市场创新绩效 | 0.938 | 0.103 | 9.114 | *** | 0.693 |
| IP1←市场创新绩效 | 0.894 | 0.105 | 8.493 | *** | 0.643 |
| IP5←创新收益绩效 | 1.000 | | | | 0.753 |

续表

| 路径 | 非标准估计值 | 标准误 | CR | P | 标准估计值 |
|---|---|---|---|---|---|
| IP4◄──创新收益绩效 | 0.920 | 0.106 | 8.710 | *** | 0.762 |
| IP3◄──创新收益绩效 | 0.738 | 0.098 | 7.563 | *** | 0.608 |

GFI=0.957；NFI=0.933；TLI=0.946；CFI=0.963；RMSEA=0.072，$\chi^2$=39.57，df=19

***表示显著性水平 P 值小于 0.001

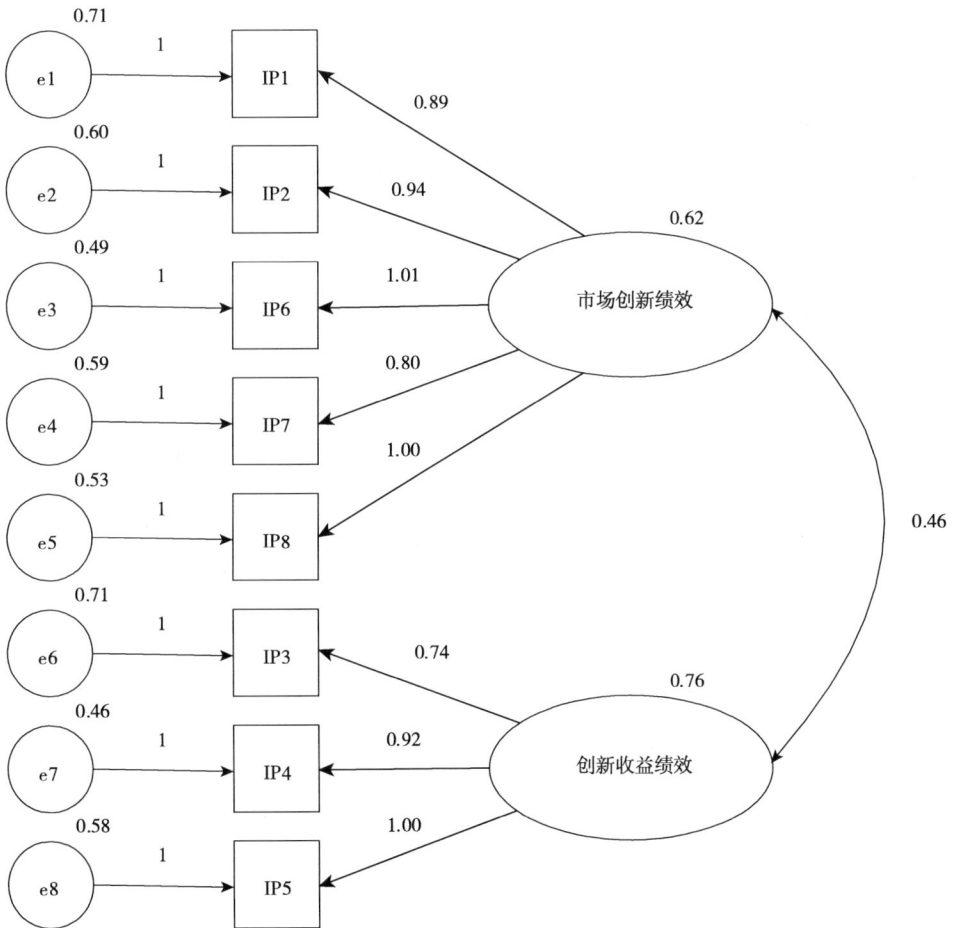

图 9-5　创新绩效测量模型非标准化估计

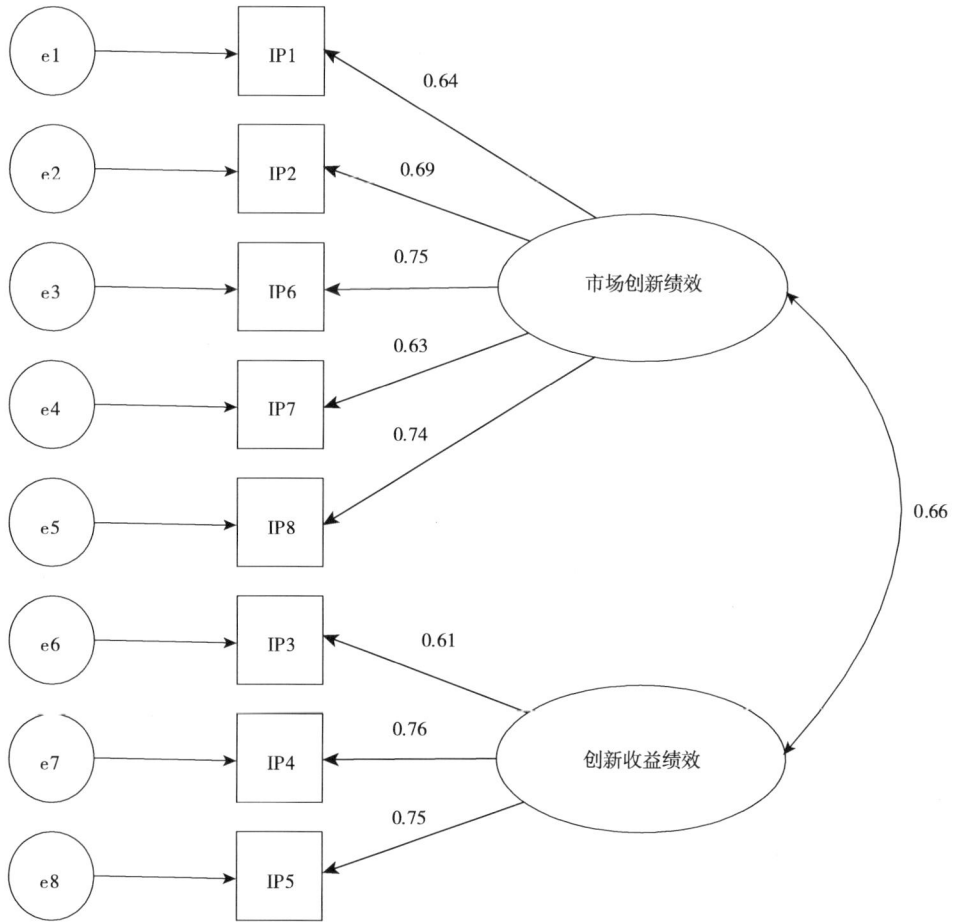

图 9-6　创新绩效测量模型标准化估计

## 9.5　结构方程模型检验

探索性因子分析和验证性因子分析，说明本书所构建的测量模型具有较好的表征效果，可以用来进行更进一步的结构分析。下面，本书将运用结构方程建模的方法打开顾客参与对技术创新绩效作用机制的黑箱，对所提出的概念模型与研究假设进行验证。

### 9.5.1　研究假设的提出与结构方程模型构建

1）顾客参与和技术创新绩效

顾客参与企业创新的现象越来越多，通过顾客参与创新，企业能够满足顾客日益差异化及精细化的需求，为顾客提供定制化的产品。顾客参与中企业最大的收益是随着顾客参与的程度逐渐加深，企业的一部分工作由顾客完成，其创新成本下降，从而其效益（即企业创新的绩效）得到了提升。有学者对新产品给企业带来的优势进行系统研究，结论同样支持顾客参与促进企业创新绩效，他们发现参与新产品开发的顾客可以在企业开发新产品时提供有用的顾客信息，如自身对产品最真实的需求，企业利用这些顾客信息能以较快的方式开发出新产品，降低新服务开发中的模糊性和不确定性，提高效率、节省成本并提升服务产品的新颖性（Li，1998）。有些学者认为高水平的顾客参与能够给企业带来销售额、利润率的增加等财务绩效，而有些学者则更加强调给新服务产品带来的市场绩效及创新优势（Leeuwen and Timmermans，2006；Blazevic and Lievens，2004）。

国内外仍然有学者从不同的视角探究顾客参与在不同情境下对企业创新活动效益的重要影响。Heish和Chen（2005）建立起新产品开发绩效的框架模型，其中最为关键的因素是顾客参与强度及顾客知识管理对其绩效产生重要影响，另外他的研究发现顾客的互动强度在新产品开发的各个不同阶段都对其绩效表现产生至关重要的影响，特别是对新产品面世的速度的关联更加显著。国内学者王永贵（2003）则在具体的行业中研究顾客参与对服务创新绩效的影响，他们以电信业为例构建出用户创新行为与项目绩效的模型，研究的结论表明顾客创新对企业创新绩效产生正面的显著影响。另外，随着信息时代的来临，有学者关注在信息互联网时代，通过虚拟社区中论坛、微博等方式的顾客参与和企业创新绩效的关系，郭辰（2013）的研究表明顾客参与行为对企业的创新过程和结果都能产生积极的促进作用。

目前学术界有关顾客参与子维度对创新绩效的影响的研究较少。有学者认为顾客进行信息共享，给企业提供诸如对服务产品的真实需求等信息，能使企业以较快的速度及较低的成本开发出新的服务产品（Li，1998）。越来越多的企业通过建立各种会员制度与顾客产生更多的人际互动，他们将顾客看做朋友，实现更深层次的顾客交互，从而有利于获取有价值的顾客信息。徐朝霞（2013）基于资源基础观的视角，将顾客看成潜在的合作伙伴，通过与顾客整合和交换资源来共同创造价值，对服务创新绩效产生积极的影响。

综上所述，本书提出以下假设：

$H_{9-1}$：信息分享参与对创新绩效产生正向显著影响。

$H_{9-2}$：人际互动对创新绩效产生正向显著影响。

2）团队学习与技术创新绩效

在过去的相关领域研究中，大量学者基于不同的研究视角阐述了团队学习与技术创新绩效之间的紧密联系。研究发现新产品开发团队通过开展内部学习，能够更加准确及时地建立对客户需求的认知，促成团队有效地达成预期绩效。对不同性质的真实团队的调查定性分析认为，团队学习通过加强团队成员间的沟通、互动，使团队整体不断获得新知识，进而提高团队绩效。对澳大利亚某个医院工作团队的大量研究发现，团队学习对团队绩效具有直接显著的正效应。毛良斌和郑全全（2007）的研究表明，团队学习存在两种不同的类型，即团队的内部学习与外部学习，且两种类型的团队学习都与团队绩效存在积极的正相关关系。如果这两种团队学习的类型在团队中分配不当则会形成冲突，最终损害团队绩效。肖余春（2003）对某汽车集团公司两个生产团队的研究表明，团队学习对团队绩效有积极的影响作用。陈国权在多篇文章中研究发现，团队学习能力对团队绩效具有显著正面的影响，所以企业要采取各种措施，积极提升团队学习能力，促进企业持续、健康、和谐、快速发展。

综上所述，本书提出以下假设：

$H_{9-3}$：团队学习对创新的市场绩效产生正向显著影响。

$H_{9-4}$：团队学习对创新的财务绩效产生正向显著影响。

3）顾客参与与团队学习

当顾客参与活动发生时，企业相关人员和顾客之间的信息知识共享程度就会加强。彭艳君（2014）认为信息分享参与是顾客将信息资源输入企业和相关人员以进行共享，因而企业越依赖顾客的信息与资源，就越会在新产品和新服务开发的过程中对其充分有效地加以利用。肖群和马士华（2016）认为信息分享参与对开发活动的有利一面主要体现在企业可以充分利用共享信息的准确程度、及时程度及广泛性等来组织各类创新活动，进而产生相应的利用式学习。当顾客参与活动发生时，顾客和企业研发人员就会组成团队进行相互学习并联合解决开发活动中的相关问题，尤其是顾客参与创新时所具有的各种资料、数据库等越是完善，企业的组织学习活动就越容易发生。因此，Neale和Corkindale（1998）指出顾客参与本质上是企业技术提供者和顾客之间进行彼此学习、贡献各自想法的过程。类似的观点在孟书魁（2008）的研究中也得到一定程度的证实。企业的顾客参与制度越完善，如建立顾客社区及实施界面管理等，顾客越容易将自己的想法和意见不断地向企业传递，则企业就可以依赖和利用这些知识开展相应的学习活动，即产生利用式学习。

$H_{9-5}$：信息分享参与对团队学习产生正向显著影响。

$H_{9-6}$：人际互动对团队学习产生正向显著影响。

基于以上假设构建的结构方程模型如图9-7所示。

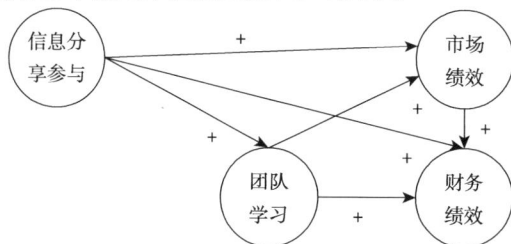

图9-7　顾客参与、团队学习与创新绩效的关系

### 9.5.2 初步数据分析

在对结构模型进行数据分析之前，需要对数据的合理性和有效性进行检验，一般认为，样本容量至少在100~150，才适合使用极大似然法对结构模型进行估计（Ding et al.，1995）。本书的样本数量为211，已达到最低样本容量要求。同时，使用极大似然法进行结构方程模型估计，要求所使用的数据服从正态分布。一般地，样本数据满足中值与中位数相近，偏度小于2，同时峰度小于5的条件时，即可认为其服从正态分布。使用SPSS 22.0对样本数据的偏度和峰度分析结果如表9-20所示，本书各题项的样本数据均符合正态分布要求。另外，9.2节已经对本书样本数据的信度和效度进行了检验。因此，本书样本数据的容量、分布状态及效度与信度均达到结构方程建模的要求。此外，在构建结构方程模型前，还需对结构方程涉及的所有变量进行简单相关分析。如表9-21所示，信息分享参与、人际互动与团队学习及创新绩效之间均有显著的正向相关关系。

**表 9-20 测量变量的描述性统计**

| 测量变量 | 样本量 | 最小值 | 最大值 | 平均数 | 标准差 | 偏度 | 峰度 |
|---|---|---|---|---|---|---|---|
| IC1 | 211 | 1 | 7 | 5.16 | 1.029 | −0.593 | 1.111 |
| IC2 | 211 | 1 | 7 | 5.37 | 1.158 | −0.788 | 0.904 |
| IC3 | 211 | 1 | 7 | 5.24 | 1.109 | −0.502 | 0.592 |
| IC4 | 211 | 2 | 7 | 5.34 | 1.111 | −0.707 | 0.474 |
| IC5 | 211 | 1 | 7 | 4.81 | 1.181 | −0.562 | 0.612 |
| IC6 | 211 | 1 | 7 | 4.82 | 1.195 | −0.669 | 0.731 |
| IC7 | 211 | 1 | 7 | 4.72 | 1.315 | −0.579 | 0.204 |
| IC8 | 211 | 1 | 7 | 5.15 | 1.054 | −0.628 | 0.957 |
| IC9 | 211 | 2 | 7 | 5.46 | 1.038 | −0.497 | 0.579 |
| IC10 | 211 | 2 | 7 | 5.23 | 0.998 | −0.267 | −0.074 |
| IC11 | 211 | 1 | 7 | 5.36 | 1.034 | −0.820 | 1.211 |
| IC12 | 211 | 1 | 7 | 5.42 | 1.090 | −0.889 | 1.583 |
| TL1 | 211 | 2 | 7 | 5.40 | 0.978 | −0.635 | 0.778 |
| TL2 | 211 | 2 | 7 | 5.14 | 1.021 | −0.090 | −0.318 |
| TL3 | 211 | 1 | 7 | 5.37 | 0.955 | −0.415 | 1.346 |
| TL4 | 211 | 1 | 7 | 5.53 | 1.105 | −0.954 | 2.009 |
| TL5 | 211 | 2 | 7 | 5.38 | 1.150 | −0.592 | 0.220 |
| TL6 | 211 | 1 | 7 | 5.37 | 1.132 | −0.746 | 1.068 |
| TL7 | 211 | 2 | 7 | 5.40 | 1.015 | −0.339 | −0.276 |
| TL8 | 211 | 1 | 7 | 5.36 | 1.101 | −0.569 | 0.635 |
| TL9 | 211 | 1 | 7 | 5.34 | 0.989 | −0.610 | 1.560 |

续表

| 测量变量 | 样本量 | 最小值 | 最大值 | 平均数 | 标准差 | 偏度 | 峰度 |
|---|---|---|---|---|---|---|---|
| TL10 | 211 | 2 | 7 | 5.46 | 1.052 | −0.549 | 0.261 |
| TL11 | 211 | 1 | 7 | 5.31 | 1.013 | −0.715 | 1.490 |
| TL12 | 211 | 1 | 7 | 5.34 | 1.094 | −0.723 | 1.049 |
| IP1 | 211 | 1 | 7 | 5.18 | 1.101 | −0.505 | 0.520 |
| IP2 | 211 | 2 | 7 | 5.38 | 1.073 | −0.430 | 0.193 |
| IP3 | 211 | 2 | 7 | 5.06 | 1.061 | −0.172 | 0.033 |
| IP4 | 211 | 2 | 7 | 5.07 | 1.055 | −0.290 | 0.021 |
| IP5 | 211 | 1 | 7 | 5.06 | 1.162 | −0.480 | 0.387 |
| IP6 | 211 | 1 | 7 | 5.42 | 1.063 | −0.513 | 0.341 |
| IP7 | 211 | 1 | 7 | 5.32 | 0.999 | −0.412 | 0.762 |
| IP8 | 211 | 1 | 7 | 5.34 | 1.077 | −0.530 | 0.876 |
| IP9 | 211 | 2 | 7 | 5.49 | 1.006 | −0.618 | 0.389 |
| 有效的 $N$（listwise） | 211 | | | | | | |

**表 9-21　变量间的相关性检验**

| 变量相关关系 | 非标准化估计值 | 标准误 | CR | $P$ |
|---|---|---|---|---|
| 人际互动参与↔信息分享参与 | 0.618 | 0.084 | 7.356 | *** |
| 信息分享参与↔创新市场绩效 | 0.473 | 0.074 | 6.352 | *** |
| 创新收益绩效↔创新市场绩效 | 0.318 | 0.060 | 5.271 | *** |
| 创新收益绩效↔人际互动参与 | 0.281 | 0.058 | 4.839 | *** |
| 人际互动参与↔团队学习 | 0.464 | 0.072 | 6.459 | *** |
| 信息分享参与↔团队学习 | 0.487 | 0.075 | 6.481 | *** |
| 团队学习↔创新市场绩效 | 0.525 | 0.079 | 6.616 | *** |
| 创新收益绩效↔团队学习 | 0.369 | 0.065 | 5.642 | *** |
| 人际互动参与↔创新市场绩效 | 0.448 | 0.071 | 6.321 | *** |
| 创新收益绩效↔信息分享参与 | 0.219 | 0.055 | 3.982 | *** |

***表示显著性水平 $P$ 小于 0.001

### 9.5.3　初始模型构建

结构方程分析一般可分为三类，即纯粹验证分析、选择模型分析和产生模型分析（侯杰泰等，2004）。纯粹验证分析指用一个已建立的模型拟合一组样本数据，其分析目的在于通过验证模型是否拟合样本数据，决定接受还是拒绝该模型；选择模型分析指事先建立多个不同的可能模型，依据各模型拟合样本数据的优劣情况进行模型的选择；产生模型分析指事先建构一个或多个基本模型，检查这些模型是否拟合数据，基于理论或样本数据分析，针对模型中拟合欠佳的部分进行调整并修正，并通过同一数据或其他样本数据检查修正模型的拟合程度，其分析目的在于通过不断调整与修正产生一个最佳模型。

　　本书属于产生模型分析，即基于本章提出的理论概念模型和研究假设构建初始结构模型，然后通过理论及数据分析对其进行修正，从而产生一个既符合理论推导又符合实践情况的最佳模型。本书设置的初始结构方程模型如图9-8所示。接下来，本书将对模型中设定的顾客参与通过团队学习对企业创新绩效产生影响的初始假设影响路径进行验证。

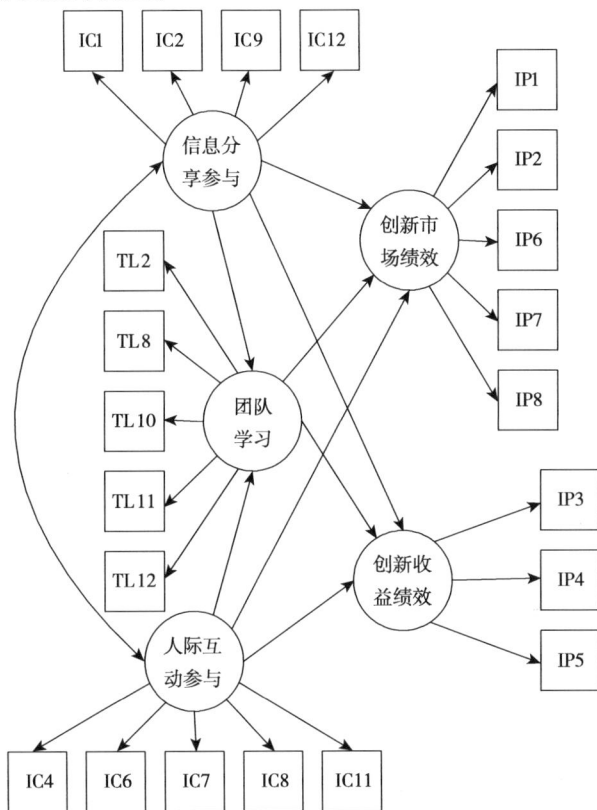

图 9-8　初始结构方程模型

### 9.5.4　模型初步拟合

　　利用AMOS软件对初始结构方程模型进行分析运算，拟合结果如表9-22所示。初始结构模型的$\chi^2$值为472.1，自由度为220；TLI为0.869，CFI的值为0.809，都小于0.9。除绝对拟合指标中的RMSEA在可接受范围内之外，其他拟合指标均不在拟合接受范围内，说明初始的结构模型没有通过检验。

表 9-22 初始结构模型拟合结果

| 变量间关系 | | | 非标准化估计值 | 标准误 | CR | P |
|---|---|---|---|---|---|---|
| IP1 | ← | 创新市场绩效 | 1.000 | | | |
| IP2 | ← | 创新市场绩效 | 1.051 | 0.112 | 9.421 | *** |
| IP6 | ← | 创新市场绩效 | 1.042 | 0.111 | 9.427 | *** |
| IP7 | ← | 创新市场绩效 | 0.828 | 0.102 | 8.108 | *** |
| IP8 | ← | 创新市场绩效 | 1.035 | 0.112 | 9.265 | *** |
| IP3 | ← | 创新收益绩效 | 1.000 | | | |
| IP4 | ← | 创新收益绩效 | 1.216 | 0.150 | 8.112 | *** |
| IP5 | ← | 创新收益绩效 | 1.300 | 0.163 | 7.994 | *** |
| TL1 | ← | 团队学习 | 1.000 | | | |
| TL2 | ← | 团队学习 | 1.037 | 0.103 | 10.055 | *** |
| TL8 | ← | 团队学习 | 1.051 | 0.111 | 9.450 | *** |
| TL10 | ← | 团队学习 | 1.091 | 0.106 | 10.271 | *** |
| TL11 | ← | 团队学习 | 0.991 | 0.102 | 9.687 | *** |
| TL12 | ← | 团队学习 | 1.071 | 0.110 | 9.695 | *** |
| CI12 | ← | 信息分享参与 | 1.000 | | | |
| CI9 | ← | 信息分享参与 | 0.846 | 0.093 | 9.118 | *** |
| CI2 | ← | 信息分享参与 | 1.018 | 0.103 | 9.862 | *** |
| CI1 | ← | 信息分享参与 | 0.823 | 0.092 | 8.935 | *** |
| CI11 | ← | 人际互动参与 | 1.000 | | | |
| CI8 | ← | 人际互动参与 | 0.799 | 0.100 | 7.971 | *** |
| CI7 | ← | 人际互动参与 | 0.855 | 0.125 | 6.816 | *** |
| CI6 | ← | 人际互动参与 | 0.732 | 0.114 | 6.412 | *** |
| CI4 | ← | 人际互动参与 | 0.936 | 0.105 | 8.876 | *** |

$\chi^2$=472.1，df=220，$\chi^2$/df=2.1；TLI=0.869，NFI=0.809，RMSEA=0.074

***表示显著性水平为 0.001

下面，本书将根据路径的修正指数及其所涉及变量间关系的实践意义与理论基础对模型进行调整和修正，以达到最佳拟合效果。在初始结构模型中，修正指数最大的路径为残差e6和e7相关。因此，在进行第一步模型修正时，首先考虑删除人际互动变量中的IC6测量变量这条路径。修正后的模型拟合情况如表9-23所示。

**表 9-23 第一次修正模型的拟合情况**

| 拟合指标 | $\chi^2$ | df | $\chi^2/df$ | TLI | CFI | NFI | RMSEA |
|---|---|---|---|---|---|---|---|
| 数值 | 392.85 | 199 | 1.970 | 0.894 | 0.908 | 0.833 | 0.068 |

经过第一次修正的结构模型各项拟合指标均有所改进，说明模型拟合情况变好。继续按照修正指数提示，找到修正指数最大的那组关系予以调整。修正指数最大的为e1和e24相关，将e1所在的测量变量进行删除，重新计算得到第二次修正的模型如表9-24所示。

**表 9-24 第二次修正模型的拟合情况**

| 拟合指标 | $\chi^2$ | df | $\chi^2/df$ | TLI | CFI | NFI | RMSEA |
|---|---|---|---|---|---|---|---|
| 数值 | 321.09 | 179 | 1.790 | 0.916 | 0.928 | 0.853 | 0.061 |

通过调整修正所产生的最优结构模型如图9-9所示。变量之间共有4条路径是显著的：团队学习←——信息分享参与；团队学习←——人际互动参与；创新市场绩效←——团队学习；创新收益绩效←——创新市场绩效。各路径具体参数如表9-25所示。

**表 9-25 结构方程路径系数**

| 路径 | Estimate | S.E. | CR | $P$ |
|---|---|---|---|---|
| 团队学习←——信息分享参与 | 0.358 | 0.309 | 1.760 | ** |
| 团队学习←——人际互动参与 | 0.371 | 0.323 | 1.848 | ** |
| 创新市场绩效←——团队学习 | 1.012 | 0.171 | 5.923 | *** |
| 创新市场绩效←——信息分享参与 | −0.008 | 0.264 | −0.029 | 0.977 |
| 创新市场绩效←——人际互动参与 | 0.031 | 0.276 | 0.114 | 0.909 |
| 创新收益绩效←——团队学习 | 2.229 | 1.794 | 1.243 | 0.214 |
| 创新收益绩效←——创新市场绩效 | 1.121 | 1.584 | 0.707 | *** |
| 创新收益绩效←——人际互动参与 | −1.028 | 0.744 | −1.382 | 0.167 |
| 创新收益绩效←——信息分享参与 | 0.621 | 0.749 | 0.829 | 0.407 |

**表示显著性水平小于 0.05；***表示显著性水平小于 0.001

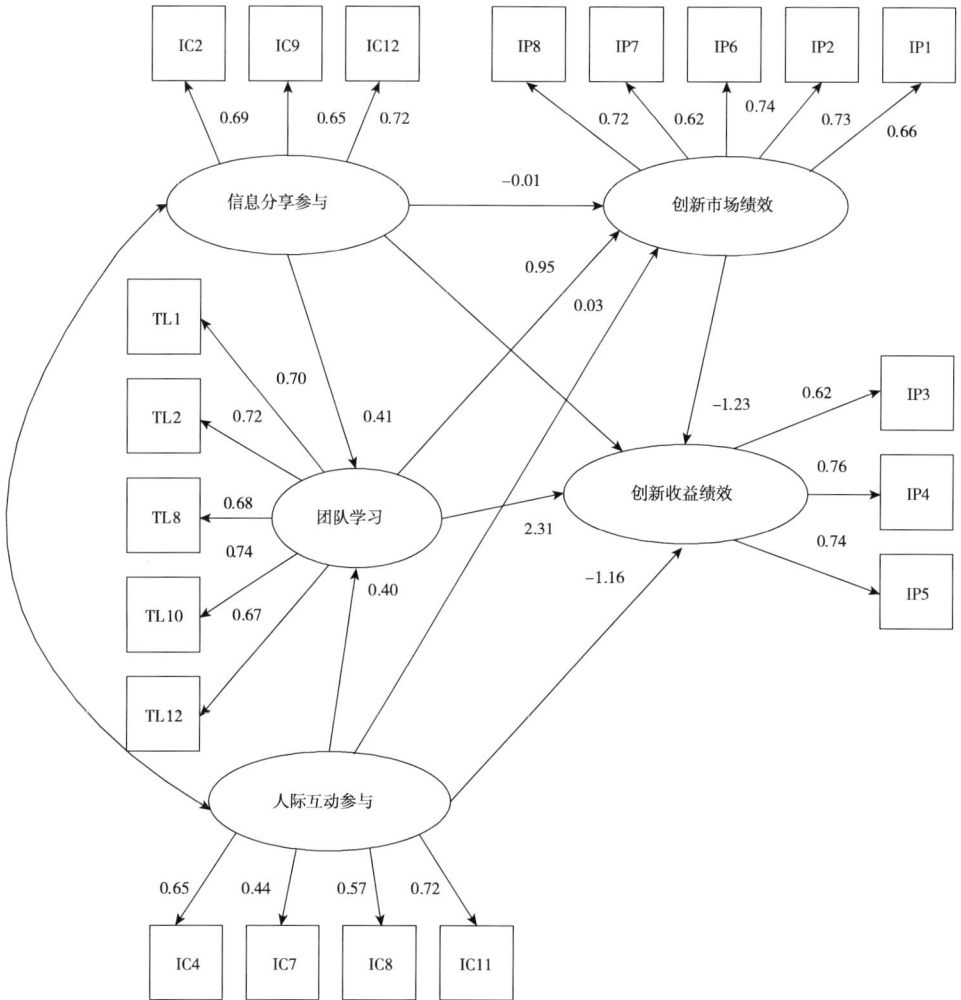

图 9-9 最优结构方程模型

本书通过对全国制造企业的大样本调研和结构方程建模分析，对本章提出的顾客参与对创新绩效作用机制的概念模型做了验证和修正，结果表明，原先的研究假设部分得到了证实，制造型企业的顾客参与通过探索型学习正向作用于创新。

# 第 10 章　团队学习在顾客参与与创新绩效关系中的中介效应

## 10.1　中介效应概念及分析方法

假设我们感兴趣的是因变量（$Y$）和自变量（$X$）的关系。虽然它们之间不一定是因果关系，而可能只是相关关系，但按文献上的习惯而使用"$X$对$Y$的影响""因果链"的说法。简单明确起见，本书在论述中介效应的检验程序时，只考虑一个自变量、一个中介变量的情形，但提出的检验程序也适合有多个自变量、多个中介变量的模型。

### 10.1.1　中介变量的定义

考虑自变量$X$对因变量$Y$的影响，如果$X$通过影响变量$M$来影响$Y$，则称$M$为中介变量。例如，"父亲的社会经济地位"影响"儿子的教育程度"，进而影响"儿子的社会经济地位"；又如，"工作环境"（如技术条件）通过"工作感觉"（如挑战性）影响"工作满意度"。在这两个例子中，"儿子的教育程度"和"工作感觉"是中介变量。假设所有变量都已经中心化（即均值为零），可用下列方程来描述变量之间的关系：

$$Y=cX+e_1 \tag{10-1}$$
$$M=aX+e_2 \tag{10-2}$$
$$Y=c'X+bM+e_3 \tag{10-3}$$

假设$Y$与$X$的相关显著，意味着回归系数$c$显著（即$H_0$：$c=0$的假设被拒绝），在这个前提下考虑中介变量$M$。如何知道$M$真正起到了中介变量的作用，或者说中介效应显著呢?目前有三种不同的做法。

传统的做法是依次检验回归系数。如果下面两个条件成立，则中介效应显著：①自变量显著影响因变量；②在因果链中任一个变量，当控制了它前面的变量（包括自变量）后，显著影响它的后继变量。这是Baron和Kenny定义的（部分）中介过程。如果进一步要求在控制了中介变量后，自变量对因变量的影响不显著，就是Judd和Kenny定义的完全中介过程。在只有一个中介变量的情形，上述条件相当于：①系数$c$显著（即$H_0$：$c=0$的假设被拒绝）；②系数$a$显著（即$H_0$：$a=0$被拒绝），且系数$b$显著（即$H_0$：$b=0$被拒绝）（图10-1）。完全中介过程还要加上系数$c'$不显著的条件。

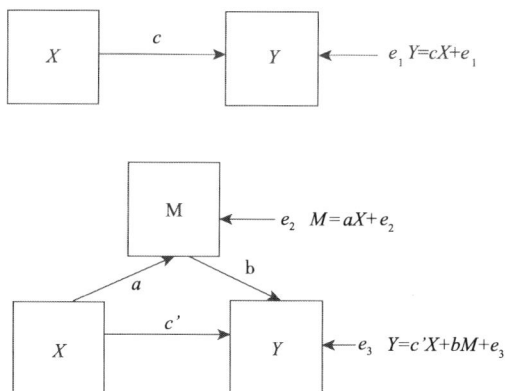

图 10-1　中介变量示意图

第二种做法是检验中介变量的路径上的回归系数的乘积$ab$是否显著，即检验$H_0$：$ab=0$，如果拒绝原假设，中介效应显著，这种做法其实是将$ab$作为中介效应。

第三种做法是检验$c'$与$c$的差异是否显著，即检验$H_0$：$c-c'=0$，如果拒绝原假设，中介效应显著。

## 10.1.2　中介效应与间接效应

依据路径分析中的效应分解的术语，中介效应属于间接效应（indirect effect）。在图10-1中，$c$是$X$对$Y$的总效应，$ab$是经过中介变量$M$的间接效应（也就是中介效应），$c'$是直接效应。当只有一个自变量、一个中介变量时，效应之间有如下关系：

$$c=c'+ab \tag{10-4}$$

当所有的变量都是标准化变量时，式（10-4）就是相关系数的分解公式。但式（10-4）对一般的回归系数也成立。由式（10-4）得$c-c'=ab$，即$c-c'$等于中介效应，因而检验$H_0$：$ab=0$与$H_0$：$c-c'=0$是等价的。但由于各自的检验统计量不同，检验结果可能不一样。

中介效应都是间接效应，但间接效应不一定是中介效应。实际上，这两个概念是有区别的。首先，当中介变量不止一个时，中介效应要明确是哪个中介变量的中介效应，而间接效应既可以指经过某个特定中介变量的间接效应（即中介效应），也可以指部分或所有中介效应的和。其次，在只有一个中介变量的情形下，虽然中介效应等于间接效应，但两者还是不等同的。中介效应的大前提是自变量与因变量相关显著，否则不会考虑中介变量。但即使自变量与因变量相关系数是零，仍然可能有间接效应。下面的例子可以很好地说明这一有趣的现象。设$Y$是装配线上工人的出错次数，$X$是他的智力，$M$是他的厌倦程度。又设智力（$X$）对厌倦程度（$M$）的效应是0.707（即$a$），厌倦程度（$M$）对出错次数（$Y$）的效应也是0.707（即$b$），而智力对出错次数的直接效应是20.50（即$c'$）。智力对出错次数的总效应（即$c$）是零（即智力与出错次数的相关系数是零）。这个例子涉及效应（或相关系数）的遮盖（suppression）问题。由于实际中比较少见，这里不多讨论。但从这个例子可以看出中介效应和间接效应是有区别的。当然，如果修改中介效应的定义，不以自变量与因变量相关为前提，则另当别论。在实际应用中，当两个变量相关不显著时，通常不再进一步讨论它们的关系了。

### 10.1.3　中介效应分析方法

由于中介效应是间接效应，无论变量是否涉及潜变量，都可以用结构方程模型分析中介效应。从路径图（图10-1）可以看出，模型是递归的（recursive），即在路径图上直线箭头都是单向的，没有反向或循环的直线箭头，且误差之间没有弧线箭头联系。所以，如果所有变量都是显变量，可以依次做方程（1）~方程（3）的回归分析，来替代路径分析。就是说，如果研究的是显变量，只需要做通常的回归分析就可以估计和检验中介效应了。

无论是回归分析还是结构方程分析，用适当的统计软件都可以得到$c$的估计值$\hat{c}$；$a$，$b$，$c'$的估计值$\hat{a}$，$\hat{b}$，$\hat{c}'$，以及相应的标准误。中介效应的估计值是$\hat{a}\hat{b}$或$\hat{c}-\hat{c}'$，在显变量情形下并且用通常的最小二乘回归估计时，这两个估计相等。在其他情形，使用$\hat{a}\hat{b}$比较直观，并且它等于间接效应的估计。在报告时，除了报告中介效应的大小，还应当报告中介效应与总效应之比$[\hat{a}\hat{b}/(\hat{c}'+\hat{a}\hat{b})]$，或者中介效应与直接效应之比（$\hat{a}\hat{b}/\hat{c}'$），它们都可以衡量中介效应的相对大小。

与中介效应的估计相比，中介效应的检验要复杂得多。下面按检验的原假设分别讨论。

1）依次检验回归系数

在三种做法中，依次检验回归系数涉及的原假设最多，但其实是最容易的。如果$H_0$：$a=0$被拒绝且$H_0$：$b=0$被拒绝，则中介效应显著，否则不显著。完全中介效应还要检验$H_0$：$c'=0$。检验统计量$t$等于回归系数的估计除以相应的标准误。流行的统计软件分析结果中一般都有回归系数的估计值、标准误和$t$值，检验结果一目了然。这种检验的第一类错误率很小，不会超过显著性水平，有时会远远小于显著性水平。问题在于当中介效应较弱时，检验的功效很低。这容易理解，如果$a$

很小（检验结果是不显著），而$b$很大（检验结果是显著），因而依次检验的结果是中介效应不显著，但实际上的$ab$与零有实质的差异（中介效应存在），此时犯了第二类错误。做联合检验（原假设是$H_0$：$a=0$且$b=0$，即同时检验$a$和$b$的显著性），功效要比依次检验的高。问题是联合检验的显著性水平与通常的不一样，做起来有点麻烦。

2）检验$H_0$：$ab=0$

检验$H_0$：$ab=0$的关键在于求出$\hat{a}\hat{b}$的标准误。目前至少有5种以上的近似计算公式。当样本容量比较大时（如大于500），各种检验的功效差别不大。值得在此介绍的是Sobel根据一阶Taylor展式得到的近似公式

$$S_{ab}=\sqrt{\hat{a}^2 s_b^2+\hat{b}^2 s_a^2} \qquad (10\text{-}5)$$

其中，$S_a$、$S_b$分别为$\hat{a}$，$\hat{b}$的标准误。检验统计量是$z=\hat{a}\hat{b}/S_{ab}$。只有一个中介变量的情形，LISREL输出的间接效应的标准误与使用这个公式计算的结果一致。在输出指令"OUT"中加入"EF"选项，会输出包括间接效应在内的效应估计、相应的标准误和$t$值，这个$t$值就是Sobel检验中的$z$值。

由于涉及参数的乘积的分布，即使总体的$X$、$M$和$Y$都是正态分布，并且是大样本，$z=\hat{a}\hat{b}/S_{ab}$，还是可能与标准正态分布有较大的出入。MacKinnon等（2002）使用该统计量和不同的临界值进行检验。在他们的临界值表中，显著性水平0.05对应的临界值是0.97（而不是通常的1.96，说明中介变量有更多的机会被认为是显著的，从而检验的功效提高了，但第一类错误率也大大增加了）。MacKinnon等（2002）的模拟比较研究发现，在样本较小或总体的中介效应不大时，使用新的临界值检验的功效比同类检验的要高，在总体参数$a=0$且$b=0$时第一类错误率与0.05很接近，因而是一种比较好的检验方法。但在统计软件采用该临界值表之前，难以推广应用。而且，当$a=0$或$b=0$只有一个成立时（此时也有$ab=0$，即中介效应为零），第一类错误率远远高于0.05，这是该方法的最大弊端。

3）检验$H_0$：$c-c'=0$

同样，检验$H_0$：$c-c'=0$的关键在于如何计算$\hat{c}-\hat{c}'$的标准误。目前也有多种近似公式。MacKinnon等（2002）比较的结果是其中有两个公式得到的检验有较高的功效，在总体参数$a=0$且$b=0$时的第一类错误率与0.05很接近。一个是Clogg和Goodman（1984）给出的公式

$$S_{c-c'}= \blacktriangleleft r_{XM} \blacktriangleleft S_{c'} \qquad (10\text{-}6)$$

其中，$r_{XM}$为$X$和$M$的相关系数。另一个是Freedman等推出的公式

$$S_{c-c'}=\sqrt{S_c^2+S_{c'}^2-2S_c S_{c'}\sqrt{1-r_{XM}^2}} \qquad (10\text{-}7)$$

当$a=0$但$b\neq0$时（此时$ab=0$，即中介效应为零），这两种公式对应的检验（即$t=$

（$\hat{c}-\hat{c}'$）$/S_{c\text{-}c'}$作为检验统计量）的第一类错误率都很高。特别是式（10-6），对应的第一类错误率有可能高达100%。事实上，由式（10-6）得到的检验与$H_0$：$b=0$的检验等价。就是说，即使中介效应不存在（$ab=0$），只要$b$显著，检验结果就是中介效应显著（犯了第一类错误）。

温忠麟等（2012）在总结前人研究成果的基础上，提出了检验中介效应的一般程序：第一，检验自变量对因变量的回归系数，如果显著就继续分析，否则就停止。第二，进行Baron和Kenny（1986）的部分中介效应检验，即依次检验中介变量对因变量的回归系数以及自变量对中介变量的回归系数，如果都显著就继续接下来的第三步检验，而如果至少有一个不显著，则要进行第四步的Sobel检验。第三，进行Judd和Kenny（1981）的完全中介效应检验，检验在存在中介变量的前提下，自变量对因变量的回归系数，如不显著，说明是完全中介过程；如显著，则说明是部分中介过程，检验结束。第四，进行Sober检验，如显著，则说明中介效应显著；否则中介效应不显著，检验结束。

本书利用软件中的层次回归方法，按照上述温忠麟等（2012）提出的检验程序来验证各组中介效应假设。为避免多元回归中的多重共线性问题，我们使用方差膨胀因子VIF（variance inflation factor）指数进行判断。通常，当VIF<10时，不存在多重共线性；当10<VIF<100时，存在着较强的多重共线性，模型检验不适宜继续进行。

本书中介效应检验程序如以下四组回归方程所示。

模型一：$y_{i(因变量)} = \alpha_i + \beta_i x_{i(自变量)} + \lambda_i s_{i(控制变量)} + \varepsilon_i$

模型二：$z_{i(中介变量)} = \alpha_i + \beta_i x_{i(自变量)} + \lambda_i s_{i(控制变量)} + \varepsilon_i$

模型三：$y_{i(因变量)} = \alpha_i + \gamma_i z_{i(中介变量)} + \lambda_i s_{i(控制变量)} + \varepsilon_i$

模型四：$y_{i(因变量)} = \alpha_i + \beta_i x_{i(自变量)} + \lambda_i s_{i(控制变量)} + \gamma_i z_{i(中介变量)} + \varepsilon_i$

## 10.2　团队沟通交流在顾客参与和创新市场绩效的中介效应

为验证团队的沟通交流在顾客参与创新市场绩效之间的中介效应，我们对模型一、二、三、四分别进行检验。具体步骤为：在四个模型中，将企业成立年限、2015年销售额、员工数、企业所处的行业、所在的省份地域及注册资本作为控制变量加入模型。在模型一中，将顾客参与的2个维度作为自变量，创新市场绩效为因变量，从而构建出模型一；在模型一的基础上，因变量更改为中介变量团队学习的沟通交流，自变量不变，构造出模型二；在模型一的基础上，自变量更改为团队的沟通交流，检验中介变量对创新市场绩效的作用，构造模型三；在模型一的基础上,自变量增加团队学习的沟通交流中介变量,因变量为创新的市场绩效,检验增加中介变量之后,自变量顾客参与对创新市场绩效的影响是否有变化,构造出模型四。四个模型的层次回归结果如表10-1所示。

表 10-1　团队沟通交流在顾客参与与创新市场绩效关系中的中介效应

| 控制变量 | 模型一 (创新市场绩效) | | | 模型二 (团队的沟通交流) | | | 模型三 (创新市场绩效) | | | 模型四 (创新市场绩效) | | |
|---|---|---|---|---|---|---|---|---|---|---|---|---|
| | $\beta$ | $t$ | VIF | $\beta$ | $t$ | VIF | $\beta$ | $t$ | VIF | $\beta$ | $t$ | VIF |
| 常量 | | −0.313 | | | −2.171 | | | 0.520 | | | 0.381 | |
| 西部 | 0.004 | 0.053 | 1.271 | 0.044 | 0.650 | 1.271 | −0.032 | −0.466 | 1.258 | −0.010 | −0.158 | 1.275 |
| 中部 | 0.082 | 1.264 | 1.140 | −0.033 | −0.520 | 1.140 | 0.089 | 1.352 | 1.142 | 0.092 | 1.497 | 1.142 |
| 集体 | 0.004 | 0.056 | 1.501 | −0.112 | −1.529 | 1.501 | 0.067 | 0.879 | 1.496 | 0.040 | 0.559 | 1.525 |
| 饮料 | 0.009 | 0.127 | 1.372 | 0.124 | 1.778 | 1.372 | −0.041 | −0.560 | 1.399 | −0.031 | −0.448 | 1.402 |
| 橡胶 | 0.074 | 0.939 | 1.685 | 0.057 | 0.741 | 1.685 | 0.032 | 0.402 | 1.674 | 0.056 | 0.739 | 1.692 |
| 化学纤维 | 0.031 | 0.432 | 1.418 | 0.098 | 1.385 | 1.418 | −0.048 | −0.666 | 1.370 | 0.000 | −0.003 | 1.437 |
| 黑色金属 | 0.079 | 1.070 | 1.481 | 0.103 | 1.417 | 1.481 | 0.044 | 0.581 | 1.501 | 0.046 | 0.652 | 1.502 |
| 电气机械 | −0.012 | −0.148 | 1.875 | 0.154 | 1.883 | 1.875 | −0.149 | −1.786 | 1.812 | −0.061 | −0.767 | 1.921 |
| 通用机械 | 0.014 | 0.185 | 1.636 | 0.068 | 0.896 | 1.636 | −0.031 | −0.391 | 1.602 | −0.007 | −0.100 | 1.645 |
| 专用设备 | 0.095 | 1.172 | 1.793 | 0.050 | 0.619 | 1.793 | 0.040 | 0.488 | 1.776 | 0.079 | 1.024 | 1.798 |
| 仪器仪表 | 0.021 | 0.291 | 1.437 | 0.066 | 0.927 | 1.437 | −0.005 | −0.072 | 1.419 | 0.000 | −0.001 | 1.446 |
| 交通运输 | 0.047 | 0.712 | 1.182 | 0.005 | 0.079 | 1.182 | 0.063 | 0.938 | 1.175 | 0.045 | 0.721 | 1.182 |
| 通信设备 | 0.072 | 0.944 | 1.570 | 0.135 | 1.800 | 1.570 | −0.010 | −0.128 | 1.580 | 0.029 | 0.393 | 1.605 |
| 医药 | −0.058 | −0.819 | 1.383 | −0.062 | −0.882 | 1.383 | −0.064 | −.890 | 1.364 | −0.039 | −0.567 | 1.391 |
| 其他 | −0.048 | −0.609 | 1.676 | 0.101 | 1.305 | 1.676 | −0.187 | −2.439 | 1.541 | −0.080 | −1.063 | 1.695 |
| 员工总人数 | 0.028 | 0.402 | 1.326 | 0.006 | 0.091 | 1.326 | 0.066 | 0.931 | 1.297 | 0.026 | 0.392 | 1.326 |
| 2015 年销售额 | 0.035 | 0.512 | 1.246 | 0.029 | 0.431 | 1.246 | 0.042 | 0.609 | 1.239 | 0.025 | 0.395 | 1.248 |
| 企业成立年限 | −0.059 | −0.730 | 1.761 | 0.063 | 0.790 | 1.761 | −0.040 | −0.485 | 1.734 | −0.079 | −1.025 | 1.769 |
| 企业资本额 | 0.049 | 0.629 | 1.631 | 0.082 | 1.078 | 1.631 | 0.004 | 0.047 | 1.578 | 0.022 | 0.304 | 1.644 |
| 自变量 | | | | | | | | | | | | |
| 信息分享 | 0.542 | 7.614*** | 1.383 | 0.600 | 8.539*** | 1.383 | | | | 0.351 | 4.218*** | 2.083 |
| 行为参与 | 0.151 | 2.105** | 1.405 | 0.095 | 1.338 | 1.405 | | | | 0.121 | 1.758* | 1.422 |
| 沟通交流 | | | | | | | 0.556 | 8.151*** | 1.213 | 0.319 | 3.958*** | 1.948 |
| 统计量 | | | | | | | | | | | | |
| $R^2$ | 0.472 | | | 0.487 | | | 0.445 | | | 0.524 | | |
| 调整后 $R^2$ | 0.395 | | | 0.412 | | | 0.368 | | | 0.450 | | |
| $F$ 值 | 6.210*** | | | 6.498*** | | | 5.806*** | | | 7.148*** | | |
| DW | 1.994 | | | 2.141 | | | 1.861 | | | 1.941 | | |

*表示显著性水平小于 0.1;**表示显著性水平小于 0.05;***表示显著性水平小于 0.001

从表10-1中$R^2$和调整后$R^2$等指标来看，模型四相比于模型一、二、三都有了改进，这说明加入顾客参与的自变量后，能够显著提升模型解释能力。四个模型的VIF系数均小于10，说明模型不存在严重的共线性，DW检验值均在2.0附近，变量之间不存在自相关，四个模型的$F$值均在0.001水平上表现显著。模型一中，顾客参与对创新市场绩效的路径系数分别在0.001和0.05水平上表现显著；模型二中，顾客的信息分享参与对团队的沟通交流路径系数在0.001水平上表现显著，但顾客的行为参与对团队学习的沟通交流表现不显著。模型三中，团队学习的沟通交流对创新市场绩效路径系数在0.001水平上表现显著。加入团队学习的中介变量后，顾客参与的信息分享参与维度对创新市场绩效仍旧在0.001水平上显著，这说明，顾客的信息分享维度部分通过团队的交流沟通对创新市场绩效产生影响。然后对不显著的顾客参与对市场绩效是否通过团队的沟通交流产生中介效应进行Sobel检验，如表10-2所示。由表10-2可见，Sobel检验的$t$值为1.263，这表明顾客的行为参与完全通过团队的沟通交流对创新市场绩效产生中介效应。

表 10-2    团队沟通交流在行为参与和市场绩效的中介效应的 Sobel 检验

| 参数 | 输入 | 统计量 | $t$统计量 | 标准误 | $P$ 值 |
|---|---|---|---|---|---|
| $a$ | 0.095 | Sobel 检验 | 1.263 456 74 | 0.041 805 94 | 0.206 242 508 |
| $b$ | 0.556 | Aroian 检验 | 1.251 583 98 | 0.042 202 52 | 0.210 721 5 |
| $S_a$ | 0.074 | Goodman 检验 | 1.275 673 92 | 0.414 055 7 | 0.202 070 81 |
| $S_b$ | 0.078 | | | | |

## 10.3    团队制度措施在顾客参与与创新市场绩效中的中介效应

为验证团队的制度措施在顾客参与创新市场绩效之间的中介效应，我们对模型一、二、三、四分别进行检验。具体步骤为：在四个模型中，将企业成立年限、2015年销售额、员工数、企业所处的行业、所在的省份地域及注册资本作为控制变量加入模型。在模型一中，将顾客参与的2个维度作为自变量，创新市场绩效为因变量，从而构建出模型一；在模型一的基础上，因变量更改为中介变量团队学习的制度措施，自变量不变，构造出模型二；在模型一的基础上，自变量更改为团队的制度措施，检验中介变量对创新市场绩效的作用，构造模型三；在模型一的基础上，自变量增加团队学习的制度措施中介变量，因变量为创新市场绩效，检验增加中介变量之后，自变量顾客参与对创新市场绩效的影响是否有变化，构造出模型四。四个模型的层次回归结果如表10-3所示。

**表 10-3　团队的制度措施在顾客参与与创新市场绩效关系中的中介效应**

| 控制变量 | 模型一<br>（创新市场绩效） | | | 模型二<br>（团队的制度措施） | | | 模型三<br>（创新市场绩效） | | | 模型四<br>（创新市场绩效） | | |
|---|---|---|---|---|---|---|---|---|---|---|---|---|
| | $\beta$ | $t$ | VIF | $\beta$ | $t$ | VIF | $\beta$ | $t$ | VIF | $\beta$ | $t$ | VIF |
| 常量 | | −0.313 | | | −0.627 | | | −0.312 | | | −0.113 | |
| 西部 | 0.004 | 0.053 | 1.271 | 0.009 | 0.133 | 1.271 | −0.010 | −0.148 | 1.257 | 0.001 | 0.010 | 1.271 |
| 中部 | 0.082 | 1.264 | 1.140 | −0.005 | −0.070 | 1.140 | 0.071 | 1.059 | 1.139 | 0.083 | 1.357 | 1.140 |
| 集体 | 0.004 | 0.056 | 1.501 | −0.029 | −0.374 | 1.501 | 0.012 | 0.160 | 1.476 | 0.013 | 0.189 | 1.502 |
| 饮料 | 0.009 | 0.127 | 1.372 | −0.039 | −0.525 | 1.372 | 0.052 | 0.708 | 1.365 | 0.021 | 0.315 | 1.375 |
| 橡胶 | 0.074 | 0.939 | 1.685 | −0.032 | −0.395 | 1.685 | 0.075 | 0.918 | 1.678 | 0.084 | 1.126 | 1.687 |
| 化学纤维 | 0.031 | 0.432 | 1.418 | 0.035 | 0.465 | 1.418 | −0.027 | −0.361 | 1.370 | 0.020 | 0.295 | 1.421 |
| 黑色金属 | 0.079 | 1.070 | 1.481 | 0.065 | 0.838 | 1.481 | 0.071 | 0.920 | 1.486 | 0.059 | 0.837 | 1.488 |
| 电气机械 | −0.012 | −0.148 | 1.875 | 0.142 | 1.638 | 1.875 | −0.155 | −1.828 | 1.813 | −0.057 | −0.715 | 1.909 |
| 通用机械 | 0.014 | 0.185 | 1.636 | 0.017 | 0.213 | 1.636 | −0.012 | −0.152 | 1.602 | 0.009 | 0.122 | 1.636 |
| 专用设备 | 0.095 | 1.172 | 1.793 | 0.072 | 0.845 | 1.793 | 0.026 | 0.306 | 1.777 | 0.073 | 0.941 | 1.802 |
| 仪器仪表 | 0.021 | 0.291 | 1.437 | 0.076 | 1.001 | 1.437 | −0.014 | −0.192 | 1.423 | −0.003 | −0.039 | 1.447 |
| 交通运输 | 0.047 | 0.712 | 1.182 | 0.066 | 0.956 | 1.182 | 0.037 | 0.544 | 1.185 | 0.026 | 0.419 | 1.190 |
| 通信设备 | 0.072 | 0.944 | 1.570 | 0.141 | 1.782 | 1.570 | −0.008 | −0.099 | 1.580 | 0.027 | 0.375 | 1.605 |
| 医药 | −0.058 | −0.819 | 1.383 | −0.123 | −1.656 | 1.383 | −0.035 | −0.471 | 1.390 | −0.020 | −0.288 | 1.410 |
| 其他 | −0.048 | −0.609 | 1.676 | −0.063 | −0.773 | 1.676 | −0.111 | −1.386 | 1.601 | −0.028 | −0.374 | 1.683 |
| 员工总人数 | 0.028 | 0.402 | 1.326 | 0.020 | 0.268 | 1.326 | 0.063 | 0.879 | 1.300 | 0.022 | 0.331 | 1.327 |
| 2015 年销售额 | 0.035 | 0.512 | 1.246 | 0.016 | 0.224 | 1.246 | 0.051 | 0.729 | 1.236 | 0.030 | 0.463 | 1.247 |
| 企业已成立年 | −0.059 | −0.730 | 1.761 | 0.056 | 0.667 | 1.761 | −0.017 | −0.202 | 1.718 | −0.076 | −0.999 | 1.766 |
| 企业资本额 | 0.049 | 0.629 | 1.631 | −0.068 | −0.835 | 1.631 | 0.074 | 0.938 | 1.582 | 0.070 | 0.950 | 1.639 |
| 自变量 | | | | | | | | | | | | |
| 信息分享 | 0.542 | 7.614$^{***}$ | 1.383 | 0.476 | 6.395$^{***}$ | 1.383 | | | | 0.393 | 5.137$^{***}$ | 1.776 |
| 行为参与 | 0.151 | 2.105$^{**}$ | 1.405 | 0.159 | 2.119$^{**}$ | 1.405 | | | | 0.101 | 1.465 | 1.449 |
| 制度措施 | | | | | | | 0.539 | 7.677$^{***}$ | 1.243 | 0.314 | 4.150$^{***}$ | 1.733 |
| 统计量 | | | | | | | | | | | | |
| $R^2$ | 0.472 | | | 0.423 | | | 0.424 | | | 0.528 | | |
| 调整后 $R^2$ | 0.395 | | | 0.339 | | | 0.345 | | | 0.456 | | |
| $F$ 值 | 6.210$^{***}$ | | | 5.028$^{***}$ | | | 5.343$^{***}$ | | | 7.283$^{***}$ | | |
| DW | 1.994 | | | 2.160 | | | 1.944 | | | 1.910 | | |

**表示显著性水平小于 0.05；***表示显著性水平小于 0.001

从表10-3中$R^2$和调整后$R^2$等指标来看，模型四相比于模型一、二、三都有了改进，这说明加入顾客参与的自变量后，能够显著提升模型解释能力。四个模型的VIF系数均小于10，说明模型不存在严重的共线性，DW检验值均在2.0附近，变量之间不存在自相关，四个模型的$F$值均在0.001水平上表现显著。模型一中，顾客参与对创新市场绩效的路径系数分别在0.001和0.05水平上表现显著；模型二中，顾客参与的两个维度对团队的制度措施路径系数在0.001和0.05水平上表现显著；模型三中，团队学习的制度措施对创新市场绩效路径系数在0.001水平上表现显著。加入团队学习的制度措施中介变量后，顾客参与的信息分享参与维度对创新市场绩效仍旧在0.001水平上显著，这说明，顾客的信息分享维度部分通过团队的交流沟通对创新市场绩效产生影响。但是顾客的行为参与维度对市场绩效的路径系数不再显著，这表明顾客的行为参与完全通过团队的沟通交流对创新市场绩效产生中介效应。

## 10.4 团队制度措施在顾客参与与创新财务绩效中的中介效应

为验证团队的制度措施在顾客参与创新财务绩效之间的中介效应，我们对模型一、二、三、四分别进行检验。具体步骤为：在四个模型中，将企业成立年限、2015年销售额、员工数、企业所处的行业、所在的省份地域及注册资本作为控制变量加入模型。在模型一中，将顾客参与的2个维度作为自变量，创新财务绩效为因变量，从而构建出模型一；在模型一的基础上，因变量更改为中介变量团队学习的制度措施，自变量不变，构造出模型二；在模型一的基础上，自变量更改为团队的制度措施，检验中介变量对创新财务绩效的作用，构造模型三；在模型一的基础上，自变量增加团队学习的制度措施中介变量，因变量为创新财务绩效，检验增加中介变量之后，自变量顾客参与对创新财务绩效的影响是否有变化，构造出模型四。四个模型的层次回归结果如表10-4所示。

表 10-4 团队的制度措施在顾客参与与创新财务绩效关系中的中介效应

| 控制变量 | 模型一（创新财务绩效） | | | 模型二（团队的制度措施） | | | 模型三（创新财务绩效） | | | 模型四（创新财务绩效） | | |
|---|---|---|---|---|---|---|---|---|---|---|---|---|
| | $\beta$ | $t$ | VIF | $\beta$ | $t$ | VIF | $\beta$ | $t$ | VIF | $\beta$ | $t$ | VIF |
| 常量 | | -0.634 | | | -0.627 | | | -0.799 | | | -0.588 | |
| 西部 | 0.015 | 0.189 | 1.087 | 0.009 | 0.133 | 1.271 | -0.007 | -0.086 | 1.257 | 0.015 | 0.180 | 1.271 |
| 中部 | -0.094 | -1.220 | 1.124 | -0.005 | -0.070 | 1.140 | -0.102 | -1.282 | 1.139 | -0.094 | -1.214 | 1.140 |
| 集体 | -0.016 | -0.185 | 1.129 | -0.029 | -0.374 | 1.501 | 0.005 | 0.058 | 1.476 | -0.014 | -0.159 | 1.502 |

续表

| 控制变量 | 模型一<br>（创新财务绩效） | | | 模型二<br>（团队的制度措施） | | | 模型三<br>（创新财务绩效） | | | 模型四<br>（创新财务绩效） | | |
|---|---|---|---|---|---|---|---|---|---|---|---|---|
| | $\beta$ | $t$ | VIF | $\beta$ | $t$ | VIF | $\beta$ | $t$ | VIF | $\beta$ | $t$ | VIF |
| 饮料 | 0.013 | 0.157 | 1.338 | −0.039 | −0.525 | 1.372 | 0.042 | 0.485 | 1.365 | 0.016 | 0.193 | 1.375 |
| 橡胶 | 0.074 | 0.793 | 1.637 | −0.032 | −0.395 | 1.685 | 0.082 | 0.843 | 1.678 | 0.077 | 0.820 | 1.687 |
| 化学纤维 | −0.027 | −0.314 | 1.357 | 0.035 | 0.465 | 1.418 | −0.042 | −0.483 | 1.370 | −0.030 | −0.346 | 1.421 |
| 黑色金属 | 0.118 | 1.346 | 1.402 | 0.065 | 0.838 | 1.481 | 0.124 | 1.354 | 1.486 | 0.113 | 1.282 | 1.488 |
| 电气机械 | 0.123 | 1.247 | 1.778 | 0.142 | 1.638 | 1.875 | 0.048 | 0.481 | 1.813 | 0.112 | 1.119 | 1.909 |
| 通用机械 | 0.102 | 1.111 | 1.578 | 0.017 | 0.213 | 1.636 | 0.107 | 1.133 | 1.602 | 0.101 | 1.094 | 1.636 |
| 专用设备 | 0.037 | 0.384 | 1.668 | 0.072 | 0.845 | 1.793 | −0.010 | −0.104 | 1.777 | 0.031 | 0.323 | 1.802 |
| 仪器仪表 | 0.073 | 0.839 | 1.374 | 0.076 | 1.001 | 1.437 | 0.076 | 0.855 | 1.423 | 0.066 | 0.765 | 1.447 |
| 交通运输 | −0.018 | −0.236 | 1.108 | 0.066 | 0.956 | 1.182 | −0.023 | −0.278 | 1.185 | −0.024 | −0.302 | 1.190 |
| 通信设备 | 0.030 | 0.332 | 1.526 | 0.141 | 1.782 | 1.570 | −0.020 | −0.216 | 1.580 | 0.019 | 0.203 | 1.605 |
| 医药 | −0.004 | −0.045 | 1.274 | −0.123 | −1.656 | 1.383 | −0.021 | −0.238 | 1.390 | 0.006 | 0.071 | 1.410 |
| 其他 | −0.013 | −0.141 | 1.450 | −0.063 | −0.773 | 1.676 | −0.083 | −0.874 | 1.601 | −0.008 | −0.086 | 1.683 |
| 员工总人数 | 0.032 | 0.384 | | 0.020 | 0.268 | 1.326 | 0.073 | 0.850 | 1.300 | 0.030 | 0.364 | 1.327 |
| 2015年销售额 | 0.137 | 1.705 | 1.271 | 0.016 | 0.224 | 1.246 | 0.161 | 1.929 | 1.236 | 0.136 | 1.687 | 1.247 |
| 企业已成立年 | −0.043 | −0.445 | 1.140 | 0.056 | 0.667 | 1.761 | −0.019 | −0.194 | 1.718 | −0.047 | −0.491 | 1.766 |
| 企业资本额 | 0.072 | 0.778 | 1.501 | −0.068 | −0.835 | 1.631 | 0.110 | 1.164 | 1.582 | 0.077 | 0.834 | 1.639 |
| 自变量 | | | | | | | | | | | | |
| 信息分享 | 0.254 | 3.000*** | 1.383 | 0.476 | 6.395*** | 1.383 | | | | 0.216 | 2.484*** | 1.449 |
| 行为参与 | 0.229 | 2.675** | 1.405 | 0.159 | 2.119** | 1.405 | | | | 0.216 | 2.245*** | 1.776 |
| 制度措施 | | | | | | | 0.249 | 2.979*** | 1.243 | 0.081 | 0.850 | 1.733 |
| 统计量 | | | | | | | | | | | | |
| $R^2$ | 0.252 | | | 0.423 | | | 0.187 | | | 0.256 | | |
| 调整后 $R^2$ | 0.0143 | | | 0.339 | | | 0.075 | | | 0.141 | | |
| $F$值 | 2.312** | | | 5.028*** | | | 1.669** | | | 2.236** | | |
| DW | 2.112 | | | 2.160 | | | 2.160 | | | 2.126 | | |

**表示显著性水平小于0.05；***表示显著性水平小于0.001

从表10-4中$R^2$和调整后$R^2$等指标来看，模型四相比于模型一、二、三都有了改进，这说明加入顾客参与的自变量后，能够显著提升模型解释能力。四个模型的VIF系数均小于10，说明模型不存在严重的共线性，DW检验值均在2.0附近，变量之间不存在自相关，模型一、模型三、模型四的$F$值在0.05水平上表示显著，模型二的$F$值在0.001水平上表示显著。模型一中，顾客参与的两个维度对创新财务绩效的路径系数分别在0.001和0.05水平上表现显著；模型二中，顾客参与的两个维度对团队的制度措施路径系数分别在0.001和0.05水平上表现显著；模型三中，团队学习的制度措施对创新财务绩效路径系数在0.001水平上表现显著。加入团队学习的制度措施中介变量后，顾客参与的信息分享参与维度对创新财务绩效仍旧在0.001水平上显著，这说明，顾客参与的两个维度部分通过团队的制度措施对创新财务绩效产生影响。

## 10.5　团队沟通交流在顾客参与与创新财务绩效中的中介效应

为验证团队的沟通交流在顾客参与与创新财务绩效之间的中介效应，我们对模型一、二、三、四分别进行检验。具体步骤为：在四个模型中，将企业成立年限、2015年销售额、员工数、企业所处的行业、所在的省份地域及注册资本作为控制变量加入模型。在模型一中，将顾客参与的两个维度作为自变量，创新的财务绩效为因变量，从而构建出模型一；在模型一的基础上，因变量更改为中介变量团队学习的沟通交流，自变量不变，构造出模型二；在模型一的基础上，自变量更改为团队的沟通交流，检验中介变量对创新财务绩效的作用，构造模型三；在模型一的基础上，自变量增加团队学习的沟通交流中介变量，因变量为创新财务绩效，检验增加中介变量之后，自变量顾客参与对创新财务绩效的影响是否有变化，构造出模型四。四个模型的层次回归结果如表10-5所示。

表 10-5　团队沟通交流在顾客参与与创新财务绩效关系中的中介效应

| 控制变量 | 模型一（创新财务绩效） | | | 模型二（团队的沟通交流） | | | 模型三（创新财务绩效） | | | 模型四（创新财务绩效） | | |
|---|---|---|---|---|---|---|---|---|---|---|---|---|
| | $\beta$ | $t$ | VIF | $\beta$ | $t$ | VIF | $\beta$ | $t$ | VIF | $\beta$ | $t$ | VIF |
| 常量 | | −0.634 | | | −2.171 | | | 0.257 | | | 0.437 | |
| 西部 | 0.015 | 0.189 | 1.087 | 0.044 | 0.650 | 1.271 | −0.026 | −0.363 | 1.258 | −0.010 | −0.133 | 1.275 |
| 中部 | −0.094 | −1.220 | 1.124 | −0.033 | −0.520 | 1.140 | −0.076 | −1.101 | 1.142 | −0.075 | −1.101 | 1.142 |
| 集体 | −0.016 | −0.185 | 1.129 | −0.112 | −1.529 | 1.501 | 0.071 | 0.895 | 1.496 | 0.047 | 0.603 | 1.525 |
| 饮料 | 0.013 | 0.157 | 1.338 | 0.124 | 1.778 | 1.372 | −0.052 | −0.679 | 1.399 | −0.058 | −0.765 | 1.402 |
| 橡胶 | 0.074 | 0.793 | 1.637 | 0.057 | 0.741 | 1.685 | 0.056 | 0.667 | 1.674 | 0.041 | 0.500 | 1.692 |
| 化学纤维 | −0.027 | −0.314 | 1.357 | 0.098 | 1.385 | 1.418 | −0.056 | −0.747 | 1.370 | −0.083 | −1.088 | 1.437 |
| 黑色金属 | 0.118 | 1.346 | 1.402 | 0.103 | 1.417 | 1.481 | 0.064 | 0.807 | 1.501 | 0.059 | 0.759 | 1.502 |
| 电气机械 | 0.123 | 1.247 | 1.778 | 0.154 | 1.883 | 1.875 | 0.046 | 0.532 | 1.812 | 0.035 | 0.398 | 1.921 |
| 通用机械 | 0.102 | 1.111 | 1.578 | 0.068 | 0.896 | 1.636 | 0.090 | 1.106 | 1.602 | 0.063 | 0.775 | 1.645 |

续表

| 控制变量 | 模型一<br>（创新财务绩效） | | | 模型二<br>（团队的沟通交流） | | | 模型三<br>（创新财务绩效） | | | 模型四<br>（创新财务绩效） | | |
|---|---|---|---|---|---|---|---|---|---|---|---|---|
| | $\beta$ | $t$ | VIF | $\beta$ | $t$ | VIF | $\beta$ | $t$ | VIF | $\beta$ | $t$ | VIF |
| 专用设备 | 0.037 | 0.384 | 1.668 | 0.050 | 0.619 | 1.793 | 0.000 | −0.004 | 1.776 | 0.009 | 0.103 | 1.798 |
| 仪器仪表 | 0.073 | 0.839 | 1.374 | 0.066 | 0.927 | 1.437 | 0.059 | 0.762 | 1.419 | 0.035 | 0.452 | 1.446 |
| 交通运输 | −0.018 | −0.236 | 1.108 | 0.005 | 0.079 | 1.182 | −0.029 | −0.415 | 1.175 | −0.021 | −0.309 | 1.182 |
| 通信设备 | 0.030 | 0.332 | 1.526 | 0.135 | 1.800 | 1.570 | −0.061 | −0.756 | 1.580 | −0.047 | −0.581 | 1.605 |
| 医药 | −0.004 | −0.045 | 1.274 | −0.062 | −0.882 | 1.383 | 0.010 | 0.127 | 1.364 | 0.031 | 0.419 | 1.391 |
| 其他 | −0.013 | −0.141 | 1.450 | 0.101 | 1.305 | 1.676 | −0.090 | −1.127 | 1.541 | −0.071 | −0.852 | 1.695 |
| 员工总人数 | 0.032 | 0.384 | | 0.006 | 0.091 | 1.326 | 0.045 | 0.608 | 1.297 | 0.028 | 0.385 | 1.326 |
| 2015 年销售额 | 0.137 | 1.705 | 1.271 | 0.029 | 0.431 | 1.246 | 0.133 | 1.851 | 1.239 | 0.121 | 1.697 | 1.248 |
| 企业已成立年 | −0.043 | −0.445 | 1.140 | 0.063 | 0.790 | 1.761 | −0.094 | −1.112 | 1.734 | −0.078 | −0.924 | 1.769 |
| 企业资本额 | 0.072 | 0.778 | 1.501 | 0.082 | 1.078 | 1.631 | 0.061 | 0.753 | 1.578 | 0.025 | 0.302 | 1.644 |
| 自变量 | | | | | | | | | | | | |
| 信息分享 | 0.254 | 3.000*** | 1.383 | 0.600 | 8.539*** | 1.383 | | | | 0.571 | 6.416*** | 1.948 |
| 行为参与 | 0.229 | 2.675** | 1.405 | 0.095 | 1.338 | 1.405 | | | | | | |
| 沟通交流 | | | | | | | 0.561 | 7.888*** | 1.213 | 0.175 | 2.296*** | 1.422 |
| 统计量 | | | | | | | | | | | | |
| $R^2$ | 0.252 | | | 0.487 | | | 0.396 | | | 0.419 | | |
| 调整后 $R^2$ | 0.0143 | | | 0.412 | | | 0.313 | | | 0.330 | | |
| $F$ 值 | 2.312** | | | 6.498*** | | | 4.761*** | | | 4.694*** | | |
| DW | 2.112 | | | 2.141 | | | 2.079 | | | 2.083 | | |

**表示显著性水平小于 0.05；***表示显著性水平小于 0.001

从表10-5中$R^2$和调整后$R^2$等指标来看，模型四相比于模型一、二、三都有了改进，这说明加入顾客参与的自变量后，能够显著提升模型解释能力。四个模型的VIF系数均小于10，说明模型不存在严重的共线性，DW检验值均在2.0附近，变量之间不存在自相关，模型二、模型三、模型四的$F$值均在0.001水平上表现显著，模型一的$F$值在0.05水平上表现显著。模型一中，顾客参与两个维度对创新财务绩效的路径系数分别在0.001和0.05水平上表现显著；模型二中，顾客的信息分享参与对团队的沟通交流路径系数在0.001水平上表现显著，但顾客的行为参与对团队学习的沟通交流表现不显著；模型三中，团队学习的沟通交流对创新财务绩效路径系数在0.001水平上表现显著。加入团队学习的中介变量后，顾客参与的信息分享参与维度对创新财务绩效仍旧在0.001水平上显著，这说明，顾客的信息分享维度部分通过团队的交流沟通对创新财务绩效产生影响。然后对不显著的顾客参与对财务绩效是否通过团队的沟通交流产生中介效应进行Sobel检验，如表10-6所示。由表10-6可见，Sobel检验的t值为4.94，在0.001水平上表现显著，这表明顾客的行为参与完全通过团队的沟通交流对创新财务绩效产生中介效应。

表 10-6 团队沟通交流在行为参与和财务绩效的中介效应的 Sobel 检验

| 参数 | 输入 | 统计量 | $t$统计量 | 标准误 | $P$ 值 |
|---|---|---|---|---|---|
| $a$ | 0.542 | Sodel 检验 | 4.970 290 41 | 0.060 194 47 | 6.7e$^{-7}$ |
| $b$ | 0.552 | Aroian 检验 | 4.946 314 11 | 0.060 486 25 | 7.6e$^{-7}$ |
| $s_a$ | 0.069 | Goodman 检验 | 4.946 188 | 0.059 901 27 | 5.9e$^{-7}$ |
| $s_b$ | 0.086 | | | | |

由以上分析，我们将团队学习在顾客参与与创新绩效中的中介效应总结如表10-7所示。

表 10-7 团队学习在顾客参与与创新绩效关系的中介效应假设汇总

| 中介变量 | 因果关系 | 检验结果 |
|---|---|---|
| 团队学习的交流沟通 | 顾客的信息分享参与——创新市场绩效 | 部分中介 |
| | 顾客的行为参与——创新市场绩效 | 全部中介 |
| | 顾客的信息分享参与——创新财务绩效 | 部分中介 |
| | 顾客的行为参与——创新财务绩效 | 全部中介 |
| 团队学习的制度措施 | 顾客的信息分享参与——创新市场绩效 | 部分中介 |
| | 顾客的行为参与——创新市场绩效 | 部分中介 |
| | 顾客的信息分享参与——创新财务绩效 | 部分中介 |
| | 顾客的行为参与——创新财务绩效 | 部分中介 |

# 第11章 结论、启示及局限性

## 11.1 研究结论

以我国情境下的制造业企业为研究对象，我们通过问卷调查方法，在收集211份有效问卷的基础上，从团队学习视角，深入探讨了顾客参与对技术创新绩效的影响机制，得到的主要结论如下。

（1）以团队学习为中介变量的顾客参与产品开发研究的新视角，可以对顾客参与技术开发问题做出更系统、更深入的研究。以团队学习为中介变量，本书证实了团队学习各维度在顾客参与影响技术开发绩效的关系中具有一定程度的中介效应，从团队学习的新视角解释了顾客参与影响技术创新绩效的内在机制。具体而言，沟通交流式的团队学习在信息分享顾客参与影响技术创新绩效之程度关系中的全部中介效应显著；团队学习的制度措施在顾客参与与技术创新绩效的关系中的部分中介效应显著。

（2）顾客参与、团队学习和技术创新绩效内涵的层次性可以做出更精致、更丰富的阐释。借鉴前人的相关研究成果，本书将顾客参与界定为在企业技术创新活动中，顾客利用自身所具有的智力资本参与其中，不仅提供相关的思想、信息、知识、技术和情感，而且还与企业联合设计、开发新技术，甚至率先测试、使用新产品，它所包含的两个维度是信息分享式顾客参与和顾客的行为参与；将团队学习界定为企业和顾客组成的联合开发小组利用相关信息与知识连续改变和调整自身行为，以适应不断变化的外界环境所形成的一种创新活动机制，其包含团队的沟通交流和团队的制度措施两个组成维度。技术创新绩效分为市场绩效与财务绩效两个方面，分别是指基于顾客参与的技术创新绩效的市场表现和财务表现。

（3）以本书阐释的多维度对接的关联性范畴群为基点，本书构建了与顾客参与技术创新相关的新的测量体系。在文献阅读、企业访谈、内容效度检验及统计验证等基础上，本书为顾客参与、团队学习和技术创新绩效构建出符合我国制造业背景的具有一定信度和效度的测量模型，利用问卷调查方法收集数据，通过描述性统计分析、因子分析、结构方程建模及层次回归分析等计量统计方法，运用结构方程软件对问卷调查所得数据进行分析，检验了相关变量之间的直接影响关系和中介效应，并对分析结果进行了讨论，进一步完善了顾客参与和团队学习的理论测度体系。新构建的顾客参与技术创新的测量体系，容纳着顾客参与技术创新的新机制。本书采取综合观点，深入探讨了顾客参与各维度通过团队学习各维度对技术创新绩效各维度影响的机制问题，在完善国内外有关顾客参与技术创新研究的基础上，从团队学习视角打开了顾客参与技术创新绩效的"黑箱"，不仅将相关理论研究向前推进一步，而且还为以后学者从更多视角深入探讨技术创新及其绩效影响机制提供了新的思路。

## 11.2 管理启示

本书以我国情境下的制造业企业为调研对象，就以团队学习为中介变量的顾客参与对技术创新绩效影响的问题进行了实证探讨，得出了一些有价值的结论，从而为我国企业，尤其是制造业企业的技术开发活动这一重要问题的管理实践，提供相应的指导价值。充分发挥本书构建的顾客参与技术创新的新测量体系和新机制的作用，可以使技术创新绩效相应维度间内在联系的正面效应最大化。由于顾客参与对技术创新绩效，以及技术创新绩效各维度之间都存在着直接的正面影响，可以通过和顾客参与有关的新测量体系和新机制的作用，使之实现最大化。

（1）本书的研究结果表明：技术创新绩效之市场绩效对企业的财务绩效和竞争优势存在着一定程度的积极影响，这说明高水平的市场绩效对提升企业的财务绩效具有重要意义，这就要求企业重新认识并高度重视与市场绩效相关的实践活动。一方面，企业应从更为全面的视角重新审视技术创新绩效的实践内涵；另一方面，企业还应努力使自己与顾客的联合开发活动尽快完成，在第一时间向市场推出新产品；同时，要努力在新产品的创新性等方面做足文章，使之成为行业中创新学习的标杆，以最大限度地提升市场绩效和竞争优势。充分发挥本书构建的顾客参与技术开发相关的新测量体系和新机制的作用，各类顾客参与活动对技术创新绩效的积极影响可以得到更有效的运用。根据本书的实证分析结果，企业应高度重视信息分享式的顾客参与和行为式顾客参与活动并采取适当方式进行引导。一方面，应当通过强化与顾客共赢的思想理念，促进顾客利用自己的知识和经验参与跨职能的交流和沟通；对顾客尽可能进行各种共享关键信息资源和特定关系的投资，以使顾客有效利用自己的意识经验等参与团队协作和新服务的规划和开发，以实现提升新产品面市速度的目标。另一方面，企业还可以通过定期与顾客开展业务往来、互动活动及营造有益于感情交流的文化氛围等手段来强化与顾客之间的关系强度，形成和加强顾客参与企业新产品的忠实情感，以有效发挥关系型顾客参与对技术开发绩效的积极影响。此外，在引导顾客参与活动时，企业也要关注其对技术创新程度的消极影响，为此，企业应该调动自身资源对顾客参与活动进行积极回应，加强沟通和协调，争取最大限度发挥它对新产品面市速度的积极影响，削弱它对技术创新程度的消极影响。

（2）充分发挥本书构建的顾客参与技术创新相关的新测量体系和新机制的作用，各类团队学习活动在顾客参与影响技术创新绩效关系中的中介效应可以得到更有效的显现。

首先，要进一步建立健全企业和顾客技术创新的沟通交流学习机制。根据本书的实证分析结果，团队内部的沟通交流学习在顾客参与和技术创新绩效之间起着全部的中介作用，这意味着企业和顾客的合作开发活动可以通过沟通交流学习对创新绩效产生积极影响。对此，企业应通过建立联合开发小组的形式，进一步健全和顾客联合开发新服务的学习机制。

其次，要进一步建立健全企业和顾客参与技术创新的团队学习的制度保障。根据本书的实证分析结果，团队学习的制度保障在顾客参与和技术创新绩效之间起着一定程度的部分中介作用，这就意味着企业和顾客的合作开发活动可以通过完善的团队学习制度对技术创新绩效产生积极影响。对此，企业应通过建立联合开发小组的形式，进一步建立健全企业和顾客参与技术创新的学习机制。

## 11.3　研究局限

尽管本书在理论探讨和实证检验上做了一些努力，但仍然难以避免某些局限，这也为后续研究指明了一些方向。

（1）概念维度界定方面的局限。本书从智力资本视角将顾客参与分为两个维度。事实上，对顾客参与进行维度界定时，还可以从参与内容和参与阶段等视角进行。本书对顾客参与背景下的团队学习进行界定时，将它分为两个维度，即沟通交流式学习和团队的制度措施，未来可以从更多视角来深化对顾客参与和团队学习等概念的界定和测量，以对相关问题进行深入探讨。

（2）研究视角选择方面的局限。顾客参与是一个较为复杂的问题，不仅可以从关系营销、关系质量及网络等视角进行研究，而且还可以从产品视角、顾客视角及技术视角考虑相应的中介效应、调节效应及其对顾客满意和主观评价影响等问题。因此，未来可考虑在现有研究基础上，拓展顾客参与影响技术创新绩效的研究视角，探索不同视角下的可能中介效应与调节效应，以对这一问题进行更为全面的阐释。

（3）研究对象确定方面的局限。现有的有关顾客参与的代表性文献，都是以市场中的开发活动为研究对象的，这固然是市场顾客参与开发活动的重要性所致，但服务市场中的顾客参与研究主题也应该被进一步关注。因此，未来研究可以考虑消费者市场上的顾客参与问题。例如，顾客参与消费品开发和参与组织产品开发在内涵上究竟有何异同，市场顾客的知识、经验及其心理特征等会对参与结果产生怎样的影响，等等。

（4）样本选取方面的局限。本书是以我国市场上的制造型企业为调查对象展开的，样本所涵盖范围较为广泛，加之本书在选取样本时可能存在地域局限与时效局限，因而未来有必要在较短时间内考察某一具体行业技术开发项目中的顾客参与行为，以验证本书的研究结论的适用性。当然，尽管本书的单因子检验表明同源方差并不影响后续分析，但本书的研究毕竟是一项横剖研究，收集数据时存在着一定主观性，潜在的同源方差问题不可避免。因此，将来可考虑基于不同来源收集数据，或采取纵贯方式进行研究。

# 参 考 文 献

白明垠. 2013. 变革型领导、团队学习与团队绩效:模型与机理[D]. 中国地质大学博士学位论文.

白长虹，刘炽. 2002. 服务企业的顾客忠诚及其决定因素研究[J]. 南开管理评论，5（6）：64-69.

白长虹，范秀成，甘源. 2002. 基于顾客感知价值的服务企业品牌管理[J].外国经济与管理，24（2）：7-13.

陈国权. 2007. 学习型组织的学习能力系统、学习导向人力资源管理系统及其相互关系研究——自然科学基金项目（70272007）回顾和总结[J]. 管理学报，4（6）：719-728.

陈国权，马萌. 2000. 组织学习的过程模型研究[J]. 管理科学学报，3（3）：15-23.

陈加洲，凌文辁. 2001. 组织中的心理契约[J]. 管理科学学报，4（2）：74-78.

陈劲，陈钰芬. 2006. 企业技术创新绩效评价指标体系研究[J]. 科学学与科学技术管理，27（3）：86-91.

陈劲，童亮，黄建樟，等. 2004.复杂产品系统创新对传统创新管理的挑战[J]. 科学学与科学技术管理，25（9）：47-51.

陈荣秋. 2005. 顾客中心的管理[J]. 管理学报，2（2）：133-139.

陈韦江. 2013. 顾客价值管理驱动企业价值提升路径分析[J]. 技术经济与管理研究，（7）：75-80.

德鲁克 P. 2005. 卓有成效的管理者[M]. 许是祥译. 北京：机械工业出版社.

德威利斯 R F，2004. 量表编制[M]. 魏勇刚，龙长权译. 重庆：重庆大学出版社.

董大海，金玉芳. 2004. 作为竞争优势重要前因的顾客价值：一个实证研究[J]. 管理科学学报，7（5）：84-90.

杜建刚，范秀成. 2006. 基于公平性调节作用的服务忠诚度前置因素整合模型研究[J]. 营销科学学报，2（3）：15-29.

饭沼光夫，罗再清. 1986. 情报化社会的情报管理[J]. 情报杂志，（4）：32-37.

范光杰，陈光. 2004. 竞争优势：创新产品选择条件下的波特观点分析[J]. 科学学与科学技术管理，25（12）：54-56.

范秀成，张彤宇. 2004. 顾客参与对服务企业绩效的影响[J]. 当代财经，（8）：69-73.

范绪泉，甘碧群. 2004. 顾客感知价值矩阵研究[J].学术研究，5：32-36.

方新. 1997. 企业技术创新状况调查[J]. 企业管理，（3）：22-24.

弗泰恩 J,阿特金森 R.2000.创新、社会资本与新经济,社会资本与社会发展[M].杨立平译.北京：社会科学出版社.

傅家骥.1998.技术创新学[M].北京：清华大学出版社.

高建,傅家骥.1996.中国企业技术创新的关键问题——1051家企业技术创新调查分析[J].电子政务,（1）：24-33.

高建,柳卸林.1994.中国技术创新能力的地区特征[J].中国科技论坛,（1）：42-45.

葛笑春.2012.企业协同 npos 获取竞争优势的实证研究[J].科研管理,33（7）：129-136.

官建成.2004.企业制造能力与创新绩效的关系研究：一些中国的实证发现[C].全国科技评价学术研讨会暨中德技术创新与管理研讨会.

郭辰.2013.虚拟社区中顾客参与对服务创新绩效的影响研究[D].武汉理工大学博士学位论文.

侯杰泰,温忠麟,成子娟.2004.结构方程模型及其应用[M].北京：教育科学出版社.

黄存权.2004.软件开发项目团队绩效影响因素分析[D].浙江大学博士学位论文.

李明斐,卢小君,李明星.2010.组织文化对团队学习行为的影响研究[J].科技与管理,12（3）：99-102.

李随成,姜银浩.2011.供应商参与 npd 与企业自主创新能力的关系机理研究[J].科研管理,32（2）：20-27.

李霞.2010.影响 c2c 电子商务网站客户忠诚因素分析——以淘宝网站为例[J].电子商务,（6）：38-39.

林晖芸,汪玲.2007.调节性匹配理论述评[J].心理科学进展,15（5）：749-753.

林筠,何婕.2011.企业智力资本对渐进式和根本性技术创新影响的路径探究[J].研究与发展管理,23（1）：90-98.

刘寿先.2009.企业社会资本与技术创新关系研究[M].北京：经济管理出版社.

刘文波,陈荣秋.2009.基于顾客参与的顾客感知价值管理策略研究[J].武汉科技大学学报（社会科学版）,11（1）：49-54.

罗海成.2006.营销情境中的心理契约概念及其测度研究[J].数理统计与管理,25（5）：574-580.

罗子明.2002.消费者心理学[M].北京：清华大学出版社.

马庆国.2002.管理统计：数据获取、统计原理、SPSS 工具与应用研究[M].北京：科学出版社.

毛良斌,郑全全.2007.团队学习研究综述[J].人类工效学,13（4）：70-71.

孟书魁.2008.供应商参与新产品开发对制造企业技术创新能力的影响研究[D].西安理工大学硕士学位论文.

孟银桃.2010.企业研发人员团队学习能力与技术创新绩效关系的实证分析[D].安徽大学博士学位论文.

牛继舜.2004.论组织学习研究的若干问题[J].现代管理科学,（1）：18-20.

彭靖里,邓艺,刘建中,等.2006.国内外竞争情报产业的发展研究述评[J].全国新书目,(Z1)：75-76.

彭艳君，景奉杰.2008. 服务中的顾客参与及其对顾客满意的影响研究[J]. 经济管理，30（10）：60-66.

彭艳君.2008. 国外顾客参与研究述评[J]. 北京工商大学学报（社会科学版），23（5）：56-60.

彭艳君.2014. 企业—顾客价值共创过程中顾客参与管理研究的理论框架[J]. 中国流通经济，（8）：70-76.

邱皓政，林碧芳.2009. 结构方程模型的原理与应用[M]. 北京：中国轻工业出版社.

圣吉 P M.2002. 第五项修炼·实践篇：创建学习型组织的战略和方法[M]. 北京：东方出版社.

石贵成，王永贵，邢金刚，等.2005. 对服务销售中关系强度的研究——概念界定、量表开发与效度检验[J]. 南开管理评论，8（3）：74-82.

汪涛，望海军.2008. 顾客参与一定会导致顾客满意吗——顾客自律倾向及参与方式的一致性对满意度的影响[J]. 南开管理评论，11（3）：4-11.

汪涛，望海军.2008. 顾客参与一定会导致顾客满意吗——顾客自律倾向及参与方式的一致性对满意度的影响[J].南开管理评论，11（3）:4-11.

王高.2004. 顾客价值与企业竞争优势——以手机行业为例[J]. 管理世界，（10）：97-106.

王海忠.2006. 品牌测量与提升:从模型到执行[M]. 北京：清华大学出版社.

王锡秋.2005. 顾客价值及其评估方法研究[J]. 南开管理评论，5（8）：31-34.

王永贵.2003. 顾客价值与客户关系管理:理论框架与实证分析[C]. 第 7 届全国青年管理科学与系统科学学术会议，北京.

王跃.2013. SSTs 下顾客参与对顾客价值的影响研究——以网上银行为例[D]. 山东大学博士学位论文.

王重鸣.2001. 心理学研究方法[M]. 北京：人民教育出版社.

王重鸣，严进.2001. 团队问题解决的知识结构转换研究[J]. 心理科学，24（1）：9-12.

望海军，汪涛.2007.顾客参与，感知控制与顾客满意度关系研究[J].管理科学，20（3）:48-54.

温池洪.2010. 信息化对企业竞争能力的影响机理与信息化战略选择[D]. 吉林大学博士学位论文.

温忠麟，刘红云，侯杰泰.2012.调节效应和中介效应分析[M]. 北京：教育科学出版社.

吴锋，李怀祖.2004. 知识管理对信息技术和信息系统外包成功性的影响[J]. 科研管理，（2）：82-87.

吴晓波.2006. 全球化制造与二次创新[M]. 北京：机械工业出版社.

肖群，马士华.2016. 信息不对称对闭环供应链 mto 和 mts 模式的影响研究[J]. 中国管理科学，24（5）：139-148.

肖余春.2003. 现代企业创建学习型团队的理论与应用研究[D]. 华东师范大学博士学位论文.

熊彼特 J.1990. 经济发展理论[M]. 杜贞旭，郑丽萍，刘昱岗译. 北京：商务印书馆.

熊彼特 J.2009. 经济发展理论：对于利润、资本、信贷、利息和经济周期的考察[M]. 易家祥，何畏译. 北京：商务印书馆.

徐芳.2002. 团队绩效的有效测评[J]. 中国人力资源开发，（5）：44-45.

徐玲，潘和平. 2005. 对学习型组织创建中团队学习的新思考[J]. 安徽农业大学学报（社会科学版），14（4）：34-36.

徐小东. 2003. 运用政府采购推动技术创新的理论与实践探析[J]. 企业技术开发，下（4）：11-13.

徐朝霞. 2013. 浅谈企业内部控制现状与改进策略[J]. 财经界（学术版），（1）：109.

许庆瑞，刘景江，赵晓庆. 2002. 技术创新的组合及其与组织、文化的集成[J]. 科研管理，23（6）：38-44.

许庆瑞，郑刚，陈劲. 2006. 全面创新管理：创新管理新范式初探——理论溯源与框架[J]. 管理学报，（2）：135-142.

杨晓燕，周懿瑾. 2006. 绿色价值：顾客感知价值的新维度[J]. 中国工业经济，（7）：110-116.

姚山季，王永贵. 2010. 企业—顾客关系影响顾客参与新产品开发的多路径模型[J]. 经济管理，（11）：91-98.

姚山季，王永贵. 2011. 顾客参与新产品开发对企业技术创新绩效的影响机制——基于 b-b 情境下的实证研究[J]. 科学学与科学技术管理，32（5）：34-41.

殷伟. 2010. 基于教育虚拟社区的团队学习绩效管理研究[D]. 曲阜师范大学博士学位论文.

尹艳冰，吴文东. 2009. 循环经济条件下政府环境政策的博弈分析[J]. 华东经济管理，23（5）：25-29.

张方华，林仁方. 2004. 企业的社会资本与技术合作[J]. 科研管理，25（2）：31-36.

张根明，陈才. 2010. 企业家能力对企业竞争优势的影响研究[J]. 中国软科学，（10）：164-171.

张广玲，余娜. 2006. 顾客感知的服务员工权力对顾客参与的影响[J]. 经济管理，（20）：49-54.

张若勇，刘新梅，张永胜. 2007. 顾客参与和服务创新关系研究：基于服务过程中知识转移的视角[J]. 科学学与科学技术管理，28（10）：92-97.

张祥，陈荣秋. 2006. 顾客参与链：让顾客与企业共同创造竞争优势[J]. 管理评论，18（1）：51-56.

张震，马力，马文静. 2002. 组织气氛与员工参与的关系[J]. 心理学报，34（3）：312-318.

赵曙东. 1999. 高新企业技术创新和发展的实证分析[J]. 数量经济技术经济研究，（12）：63-65.

周庄，王宏达. 2002. 国有大中型工业企业技术创新影响因素的调查分析[J]. 天津经济，（11）：60-62.

Aganwal R. Ghosh B，Banerjee S，et al. 2000. Ensuring website quality：a case study[J]. IEEE International Conference on Management of Innovation and Technology，2：664-670.

Alegre J，Chiva R.2008. Assessing the impact of organizational learning capability on product innovation performance：an empirical test[J]. Technovation，28（6）：315-326.

Alegre J，Lapiedra R，Chiva R. 2006. A measurement scale for product innovation performance[J]. European Journal of Innovation Management，9（4）：333-346.

Amabile T M，Staw B M，Cummings L L. 1988. A Model of Creativity and Innovation in Organizations[M]. London：JAT.

Andersen A.1983.Consumer Research in the Service Sector: Emerging Perspectives on Services Marketing [M]. Chicago: American Marketing Association.

Anderson J C, Gerbing D W. 1988. Structural equation modeling in practice: a review and recommended two-step approach[J]. Psychological Bulletin, 103（3）: 411-423.

Andreasen A R. 1983. Cost-conscious marketing research[J]. Harvard Business Review, 46: 170-177.

Anitsal I, Flint D J. 2006. Exploring customers' perceptions in creating and delivering value[J]. Services Marketing Quarterly, 27（1）: 57-72.

Argote L. 2013. Organization Learning: A Theoretical Framework[M]. New York: Springer.

Argote L, Ingram P. 2000. Knowledge transfer: a basis for competitive advantage in firms[J]. Organizational Behavior and Human Decision Processes, 82（1）: 150-169.

Argyris C. 1995. Action science and organizational learning[J]. Journal of Managerial Psychology, 10（6）: 20-26.

Argyris C. 2003. A life full of learning[J]. Acoustics Speech & Signal Processing Newsletter IEEE, 24（24）: 1178-1192.

Argyris C, Schon A. 1996.Organizational Learning: Theory, Method and Practice[M]. Upper Saddle River: Prentice Hall.

Auh S, Bell S, McLeod C, et al. 2007. Co-production and customer loyalty in financial services[J]. Journal of Retailing, 83（3）: 359-370.

Avnet T, Higgins E.2003. Locomotion, assessment, and regulatory fit: value transfer from "how" to "what" [J]. Journal of Experimental Social Psychology, 39（5）: 525-530.

Bagozzi R, Yi Y. 1988. On the evaluation of structural equation models[J]. Journal of the Academy of Marketing Science, 16（1）: 74-94.

Bagozzi R, Dholakia U. 1999. Goal setting and goal striving in consumer behavior[J]. Journal of Marketing: 19-32.

Baron R M, Kenny D A.1986. The moderator-mediator variable distinction in social psychological research: conceptual, strategic, and statistical considerations[J]. Journal of Personality & Social Psychology, 51（6）: 1173.

Bateson J. 1985. The self-service customer: an exploratory study[J]. Journal of Retailing, 61（3）: 49-76.

Bateson J. 2000.Perceived control and the service experience[A]//Swartz T A, Lacobucci D. Handbook of Services Marketing and Management[C]. Thousand Oaks: Sage: 127-144.

Beekun R I. 1989. Assessing the effectiveness of sociotechnical interventions: antidote or fad?[J]. Human Relations, 42（10）: 877-897.

Beckett A, Hewer P, Howcroft B. 2000. An exposition of consumer behavor in the financial services industry[J]. International Journal of Bank Marketing, 18（1）: 15-26.

Bendapudi N, Leone R.2003.Psychological implications of customer participation in co-production[J]. Journal of Marketing, 67（1）: 14-28.

Bettencourt L. 1997. Customer voluntary performance: customers as partners in service delivery[J]. Journal of Retailing, 73（3）: 383-406.

Bitner M, Booms B, Tetreault M.1990.The service encounter: diagnosing favorable and unfavorable incidents[J]. Journal of Marketing, 4: 71-84.

Bitner M, Faranda W, Hubbert A, et al. 1997. Customer contributions and roles in service delivery[J]. International Journal of Service Industry Management, 8（3）: 193-205.

Blancero D, Ellram L. 1997. Strategic supplier partnering: a psychological contract perspective[J]. Management, 27（9~10）: 616-629.

Blazevic V, Lievens A. 2004. Learning during the new financial service innovation process: antecedents and performance effects[J]. Journal of Business Research, 57（4）: 374-391.

Bollen K. 1989.Structural Equation Models with Latent Variables[M]. New York: Wiley.

Bonner J M. 2010. Customer interactivity and new product performance: moderating effects of product newness and product embeddedness[J]. Industrial Marketing Management, 39（3）: 485-492.

Bonner J V H. 1999. Implications for Using Intelligence in Consumer Products[M]. Boca Raton: CRC Press.

Bonner J, Walker O.2004. Selecting influential business-to-business customers in new product development: relational embedness and knowledge heterogeneity considerations[J]. Journal of Product Innovation Management, 21（3）: 155-169.

Bowers M, Martin C, Luker A.1990. Trading places: employees as customers, customers as Employees[J]. Journal of Services Marketing, 4（2）: 55-69.

Breckler S J. 1990. Applications of covariance structure modeling in psychology: cause for concern?[J]. Psychological Bulletin, 107: 260-273.

Brouwer E, Kleinknecht A. 1999. Keynes-plus? Effective demand and changes in firm-level R&D: an empirical note[J]. Cambridge Journal of Economics, 23（3）: 385-391.

Browne M W, Cudeck R. 1993.Alternative ways of assessing equation model fit[C]. Sociolgical Methods and Research, 21（2）: 230-258.

Buiten V, Christopher P. 1998. Putting your customers to work: the design of internet environments to facilitate customer participation in the conceptual design of new products[D]. Master's Degree Theses of Massachusetts Institute of Technology.

Campion M A，Papper E M，Medsker G J. 2010. Relations between work team characteristics and effectiveness：a replication and extension[J]. Personnel Psychology，49（2）：429-452.

Carbon C. 2009. European publication issues from an austrian perspective[J]. Psychological Test and Assessment Modeling，51（S1）：69-87.

Carter C，Williams B.1958. Investment in Innovation[M]. London：Oxford University Press.

Cermak D，File K，Prince R. 1994. Customer participation in service specification and delivery[J]. Journal of Applied Business Research，10：90-97.

Cermak D S P，File K，Prince R A. 1994. Customer participation in service specification and delivery[J]. Journal of Applied Business Research，10（2）：90-97.

Chan C C A. 2003. Examining the relationships between individual，team and organizational learning in an Australian hospital[J]. Learning in Health and Social Care，2（4）：223-235.

Chesbrough H，Vanhaverbeke W，West J. 2006. Open Innovation：Researching a New Paradigm[M]. Oxford：Oxford University Press.

Chin W W. 2001. Frequently asked questions-partial least squares & PLSGraph[EB/OL]. http：//disc-nt.cba.uh.edu/chin/plsfaq.htm.

Chin W W. 2003. PLS-Graph Version 3.0[M]. Texas：University of Houston.

Chin W W，Todd P A. 1995. On the use，usefulness，and ease of use of structural equation modeling in mis research：a note of caution[J]. Mis Quarterly，19（2）：237-246.

Churchill G Jr. 1979. A paradigm for developing better measures of marketing constructs[J]. Journal of Marketing Research，16（1）：64-73.

Claycomb C，Lengnick-Hall C，Inks L. 2001. The customer as a productive resource：a pilot study and strategic implications[J]. Journal of Business Strategies，18（1）：47-68.

Claycomb C，Martin C L. 2001. Building customer relationships：an inventory of service providers' objectives and practices[J]. Marketing Intelligence and Planning，19（6）：385-399.

Coeurderoy R，Murray G. 2014. Regulatory environments and the location decision：evidence from the early foreign market entries of new-technology-based firms[A]//Academy of International Business，Cantweu J. Location of International Business Activities[C]. London：Palgrave MacMillan：304-313.

Cohen S G，Bailey D E. 1997. What makes teams work：group effectiveness research from the shop floor to the executive suite[J]. Journal of Management，23（3）：239-290.

Cronbach L J. 1951. Essentials of Psychological Testing [M]. New York：Harper and Row.

Crott H W，Werner J. 1994. The norm-information-distance model：a stochastic approach to preference change in group interaction[J]. Journal of Experimental Social Psychology，30（1）：68-95.

Dabholkar P A. 1990. How to improve perceived service quality by improving customer participation developments in marketing science[A]//Dunlap B J. Proceeding of the 1990. Academy of Marketing Science Annual Conference Cham：Springer：483-487.

Dabholkar P. 1996. Consumer evaluations of new technology-based self-service options：an investigation of alternative models of service quality[J]. International Journal of Research in Marketing，13（1）：29-51.

Dahringer D，Frame C D，Yau O，et al. 1991. Consumer involvement in services：an international evaluation[J]. Journal of International Consumer Marketing，3（2）：61-78.

Daniel P M，Fernado J G S. 2003. Validating and measuring IC in the biotechnology and telecommunication industries[J]. Journal of Intellectual capital，4（3）：332-347.

de Vellis J. 1991. Comparison of the heat shock response in cultured cortical neurons and astrocytes[J]. Molecular Brain Research，9：39-45.

Dijkstra W. 1983. How interviewer variance can bias the results of research on interviewer effects[J]. Quality and Quantity，17（3）：179-187.

di Pietro W R ，Emmanuel A.2006. Creativity，innovation，and export performance[J]. Journal of Policy Modeling，28（2）：133-139.

Dong B，Evans K，Zou S. 2008. The effects of customer participation in cocreated service recovery[J]. Journal of the Academy of Marketing Science，36（1）：123-137.

Durham C C，Locke E A，Poon J M L，et al. 2000. Effects of group goals and time pressure on group efficacy，information-seeking strategy，and performance[J]. Human Performance，13（2）：115-138.

Dyer J H，Singh H. 1998. The relational view：cooperative strategy and sources of inter-organizational competitive advantage[J]. Academy of Management Review，23（4）：660-679.

Eddleston K，Kidder D，Litzky B. 2002. Who's the boss? Contending with competing expectations from customers and management[J]. The Academy of Management Executive，16（4）：85-95.

Eden C.1994. Cognitive mapping and problem structuring for system dynamics model building[J]. System Dynamics Review，10（2~3）：257-276.

Edmondson A. 1999a. Psychological safety and learning behavior in work teams[J]. Administrative Science Quarterly，44（2）：350-383.

Edmondson A.1999b. A safe harbor：social psychological conditions enabling boundary spanning in work teams[C]. Research on Managing Groups and Teams.

Edmondson A，Moingeon B. 1996. Organizational Learning and Competitive Advantage[M]. London：Sage.

Edmondson A，Feldman L. 2002. Group Process in the Challenger Launch Decision( A )[M]. Boston：Harvard Business School Press.

Edmondson D R. 2007. Discontinuous innovation: the role of consumer marketing research[C]. Society for Marketing Advances Proceedings.

Eisenberger R, Fasolo P, Davis-LaMastro V. 1990. Effects of perceived organizational support on employee diligence, innovation, and commitment[J]. Journal of Applied Psychology, 53 (1): 51-59.

Ellis A P, Hollenbeck J R, Ilgen D R, et al. 2003. Team learning: collectively connecting the dots[J]. Journal of Applied Psychology, 88 (5): 821-835.

Ennew C, Binks M R. 1999. Impact of participative service relationships on quality, satisfaction and retention: an exploratory study[J]. Journal of Business Research, 46: 121-132.

Etgar M, Rachman-Moore D. 2008. International expansion and retail sales: an empirical study[J]. International Journal of Retail and Distribution Management, 36 (4): 241-259.

Etgar M. 2006. The Service Dominant Logic of Marketing: Dialog, Debate, and Directions [M]. New York: M. E. Sharpe.

Etgar M. 2008. A descriptive model of the consumer co-production process[J]. Journal of the Academy of Marketing Science, 36 (1): 97-108.

Fang E. 2008. Customer participation and the trade-off between new product innovativeness and speed to market[J]. Journal of Marketing, 72 (4): 90-104.

Fang E, Palmatier R, Evans K.2008. Influence of customer participation on creating and sharing of new product value[J]. Journal of the Academy of Marketing Science, 36 (3): 322-336.

File K, Judd B, Prince R. 1992. Interactive marketing: the influence of participation on positive word-of-mouth and referrals[J]. Journal of Services Marketing, 6 (4): 5-14.

Firat A F, Dholakia N, Venkatesh A. 1995. Marketing in a postmodern world[J]. European Journal of Marketing, 29 (1): 40-56.

Fornell C, Larcker D. 1981. Evaluating structural equation models with unobservable variables and measurement error[J]. Journal of Marketing Research, 18 (2): 39-50.

Fowler M D. 1988. Ethical issues in nursing research. issues in qualitative research[J]. Western Journal of Nursing Research, 10 (1): 109-11.

Freeman C, Pérez C. 1988. Structural crises of adjustment, business cycles and investment behavior [A]//Dosi G. Technical Change and Economic Theory[C]. London: Pinter Publishers, 108-119.

Fu J R. 2006. VisualPLS Partial Least Square (PLS) Regression An Enhanced GUI for Lvpls (PLS 1.8 PC) Version 1.04[M]. Taiwan:National Kaohsiung University of Applied Sciences.

Gabbott M, Hogg G. 1999. Consumer involvement in services a replication and extension[J]. Journal of Business Research, 46 (2): 159-166.

Geisser S. 1974. A predictive approach to the random effect model[J]. Biometrika, 61 (1): 101-107.

Gemünden H G，Ritter T，Heydebreck P. 1995. Network configuration and innovation success：an empirical analysis in German high-tech industries[J]. International Journal of Research in Marketing，13（5）：449-462.

Gersick C J. Hackman J R. 1990. Habitual routines in task-performing groups[J]. Organizational Behavior and Human Decision Processes，（1）:65-97.

Gerwin D. 2004. Coordinating new product development in strategic alliances[J]. Academy of Management Review，29（2）：241-257.

Gibson C，Zellmer-Bruhn M E.2002.Applying the concept of teamwork metaphors to the management of team in multicultural contexts[J]. Organizational Dynamics，31（2）：101-116.

Gibson C, Vermeulen F. 2003. A healthy divide：subgroups as a stimulus for team learning behavior[J]. Administrative Science Quarterly，48（2）：202-239.

Gilliland D，Bello D. 2002. Two sides to attitudinal commitment：the effect of calculative and loyalty commitment on enforcement mechanisms in distribution channels[J]. Journal of the Academy of Marketing Science，30（1）：24-43.

Gladstein D. 1984 . Groups in context：a model of task group effectiveness[J]. Administrative Science Quarterly，29（4）：499-517.

Gollwitzer P，Heckhausen H，Steller B. 1990. Deliberative and implemental mind sets：cognitive tuning toward congruous thoughts and information[J]. Journal of Personality and Social Psychology，59（6）：1119-1127.

Goodman P S，Devadas S，Hughson T L. 1988. Groups and productivity：analyzing the effectiveness of self-managing teams[A]//Campbell J P，Campbell R J. Productivity in Organizations[C]. San Francisco：Jossey-Bass：295-326.

Gordon J. 1992. Work teams：how far have they come? [J]. Training New York Then Minneapolis，29：59.

Gruen T, Summers J, Acito F. 2000. Relationship marketing activities, commitment, and membership behaviors in professional associations[J]. Journal of Marketing，64（3）：34-49.

Guieford J P. 1965. Fundamental Statistics in Psychology and Education[M]. New York：McGraw-Hill.

Guzzo R A，Dickson M W. 1996. Teams in organizations：recent research on performance and effectiveness[J]. Annual Review of Psychology，47：307-338.

Hackman J R. 1987. Group-level issues：the design and training of cockpit crews[A]//Orlady H W，Foushee H C .Cockpit Resource Management Training[C]. NASA Conference Publishing：23-39.

Hagedoorn J，Cloodt M. 2004. Measuring innovative performance：is there an advantage in using multiple indicators?[J]. Research Policy，32（8）：1365-1379.

Hair J. 2006. Multivariate Data Analysis [M]. New York：Prentice Hall.

Hall B，Na H. 1995. Measures of information content for computerized ionospheric tomography[C]. International Conference on Image Processing.

Hargadon A，Sutton R. 1997. Technology brokering and innovation in a product development firm[J]. Administrative Science Quarterly，42（4）：716-749.

Hau K T.2000. Book review of structural equation modeling with lisrel, prelis, and simplis：basic concepts, applications, and programming[J].Structural Equation Modeling A Multidisciplinary Journal，7（4）：640-643.

Hellriegel B，Reyer H U. 2000. Factors influencing the composition of mixed populations of a hemiclonal hybrid and its sexual host[J]. Journal of Evolutionary Biology，13（6）：906-918.

Henion K E，Wilson W H. 1976. The Ecologically Concerned Consumer and Locus of Control[M]. Chicago：Ecological Marketing，American Marketing Association.

Higgins E. 2000. Making a good decision：value from fit [J]. American Psychologist，55（11）：1217-1230.

Higgins E. 2002. How self-regulation creates distinct values：the case of promotion and prevention decision making[J]. Journal of Consumer Psychology，12（3）：177-191.

Hoegl M，Parboteeah P. 2006. Autonomy and teamwork in innovative projects[J]. Human Resource Management，45（1）：67-79.

Hong J，Lee A. 2007. Be fit and be strong：mastering self-regulation through regulatory fit[J]. Journal of Consumer Research，34（5）：682-695.

Hoyle R H，Panter A T. 1995. Writing about structural equation models[A]//Hoyle R H. Structural Equation Modeling：Concepts，Issues，and Applications[C]. Thousand Oaks：Sage：158-176.

Hsieh L F，Chen S K. 2005. Incorporating voice of the consumer：does it really work?[J]. Industrial Management & Data Systems，105（5~6）：769-785.

Hsieh A，Yen C，Chin K. 2004. Participative customers as partial employees and service provider workload[J]. International Journal of Service Industry Management，15（2）：187-199.

Hu L，Bentler P M. 1999. Cutoff criteria for fit indexes in covariance structure anaysis：conventional criteria versus new alternatives[J]. Structural Equation Modeling，6（1）：1-55.

Hubber A R. 1995. Customer Co-Creation of Service Outcomes：Effects of Locus of Causality Attributions [M]. Tempe：Arizona State University.

Huber M T，Hutchings P. 1922. The Advancement of Learning[M]. Oxford：Clarendon Press.

Huber V L，Brown K A. 1991. Human resource issues in cellular manufacturing：a sociotechnical analysis[J]. Journal of Operations Management，10（1）：138-159.

Hyman D. 1990. The hierarchy of consumer participation：knowledge and proficiency in telecommunications decision making[J]. Journal of Consumer Affairs，24（1）：1-23.

Je-Well L N, Reitz H J.1981.Group effectiveness in organization[J]. Academy of Management Review, 6（3）：672-689.

Johnson E. 2013. Cronbach's Alpha[M].New York：Springer.

Joreskog K G 1969. A general approach to confirmatory maximum likelihood factor analysis[J]. Ets Research Bulletin, 34（2）：183-202.

Judd C M, Kenny D A. 1981. Process analysis estimating mediation in treatment evaluations[J]. Evaluation Review, 5（5）：602-619.

Kahai S S, Avolio B J, Sosik J J. 2010. Effects of source and participant anonymity and difference in initial opinions in an ems context[J]. Decision Sciences, 29（2）：427-458.

Kahn W A. 1990.Psychological conditions of personal engagement and disengagement at work[J]. Academy of Management Journal, 33（4）：692-724

Kaiser H F. 1974. A computational starting point for rao's canonical factor analysis：implications for computerized procedures[J]. Educational and Psychological Measurement, 34（3）：691-692.

Kanter R M. 1988. When a thousand flowers bloom：structural, collectiveand social conditions for innovation in organization[J]. Research in Organizational Behaviour, 10：169.

Kara A, Kaynak E. 1997. Markets of a single customer：exploiting conceptual developments in market segmentation[J]. European Journal of Marketing, 31（11~12）：873-895.

Kasl E, Marsick V, Dechant K. 1997. Teams as learners [J]. Journal of Applied Behavioural Science, 33（2）：27-46.

Katzenbach J R, Smith D K. 1994. The Wisdom of Teams：Creating the High-performance Organization[M]. Boston：Harvard Business School Press.

Kelley S, Donnelly J Jr, Skinner S. 1990. Customer Participation in Service Production and Delivery[J]. Journal of Retailing, 66（3）：315-335.

Kelley S, Skinner S Jr, Donnelly J. 1992. Organizational socialization of service customers[J]. Journal of Business Research, 25（3）：197-214.

Kellogg D, Youngdahl W, Bowen D. 1997. On the relationship between customer participation and satisfaction：two frameworks[J]. International Journal of Service Industry Management, 8（3）：206-219.

Kelly M R, Hairison B. 1992. Unions, technology, and labor management co-operation[A]// Mishel L, Armonk P V. Unions and Economic Competitiveness[C]. New York：M. E. Sharpe：321-336.

Kilbourne L M, Oleary-Kelly A M. 1994. A reevaluation of equity theory the influence of culture[J]. Journal of Management Inquiry, 3（3）：177-188.

Kline R. 2005. Principles and Practices of Structural Equation Modeling [M]. 2nd ed. New York：The Guilford Press.

Knight D，Pearce C L，Smith K G，et al. 2015. Top management team diversity，group process，and strategic consensus[J]. Strategic Management Journal，20（5）：445-465.

Kotler P. 1994. Reconceptualizing marketing：an interview with Philip Kotler[J]. European Management Journal，12（4）：353-361.

Kozlowski S W J. 1998. Training and Developing Adaptive Teams：Theory，Principles，and Research[M]. Washington D C：American Psychological Association.

Kusz C. 1991. De fausses innovations pour de vrais changements?[J]. Comptabilite Controle Audit，9（3）：227-229.

Labroo A，Lee A. 2006. Between two brands：a goal fluency account of brand evaluation[J]. Journal of Marketing Research，43（3）：374-385.

Lambert R，Peppard J.1993. Information technology and new organizational forms：destination but no road map? [J]. Journal of Strategic Information Systems，2（3）：180-206.

Langeard E，Bateson J，Lovelock C，et al.1981. Service Marketing：New Insights from Consumers and Managers[M]. Cambridge：Marketing Science Institute.

Langrish J，Langrish I. 1972. Wealth from Knowledge：A Study of Innovation in Industry[M]. London：Palgrave MacMillan.

Lau D C，Murnighan J K.1998.Demographic diversity and faultlines：the compositional dynamics of organizational groups[J].The Academy of Management Review，23（2）：325-340.

Lee C，Lee T，Chang C. 2001. Quality/productivity practices and company performance in China[J]. International Journal of Quality and Reliability Management，18（6）：604-625.

Lee K C，Sheth A P. 1993. A Framework for Controlling Cooperative Agents[M]. Washington D C：IEEE Computer Society Press.

Lee N，Broderick A. 2007. The past，present and future of observational research in marketing[J]. International Journal，10（2）：121-129.

Leeuwen J P V，Timmermans H J P. 2006. Innovations in Design & Decision Support Systems in Architecture and Urban Planning[M]. Dordrecht：Springer.

Levi D，Slem C. 1995. Team work in research and development organizations：the characteristics of successful teams[J]. International Journal of Industrial Ergonomics，16（1）：29-42.

Li H，Atuahene-Gima K. 2001. Product innovation strategy and the performance of new technology ventures in China[J]. Academy of Management Journal，44（6）：1123-1134.

Li Y.1998. The new development of offshore engineering technology[J]. China Offshore Platform，13（1）：9-12.

Li Y. 2003. PLS-GUI User Manual-A Graphic User Interface for LVPL（PLS-PC 1.8）-Version 1.0[M]. Columbia：University of South.

Li T， Calantone R J. 1998. The impact of market knowledge competence on new product advantage：conceptualization and empirical examination[J]. Journal of Marketing， 62（4）：13-29.

Llewellyn N. 2001. The role of psychological contracts within internal service networks[J]. The Service Industries Journal， 21（1）：211-226.

Lloyd A E. 2003.The Role of Culture on Customer Participation in Service[M]. Hong Kong：Hong Kong Polytechnic University .

Locke E. A， Latham G P. 1990. A theory of goal setting & task performance[J]. Academy of Management Review， 15：268-77.

Lohmöller J B. 1984. LVPLS Program Manual-Version 1.6[M]. Köln：Universität zu Köln Press.

Lovelace K， Shapiro D L， Weingart L R. 2001. Maximizing cross-functional new product teams' innovativeness and constraint adherence：a conflict communications perspective[J]. Academy of Management Journal， 44（4）：779-793.

Lowe K， Felce D， Blackman D. 1996. Challenging behaviour：the effectiveness of specialist support teams[J]. Journal of Intellectual Disability Research Jidr， 40（4）：336.

Lusch R F， Vargo S L， Malter A J.2006. Marketing as service-exchange：taking a leadership role in global marketing management[J]. Organizational Dynamics， 35（3）：264-278.

Lynn L E J. 1999. Teaching and Learning With Cases：A Guidebook[M]. Paris：Seven Bridges Press.

MacCallum R C， Austin J T. 2000. Applications of structural equation modeling in psychological research. Annual Review of Psychology， 51（1）：201.

Madhavan R， Grover R. 1998. From embedded knowledge to embodied knowledge：new product development as knowledge management[J]. Journal of Marketing， 62（4）：1-12.

Magjuka R J, Baldwin T T. 1991. Team-based employee involvement programs：effects of design and administration[J]. Personnel Psychology， 44（4）：793-812.

Manz C C， Sims H P. 1987. The New Superleadership：Leading Others to Lead Themselves[M]. San Francisco：Berrett-Koehler.

Marsh H W. 1998. The equal correlation baseline model：comment and constructive alternatives[J]. Structural Equation Modeling：A Multidisciplinary Journal， 5（1）：78-86.

Matthing J， Sandén B， Edvardsson B. 2004. New service development：learning from and with customers[J]. International Journal of Service Industry Management， 15（5）：479-498.

Matzler K， Rier M， Hinterhuber H, et al. 2005. Methods and concepts in management：significance，satisfaction and suggestions for further research perspectives from Germany， Austria and Switzerland[J]. Strategic Change， 14（1）：1-13.

Mcintyre R M， Salas E. 1995. Measuring and managing for team performance：emerging principles from complex environments[A]//Guzzo R， Salas E. Team Effectiveness and Decision Making in Organizations[C]. San Francisco：Jossey Bass：253-271.

Meuter M, Bitner M, Ostrom A, et al.2005. Choosing among alternative service delivery modes: an investigation of customer trial of self-service technologies[J]. Journal of Marketing, 69（2）: 61-83.

Meuter M, Bitner M, Ostrom A, et al. 2005. Choosing among alternative service delivery modes: an investigation of customer trial of self-service technologies[J]. Journal of Marketing, 69（2）: 61-83.

Mills P, Morris J. 1986. Clients as "partial" employees of service organizations: role development in client participation[J]. Academy of Management Review, 11（4）: 726-735.

Miller D A, Zurada J M. 1998. A Dynamical System Perspective of Structural Learning with Forgetting[M]. Hoboken: IEEE Press: 203-203.

Mitchell D W, Coles C B.2004. Business model innovation breakthrough moves[J]. Journal of Business Strategy, 25（1）: 16-26.

Mohrman S A, Cohen S G, Mohrman A M. 1995. Designing Team-based Organizations: New Forms for Knowledge Work[M]. San Francisco: Jossey—Bass.

Morgan R, Hunt S. 1994. The commitment-trust theory of relationship marketing[J]. The Journal of Marketing, 58（3）: 20-38.

Morrison E, Robinson S. 1997. When employees feel betrayed: a model of how psychological contract violation develops[J]. The Academy of Management Review, 22（1）: 226-256.

Nalder G. 1990-09-10. The art of globalism, the culture of difference, the industry of knowledge[EB/OL]. http://files.eric.ed.gov/fulltext/ED455154.pdf.

Namasivayam K. 2003. The consumer as "transient employee": consumer satisfaction through the lens of job-performance models[J]. International Journal of Service Industry Management, 14（4）: 420-435.

Namasivayam K, Hinkin T R. 2003. The customer's role in the service encounter: the effects of control and fairness[J]. Cornell Hotel and Restaurant Administration Quarterly, 44（3）: 26-36.

Neale M R, Corkindale D R. 1998. Co-developing products: involving customers earlier and more deeply[J]. Long Range Planning, 31（3）: 418-425.

Nelson R R, Winter S G. 1977. Innovation, Economic Change and Technology Policies[M]. Basel: Birkhäuser.

Nunnally J C. 1978. An Overview of Psychological Measurement[M]. New York: Springer.

O'Leary-Kelly A M, Martocchio J J, Frink D D.1994. A review of the influence of group goals on group performance[J]. Academy Of Management Journal, 34（2）: 4513-4542.

Oliver R. 1980. A cognitive model of the antecedents and consequences of satisfaction decisions[J]. Journal of Marketing Research, 17（4）: 460-469.

Oliver R, Rust R, Varki S. 1998. Real-time marketing [J]. Marketing Management, 7（4）: 28-37.

Osterman P. 1994. How common is work place transformation and who adopts it? [J]. Industrial and Labor Relations Review, 47: 173-188.

Page A. L.1993. Assessing new product development practices and performance: establishing crucial norms[J]. Journal of Product Innovation Management, 10（4）: 273-290.

Paoli M, Prencipe A. 1999. The role of knowledge bases in complex product systems: some empirical evidence from the aero engine industry[J]. Journal of Management and Governance, 3（2）: 137-160.

Park C W, Young S M. 1986. Consumer response to television commercials: the impact of involvement and background music on brand attitude formation[J]. Journal of Marketing Research, 23（1）: 11-24.

Park C W, Young S M. 1986. Consumer response to television commercials: the impact of involvement and background music on brand attitude formation[J]. Journal of Marketing Research: 11-24.

Park S H, Luo Y. 2001. Guanxi and organizational dynamics: organizational networking in Chinese firms[J]. Strategic Management Journal, 22（5）: 455-477.

Payne A F, Storbacka K, Frow P. 2008. Managing the co-creation of value[J]. Journal of the Academy of Marketing Science, 36（1）: 83-96.

Pelled L H, Eisenhardt K M, Xin K R. 1999. Exploring the black box: an analysis of work group diversity, conflict, and performance[J]. Administrative Science Quarterly, 44（1）: 1-28.

Prahalad C, Ramaswamy V. 2000. Co-opting customer competence[J]. Harvard Business Review, 78（1）: 79-90.

Price L, Arnould E, Deibler S. 1995. Consumers' emotional responses to service encounters[J]. International Journal of Service Industry Management, 6（3）: 34-63.

Quintana S M, Maxwell S E. 1999. Implications of recent developments in structural equation modeling for counseling psychology[J]. Counseling Psychologist, 27（4）: 485-527.

Reichheld F, Sasser W. 1990. Zero defections: quality comes to services[J]. Harvard Business Review, 68（5）: 105-111.

Rémy E, Kopel S. 2002. Social linking and human resources management in the service sector[J]. Service Industries Journal, 22（1）: 35-56.

Ringle C M, Wende S, Will A. 2005-07-23.Smartpls 2.0[EB/OL]. http://www.smartpls.com.

Ritter T, Gemünden H G. 2004. The impact of a company's business strategy on its technological competence, network competence and innovation success[J]. Journal of Business Research, 57（5）: 548-556.

Ritter T, Walter A. 2003. Relationship-specific antecedents of customer involvement in new product development[J]. International Journal of Technology Management, 26（5~6）: 482-501.

Robbins H, Finley M. 1998. Why teams don't work[J]. Business Book Review Library, （7）: 24-31.

Robbins S P. 2001. Organizational Behavior[M]. Englewood Cliffs C: Prentice Hall.

Rodie A, Kleine S. 2000. Customer Participation in Services Production and Delivery[A]//Swart Z, Lacobucci D. Handbook of Services Marketing and Management[C]. Thousand Oaks Sage: 111-126.

Rokeach M. 1973.The Nature of Human Values [M]. New York The Free Press.

Rothwell R.1992a. Industrial innovation and government environmental regulation: some lessons from the past[J]. Technovation, 12（7）: 447-458.

Rothwell R. 1992b. Successful industrial innovation: critical factors for the 1990s[J]. R & D Management, 22（3）: 221-240.

Rousseau D. 1990. New hire perceptions of their own and their employer's obligations: a study of psychological contracts[J]. Journal of Organizational Behavior, 11（5）: 389-400.

Rousseau J J. 1974. The Essential Rousseau: the Social Contract, Discourse on the Origin of Inequality, Discourse on the Arts and Sciences, the Creed of a Savoyard Priest[M]. New York: New American Library.

Roy J R, Thill J C. 2004. Spatial Interaction Modelling: Fifty Years of Regional Science[M]. Berlin: Springer.

Salas E, Dickinson T L, Converse S A, et al. 1992. Toward an Understanding of Team Performance and Training[A]// Swczcy R J, Salas E. Teams: Their Training and Performance, Norwood[C]. New York: Ablex Publishing Corp.: 3-29.

Sarkar M B, Echambadi R, Harrison J S. 2001. Alliance entrepreneurship and firm market performance[J]. Strategic Management Journal, 22（6~7）: 701-711.

Satorra A. 1990. Robustness issues in structural equation modeling: a review of recent developments[J]. Quality & Quantity, 24（4）: 367-386.

Schechter L. 1984. A normative conception of value[R]. Progressive Grocer.

Schein E H, Bennis W G.1965. Personal and Organizational Through Group Methods[M]. New York: Wiley.

Sellin R H J, Moses R T. 1989. Drag reduction in fluid flows: techniques for friction control[J]. Ellis Horwood, 213（2）: 137-141.

Senge P M. 1990. The Fifth Discipline: The Art and Practice of the Learning Organization[M]. London: Random House.

Shah S.2000. Sources and patterns of innovation in a consumer products field: innovations in sporting equipment[R]. MIT Sloan School of Management Working Paper.

Sheth J, Parvatiyar A. 2000. The antecedents and consequences of customer centric marketing[J]. Journal of the Academy of Marketing Science, 28（1）: 55-66.

Silpakit P, Fisk R 1985. Participating the Service Encounter: A Theoretical Framework. Services Marketing in a Changing Environment[M]. Chicago: American Marketing Association.

Smith J, Colgate M. 2007. Customer value creation: a practical framework[J]. The Journal of Marketing Theory and Practice, 15（1）: 7-23.

Solomon S R. 2004. Consumer Behavior-Buying, Having, and Being [M]. 6th ed. Upper Saddle River: Prentice Hall.

Stasser G, Titus W. 1985. Pooling of unshared information in group decision making: biased information sampling during discussion[J]. Journal of Personality and Social Psychology, 48（48）: 1467-1478.

Steiger J H, Shapiro A, Browne M W. 1985. On the multivariate asymptotic distribution of sequential chi-square statistics[J]. Psychometrika, 50（3）: 253-263.

Stelzl I. 1986. Changing a causal hypothesis without changing the fit: some rules for generating equivalent path models[J]. Multivariate Behavioral Research, 21（3）: 309.

Stone M. 1974. Cross-validatory choice and assessment of statistical predictions[J]. Journal of the Royal Statistical Society, 36（2）: 111-147.

Sundstrom E, Mcintyre M, Halfhill T, et al. 2000. Work groups: from the hawthorne studies to work teams of the 1990s and beyond[J]. Group Dynamics Theory Research and Practice, 4（1）: 44-67.

Sundstrom W A. 1990. Was there a golden age of flexible wages? Evidence from ohio manufacturing, 1892-1910[J]. Journal of Economic History, 50（2）: 309-320.

Swan J, Bowers M, Grover R. 2002. Customer involvement in the selection of service specifications[J]. Journal of Services Marketing, 16（1）: 88-103.

Swan J. Bowers M, Grover R. 2002. Customer involvement in the selection of service specifications[J]. Journal of Services Marketing, 16（1）: 88-103.

Szilagyi D E. 2003. The question of evolution of an innovation over time[J]. Journal of Vascular Surgery, 37（1）: 242-243.

Tanaka J S. 1987. "How big is big enough?": sample size and goodness of fit in structural equation models with latent variables[J]. Child Development, 58（1）: 134-146.

Tannenbaum P H. 1955. The indexing process in communication[J]. Public Opinion Quarterly, 19（3）: 292-302.

Teichert T, Rost K. 2003. Trust, involvement profile and customer retention modelling, effects and implications[J]. International Journal of Technology Management, 26（5）: 621-639.

Tesluk P E, Mathieu J E.1999.Overcoming roadblocks to effectiveness: incorporating management of performance barriers into models of work group effectiveness[J]. Journal of Applied Psychology, 84（2）: 200-217.

Tomas W H N, Kelley L S, Lillian T E. 2006. Locus of control at work: a meta analysis[J]. Journal of Organizational Behavior, 27（8）: 1057-1087.

Tyler T, Lind E. 2005. Advances in Experimental Social Psychology[M]. Pittsburgh: Academic Press.

Valle S，Vázquez-Bustelo D. 2009. Concurrent engineering performance：incremental versus radical innovation[J]. International Journal of Production Economics，119（1）：136-148.

van OffenbeekM. 2001. Processes and outcomes of teamlearning[J]. European Journal of Work and Organizational Psychology，10（3）：303-317.

van Raaij W，Pruyn A. 1998. Customer control and evaluation of service validity and reliability[J]. Psychology and Marketing，15（8）：811-832.

Vinzi V E，Lauro C N，Amato S. 2005.PLS typological regression：algorithmic，classification and validation issues[A]//Aria M，Bini M，Bruno F. New Developments in Classification and Data Analysis[C]. Berlin:Springer：133-140.

von Hippel E A. 2016. Sources of Innovation[M]. Cambridge：SciMiracle press.

Wold H. 1985. Partial least squares[A]//Kotz S，Johnson N L. Encyclopedia of Statistical Sciences[C]. New York：Wiley press：581-591.

Watkins K E，Marsick V J. 1993. Sculpting the Learning Organization：Lessons in the Art and Science of Systemic Change[M]. San Francisco：Jossey Bass.

West M A. 2002. Ideas are ten a penny：it's team implementation not idea generation that counts[J]. Applied Psychology，51（3）：411-424.

West M，Markicwicz L.2003. Team-based working：a practical guide to organizational transformation[J]. Personnel Psychology，57（4）：1048-1052.

Wilson J M，Goodman P S，Cronin M A. 2007. Group learning[J]. Academy of Management Review，32（4）：1041-1059.

Wittenbaum G M. 2000. The bias toward discussing shared information[J]. Communication Research，27（3）：379-401.

Wong S S，2004. Distal and local group learning：performance trade-offs and tensions[J]. Organization Science，15（6）：645-656.

Woodruff D W. 2005. HIT：now you see'em，now you don't[J].Nursing Made Incredibly Easy，4（1）：53-55.

Woon W L，Lowe D. 2004. Can we learn anything from single-channel unaveraged meg data? [J]. Neural Computing and Applications，13（4）：360-368.

Yen H，Gwinner K，Su W.2004. The impact of customer participation and service expectation on locus attributions following service sailure[J]. International Journal of Service Industry Management，15（1）：7-26.

Yli-Renko H，Sapienza H J，Hay M. 2001. The role of contractual governance flexibility in realizing the outcomes of key customer relationships[J]. Journal of Business Venturing，16（6）：529-555.

Yoo C，Stout P. 1999. Factors Affecting Users'Interactivity with the Web Site and the Consequences of Users'Interactivity [M]. Pullman：American Academy of Advertising.

Yoon M，Seo J，Yoon T. 2004. Effects of contact employee supports on critical employee responses and customer service evaluation[J]. Journal of Services Marketing，18（5）：395-412.

Youngdahl W，Kellogg D，Nie W，et al. 2003. Revisiting customer participation in service encounters：does culture matter? [J]. Journal of Operations Management，21（1）：109-120.

Zaccaro S J，Rittman A L，Marks M A. 2001. Team leadership[J]. Leadership Quarterly，12（4）：451-483.

Zaichkowsky J L.1985. Measuring the involvement construct[J]. Journal of Consumer Research，12（3）：341-352.

Zenger T R，Lawrence B S. 1989. Organizational demography：the differential effects of age and tenure distributions on technical communication[J]. Academy of Management Journal，32（2）：353-376.

Zweig D，Aggarwal P. 2005. Breaking promises：the role of psychological contract breach in mediating the relationship between marketing practices and brand evaluations[J]. Advances in Consumer Research，32：342-343.

# 附　　录

顾客参与、团队学习与创新绩效研究的问卷调查

尊敬的先生/女士：

您好!

本问卷是淮阴师范学院课题组进行的一项关于"顾客参与、团队学习和技术创新绩效的关系"的研究。文中所有问题回答均无对错之分，请您根据贵企业的真实情况进行填写。若有某个问题所提供的选项未能完全表达您的意见，请勾选出最接近您看法的答案，或给出您的理想答案；若对某些问项的问题不清楚，请求助贵单位相关人员协助完成。您的回答对我们的研究内容非常重要，烦请您花几分钟时间真实、完整地填写本问卷。本问卷仅用于学术研究之用，所获信息不会用于任何商业目的，请您放心并尽可能客观地回答。

1. 贵公司所处的产业为 [单选题] [必答题]
   ○ 第一产业——农业　　（请跳至问卷末尾，提交答卷）
   ○ 第二产业——制造业
   ○ 第三产业——服务业　　（请跳至问卷末尾，提交答卷）

2. 企业所在地省市（县）　[填空题] [必答题]
   _____

3. 贵企业员工总人数约_____人 [填空题]
   _____

4. 企业2015年底销售额约为_____万元 [填空题]
   _____

5. 企业产权性质 [单选题] [必答题]
   ○ 国有
   ○ 民营
   ○ 三资-外资控股
   ○ 三资-内资控股
   ○ 集体

○ 其他

6. **企业主导业务所在的行业（可多选） [多选题] [必答题]**

□ 饮料制造业

□ 橡胶制品业

□ 化学原料及化学制品制造业

□ 化学纤维制造业

□ 黑色金属冶炼及压延加工业

□ 电气机械及器材制造业

□ 通用设备制造业

□ 专用设备制造业

□ 仪器仪表及文化、办公用品机械制造业

□ 交通运输设备制造业

□ 通信设备、计算机及其他电子设备制造业

□ 医药制造业

□ 其他

7. **企业至今已成立多少年 [单选题] [必答题]**

○ 3年以下

○ 3~6年

○ 6~10年

○ 10~20年

○ 20~30年

○ 30~50年

○ 50年以上

8. **企业资本额 [单选题] [必答题]**

○ 1000元万以下

○ 1001万~5000万元

○ 5001万~1亿元

○ 1亿~5亿元

○ 5亿~10亿元

○ 10亿元以上

9. **企业目前的员工人数 [单选题] [必答题]**

○ 100人以下

○ 101~200人

○ 201~500人

○ 501~1 000人

    ○ 1 000人以上

10. 产品研发的团队/部门人数为＿＿＿＿＿＿人 [填空题] [必答题]

                  ＿＿＿＿＿＿＿＿＿＿

11. 团队／部门领导在本团队／部门的管理工作已经＿＿＿＿＿＿年 [填空题] [必答题]

                  ＿＿＿＿＿＿＿＿＿＿

12. 团队／部门类型为 [单选题] [必答题]
    ○ 产品研发及设计类团队／部门
    ○ 生产制造及运营类团队／部门
    ○ 市场营销及客服类团队／部门
    ○ 内部管理及行政类团队／部门

13. 您对下列有关贵企业顾客参与技术创新相关情况的描述持何种态度，请用1~7来表明，其中1=完全不同意；2=不同意；3=比较不同意；4=不好说；5=比较同意；6=同意；7=完全同意。数字表示程度的逐渐增强，请将同意的选项打"√"。[矩阵量表题] [必答题]

| | 1 | 2 | 3 | 4 | 5 | 6 | 7 |
|---|---|---|---|---|---|---|---|
| 顾客会将自己拥有的相关信息传递给我们 | ○ | ○ | ○ | ○ | ○ | ○ | ○ |
| 顾客会将他们的偏好和需求告诉我们 | ○ | ○ | ○ | ○ | ○ | ○ | ○ |
| 顾客会及时将在参与过程中所遇到的问题告诉我们 | ○ | ○ | ○ | ○ | ○ | ○ | ○ |
| 顾客会向企业表述对服务的建议和意见 | ○ | ○ | ○ | ○ | ○ | ○ | ○ |
| 顾客会付出额外资源（时间等）协助企业完成相关工作 | ○ | ○ | ○ | ○ | ○ | ○ | ○ |
| 顾客会在产品开发中积极参与或贡献自身的力量 | ○ | ○ | ○ | ○ | ○ | ○ | ○ |
| 顾客会主动对产品的部分内容进行设计或测试 | ○ | ○ | ○ | ○ | ○ | ○ | ○ |
| 顾客会积极配合我们完成相关的工作，如调研等 | ○ | ○ | ○ | ○ | ○ | ○ | ○ |
| 顾客与我们进行良好的沟通 | ○ | ○ | ○ | ○ | ○ | ○ | ○ |
| 顾客信任并以友善的态度对待企业员工 | ○ | ○ | ○ | ○ | ○ | ○ | ○ |
| 顾客与员工建立了良好的合作关系 | ○ | ○ | ○ | ○ | ○ | ○ | ○ |
| 在合作过程中遇到问题时，顾客会主动告诉我们 | ○ | ○ | ○ | ○ | ○ | ○ | ○ |

14. 在技术研发的过程中，研发团队成员对新知识、新发现的利用情况，请用1~7来表明，其中1=完全不同意；2=不同意；3=比较不同意；4=不好说；5=比较同意；6=同意；7=完全同意。数字表示程度的逐渐增强，请将同意的选项打"√"。[矩阵单选题] [必答题]

|  | 1 | 2 | 3 | 4 | 5 | 6 | 7 |
|---|---|---|---|---|---|---|---|
| 团队成员经常想到一些关于工作的新点子 | ○ | ○ | ○ | ○ | ○ | ○ | ○ |
| 团队成员经常将新想法付诸实践 | ○ | ○ | ○ | ○ | ○ | ○ | ○ |
| 团队成员经常会尝试新的工作方法 | ○ | ○ | ○ | ○ | ○ | ○ | ○ |
| 团队成员公开交流、讨论问题 | ○ | ○ | ○ | ○ | ○ | ○ | ○ |
| 团队中每个成员都会参与讨论、表达意见 | ○ | ○ | ○ | ○ | ○ | ○ | ○ |
| 团队信息共享，团队成员彼此了解工作情况 | ○ | ○ | ○ | ○ | ○ | ○ | ○ |
| 团队成员经常讨论如何改进团队的工作 | ○ | ○ | ○ | ○ | ○ | ○ | ○ |
| 团队经常根据实际工作情况修改目标 | ○ | ○ | ○ | ○ | ○ | ○ | ○ |
| 团队成员经常在收集信息之后，修正设想 | ○ | ○ | ○ | ○ | ○ | ○ | ○ |
| 团队会仔细记录工作中的问题和工作过程 | ○ | ○ | ○ | ○ | ○ | ○ | ○ |
| 团队有一个规范的系统来保存好的想法 | ○ | ○ | ○ | ○ | ○ | ○ | ○ |
| 团队把得到的经验和教训总结成册 | ○ | ○ | ○ | ○ | ○ | ○ | ○ |

15. 过去两年中，与中国业内企业的平均水平相比，您认为贵企业的技术创新情况，请用1~7来表明，其中1=完全不同意；2=不同意；3=比较不同意；4=不好说；5=比较同意；6=同意；7=完全同意。数字表示程度的逐渐增强，请将同意的选项打"√"。 [矩阵单选题] [必答题]

|  | 1 | 2 | 3 | 4 | 5 | 6 | 7 |
|---|---|---|---|---|---|---|---|
| 公司开发的新产品具有创新性和独特的竞争优势 | ○ | ○ | ○ | ○ | ○ | ○ | ○ |
| 公司开发的产品能够为公司拓展全新的市场 | ○ | ○ | ○ | ○ | ○ | ○ | ○ |
| 公司开发的新产品产生的销售额达到或超过了目标 | ○ | ○ | ○ | ○ | ○ | ○ | ○ |
| 公司的新产品产生的利润达到或超过了目标 | ○ | ○ | ○ | ○ | ○ | ○ | ○ |
| 公司的新产品产生的投资回报率达到或超过了目标 | ○ | ○ | ○ | ○ | ○ | ○ | ○ |
| 公司的新产品提高了顾客的满意度水平 | ○ | ○ | ○ | ○ | ○ | ○ | ○ |
| 公司的新产品提高了顾客的忠诚度水平 | ○ | ○ | ○ | ○ | ○ | ○ | ○ |
| 公司的新产品为公司吸引来非常多的新顾客 | ○ | ○ | ○ | ○ | ○ | ○ | ○ |
| 公司的新产品能够带来企业流程的优化 | ○ | ○ | ○ | ○ | ○ | ○ | ○ |